李登輝・その虚像と実像

Lee Teng-Hui

対談

戴国煇
Tai Kuo-Hui
王作栄
Wang Tso-Rong
陳鵬仁《ほか》＝訳
Chen Peng-Jen
矢吹晋＝解説

草風館

王作栄（左）vs 戴国煇（右）
2000年8月　　撮影／張良綱

序文――あわせて本書の共著者戴国煇教授の死を悼む

王作栄

一九七〇年の春、私が蒋経国氏の命令により日本および韓国へ三週間の視察旅行に出かけた時、私の推薦により中国農村復興委員会の技正（技師に相当）李登輝氏が私に同行した。私は経済一般を担当し、李氏は農業経済を担当した。五月の初め頃、日本を視察していた時、李氏は私に、東京にいる台湾出身の学者戴国煇教授を一緒に訪問するよう求めると同時に、戴氏には台湾独立分子の疑いがあり、政府のブラックリストに上っている人物だと説明してくれた。私はすぐ李氏が私に同行してもらいたい理由を察した。私が一緒に行けば、東京にいる政府の情報工作員が国内にそれを報告し、台湾独立分子とつきあっているという濡衣を着せられないからである。それで私は一緒に行くことに同意し、陳清治氏も同行した。戴教授はほかにも留学生を招いており、のちに監察委員になられた殷章甫氏もその一人であった。戴家で一日をすごし、談論風発、何をも憚ることなく、みんな言いたい放題であった。そして戴教授の豊かな蔵書を見学し、戴夫人のすばらしい料理をご馳走になって別れた。これが私が戴教授と知り合ったきっかけである。

その後私たちは会う機会は多くなかったが、心はよく通じていた。それで、李・戴両氏と私はいい友達になった。というのは、私たちはともに学者であり、知識人であって、知識人としての気骨、国家民族に対する使命感をもっているからであった。ことに戴教授の個性は私に近かった。戴教授は日本における名高い歴史学者であり、日本の皇族の学校学習院大学で教鞭を取った最初の中国人である。私も読書を好み、二人には書生気質があって、自重自愛、自分の意見を持ち、俗物に附和雷同せず、強い愛国心と愛国の情操に燃えていた。

戴教授は日本に留学し、東京大学で博士号を取得した後、もっぱら研究に従事し、二十年間立教大学の教壇に立ち、著名な歴史学者になられた。日本に四十二年の長きにわたって居住していたにもかかわらず、中華民国の国籍を保ち、中国人を自認していた。日本の関係方面は、氏の学術的な業績と人となりを高く買って、何度か帰化をすすめたが、彼は首をたてに振らなかった。彼はかつて中華民国政府によってブラックリストに載せられ、パスポートを没収され、蕭美琴のいう無国籍の国際的遊民であったが、最後まで日本に帰化せず、中国人で通した。私の知る限りでは、彼のように終始中華民国のパスポートを所持し、米国に帰化しなかった人物に、メリーランド大学の丘宏達教授がおられる。彼らは一〇〇パーセントかつ無条件の中国人で、「中華民国の中国人」や「華人」ではなく、「中国人に類似する」人間では断じてない。世の中にはとかくこういった特立独行の人間がいて、人類および知識人のために道標を立て、人類が沈滞することのないようにし、また知識人のために一粒の種を残すことは誠に敬服に値する。戴教授の祖父は当時反日運動の指導者で、それ故に入獄を余儀なくされた。従って戴教授の節操はその遺伝であろう。

ここでとくに附記しておきたいのは、私は外国に居住する中国人が、個人の希望と環境によってその国の国籍を取り、現地の社会に融合してその国に忠節をつくすのがいいと主張するものである。私は二重国籍には反対であり、その点で、中国の政策は合理的であると思っている。

戴教授はもともと農業経済の専門家であったが、のちに歴史を研究し、立派な歴史学者になられた。

彼の学究的態度は厳粛で、根拠のないことは絶対に言わない。ひとをほめるには最高の言葉をもってし、貶めるときは斧よりも厳しい。事を論ずる際には、そのいきさつを詳しく調べ、真相をきわめ、その態度は公正かつ客観的で、いかなるイデオロギーを持たず、したがっていうところの省籍や族群の偏見などはまったくない。台湾の二・二八事件について論評した歴史学者や政治家、墨客の数は多いけれど、その態度はかたより、捏造と事実の誇張をし、学術的良心を枉げた著作は、実に読み終えるに耐えがたく、学界の恥以外の何ものでもない。しかし戴教授と葉芸々の共著『愛憎二・二八』は、私が信頼する二・二八事件に関する評論の二冊の中の一冊で、もう一冊は当時の閩台（福建・台湾）監察使楊亮功の報告である。戴教授はいつも外省人である私に次のような悲惨な話をしていたものである。二・二八事件当時、彼は建国中学（昔の台北一中）の学生で、外省人の子供がなぐり殺され、専売局の前の溝に放りこまれたのを目の当たりにしているので、群衆の残忍性を終生忘れられず、ついに政治から遠ざかったという。

彼のそうした態度と作風は、台独分子（台湾独立主義者）の容れるところとならず、それ故に彼らの攻撃と排斥を受けていたが、彼はそれをまったく意に介せず、歴史学者としての良心と中国知識人ないしは人類の知識人として気骨を堅持し、死に至るまでその態度は変らなかった。亡くなったことはさびしいことではあるが、彼は真の意味においての知識人であった。私は断言する、中国人であると同時に台湾人、愛国者でありかつ愛郷者、立派な人格者で、すばらしい学術的良心を持つ歴史学者はその名を不朽にとどめるであろう。

戴国煇氏、李登輝氏と私がよき友人になってからのち、李技師はまもなく急ピッチで出世し、ついに総統の座を射とめ、国政を司った。私たちはもちろん彼のために喜び、彼が国家と台湾のために一仕事をし、中国人と台湾人のために大いに働き、百余年にわたる羞辱と亡国の恥を一掃することを望んだ。ゆえに私たちは全力をあげて彼を支え弁護し、李総統も古き友情を忘れず、私たちにそれ相応の政府の職務をあたえ、私たちも真心をこめて一所懸命につとめ、その公誼と私情に酬いようと努力した。

しかし不幸にして、一九九六年李総統が高い得票で第九代総統に当選してからの国を治める理念と行動は、私たちの目指すものとはますます離れ、常軌を逸し、甚しきに至ってはまったく相反するようになった。そのなかで私たちが最も理解できず、容認しがたいのは次の二点である。第一は、あらゆる正当、非正当な手段で憲法を修正して、大権を総統一身に集め、民主政治の援護のもとで、名実ともに独裁者となり、権力をほしいままにし、かつそれを弄んでいたことであり、第二は、積極的に台湾独立を推進し、日本軍国主義の残滓と手を結び、思う存分中国と中国人(その歴史及び文化)を侮辱し、中国の仇である日本を崇拝しているがゆえに、中国の歴史と日本の中国侵略および台湾の歴史を故意に歪曲していることである。私たちはこれを見るに忍びず、道が同じくなければ一緒になる必要はなく、ここに私たちは決然として李氏と袂を分ったのであった。

この時の私たち二人の立場は、中華民国初期の梁啓超と袁世凱の関係によく似ている。中華民国が成立し、袁世凱は旧帝国の重臣から中華民国の総統にのしあがり、梁啓超は書生の考え方から、これによって中国の民主化と近代化の希望があり、国の復興は遠くないと見て、興奮のあまり政党を組織し、みずから政党政治活動に身を投じ、袁世凱の任命を受け入れて内閣の閣僚となり、誠心誠意かつ全力投球で袁世凱を支持した。しかし間もなく袁が、非正当な手段で大権を自らに集めたばかりでなく、独裁専行、皇帝になろうと企てたので、梁は文章でこれを猛然と攻撃し、またひそかにその弟子蔡鍔をそそのかしかつ助けて袁に反対させ、雲南に帰らせて反旗をひるがえさせた。梁は広西に潜行して、西南部の為政者と画策し、最後に雲南護国の役*が起こり、全国が一斉にこれに呼応し、袁はついに帝制をあきらめ死去したが、中国の貧弱落後は一向に改められず、梁は終生教師ですごした。これは書生がいかに天真爛漫で、幼稚かつ無用であるかを物語っている。

一九九六年、戴教授は四十年間住んでいた日本に別れを告げ、夫人と蔵書を携えて帰国し、李総統によって国家安全会議諮詢（諮問）委員に任命され、いろいろ献策するところがあり、李氏との関係は良かった。ある日、戴氏は私を考選部に訪ねて近況を語り、台湾の文人政客が台湾の歴史を歪曲し、それによって政治・社会・文化に混乱が起こっている。これらに甚だ不満なので、私と二人で、公正かつ理性的な立場で、しかもいかなる族群偏見やイデオロギーも持たない書物を出し、これらの意見や何人かの主張を解剖して、この片寄り、社会をまどわすいわゆるはやりの偏見を正し、歴史の真相を残しておきたいというので、私は喜んでこれに同意した。しかし間もなく私の職務が変り、癌の手術を受け、健康がすぐれなかったので、このことはそのままになっていた。

一九九八年ごろ、戴教授は私を監察院に訪ね、近況を語り、そのうえで李総統は内では台独分子、外では日本軍国主義の残した右翼分子の包囲を受け、彼の言論と行動および政策決定は明らかにそれに傾き、進言のすべがない。それで今の仕事をやめたいというのであった。私は、もう少し辛棒してしばらく現職にとどまれば、将来進言の機会もあるだろうし、それによって少しは牽制力になるだろう。一旦離れれば、李総統の身辺は一辺倒になり、いましめる人間がいなくなってしまうと助言し、戴教授は私の意見に同意した。一九九九年初頭、私は引退し、やがて戴教授も総統府を離れた。これは中国歴史上つねに見られる現象で、「賢臣は遠く、小人が近い」国は必ず亡びるものなのである。はたして中華民国は亡び、国民党はつぶれ、台湾の社会は乱れ、金権をたてにした政客が横行し、中華民国の総統であり、国民党の主席である人間が、日本人から見れば台湾系日本人になりさがり、しかも李総統は泰然としてそれを受け入れ、一言も訂正しないのを見て、私たちは唖然とするしかなかった。

二〇〇〇年の夏、戴教授と『中国時報』の記者夏珍嬢が来訪し、自分は深刻な肝臓硬化症にかかり、以前一緒に書こうと約束した例の本は、私たちの今の健康状態からみてそれは不可能である。それに代って私たち二人が口述して夏さんが記録整理することにし、李総統のこの十二年間の心の遍歴と行動にメスをあて、もってその真相と因果関係を追い、台湾の政治社会の思想と現象をつなぎあわせることによって、以前書こうとした書物に代えよう。やや簡略にすぎる嫌いがあるが、それでも歴史にいささかの真実の記録を残すことができるだろうということだった。もちろん私はそれを快諾した。対談は終始拙宅で行われ、戴教授と夏さんがそれぞれ大綱を用意し、夏さんが記録を担当し、戴教授の弟子陳淑美嬢もこれに加わった。主として戴教授が発言したが、時には自問自答し、あるいは夏さんが質問し、私はただ補足説明もしくは問いに答え、また場合によっては事実の経過をつけ加えたにすぎない。従って本書はまったく戴教授の貢献のたまものであり、私は最初から最後まで陪席して、館の主のよしみを全うしたのみである。

対談の進行中、戴教授は何度か外国旅行に出かけ、そのたびに中断したが、戴教授は二〇〇〇年十二月の出版を希望し、是非この本の出版を見たいと再三語っていたが、私は彼の病状がそんなに悪いとは思っておらず、もっと療養しさえすれば必ず長生きできると慰めたのであった。しかしあに計らんや彼はついにこの本の出版を見ることができずに逝ったのである。過去の彼とのつきあいとこの本の対談の情況を思い浮べると、あたかも昨日のできごとのように思えるが、今では私たち二人は別世界の人間となってしまった。「春の蚕は繭を作るにあたって口から糸をすっかり吐き出した時に死ぬ」という。戴教授は本書で彼の最後の一本の糸を吐き出した。同じ文人である私が、故人を偲び、自分を思い、実に悲しみに堪えない。

対談していた時、私たちの健康は灯油が涸れつくしたような情況にあって、詳しい記述や李総統および台湾の政治・社会について広汎かつ深い分析と評価を加える精力も能力もなかった。戴教授は厳しい訓練を経た歴史学者であり、歴史学者として著述する場合の厳格な基準を持っておられるため、その著作はちゃんとした根拠があり、書き方も客観的なので、読者が心細やかに読み、考えるに価する。また読者諸氏がそれによって公正かつ客観的な評価が得られ、あるいは前述のごとく、目下はやりの歪曲された歴史や片寄った考え方と現象をわきまえ、少しでもその真実がお分かりになり、公平な判断ができれば幸いである。

戴教授は私に序文を書くよう望み、私もそれに従ってしたためたが、彼に目を通してもらう時間がなかった。彼は自分で本書の「あとがき」を書くつもりであり、その内容は李登輝とリー・クァンユー(シンガポール前首相)の比較で、資料も揃え、構想もできあがっていたにもかかわらず、ついに書くことができずじまいになり、まったく遺憾の極みであり、戴教授の悔みはこの一事だけではあるまい。

二〇〇一年二月、台北の住居にて

雲南護国の役　中華民国の共和国体制を護るため、袁世凱が皇帝になろうとする動きに反対する戦い。一九一五年十二月から一六年六月六日の袁世凱の死まで続いた。

目次

凡例

一、本書は台湾版『愛憎李登輝』を日本語訳したものである。
一、翻訳は、できるだけ統一を心がけたが、訳者各自の翻訳形体を尊重した。
一、主要登場人物の訳者による略伝は、巻末にまとめて収録した。
一、事項の訳注（＊印）は、各章末に載せた。
一、李登輝関連年表と中華民国政治機構図は、新たに付した。

第一章　対談縁起

たしかに、人の縁というものは言葉にし難いものだ。
李登輝氏によって、王作栄氏が戴国煇氏と初めて出会ったのは六十年代の東京だったが、その後、各々異なった境遇で別れて年を過ごした後、再会した時には、彼等の共通の旧友である李登輝氏は、すでに頂点の人となっていた。

まったく出身の異なる三人が、歴史の因縁によってめぐり合った意味について、戴国煇氏と王作栄氏は二人で語り合うことにした。
李登輝氏の育った時代背景から十二年間の執政の功罪までを、二人で仔細に吟味する。

〔編者〕　たしかに、人の縁というものは言葉にし難いものだ。六十年代の王作栄氏は、すでに財政・経済界で思う存分才能を発揮する専門官僚であり、戴国煇氏は、日本に逃れて台湾に戻らない学者であった。李登輝氏によって、王作栄氏と戴国煇氏が初めて出会ったのは東京だった。その当時、戴国煇氏はタブーを恐れず二・二八事件＊など台湾史の重要課題を研究していて、当局の「ブラックリスト」＊に載せられていた。

その後、各々異なった境遇で別れて年を過ごした後、再会した時には、彼等の共通の旧友である李登輝氏は、すでに中華民国の総統となっていた。王作栄氏は李登輝氏の引き立てのもとで、年を追うごとに出世し、考試委員*、考選部長*、さらには監察院長*となった。戴国煇氏はついに長年の海外逃亡生活終了を決意し、台湾に戻って居を定め、総統府国家安全会議*諮詢委員に就任した。

戴国煇氏は考試院考選部に王作栄氏を訪ね、旧友と時局について快活に語り合った。そこで戴国煇氏は、まったく出身の異なる三人が歴史の因縁のもとでめぐり合ったことと、李登輝氏の育った時代背景から十二年間の執政の功罪について、二人の対談によって仔細に吟味しようと提案し、王作栄氏は喜んで承諾した。

当時、王、李、戴三氏は昔のままの良い関係だったが、まもなく政治情況が変化した。李登輝氏が第九代総統就任後に行なった憲法修正の過程は、王・戴両氏に、李登輝氏の統一・独立問題に関する方針への懐疑を抱かせ、その政治的操作に対して、二人は李登輝氏とは異なる見方を持たざるをえなかった。

李登輝氏辞任までの間、戴国煇氏と王作栄氏は偶然に会ったり、また、お互いに日時を約束して会ったりしたが、政局の見通しについてはそれぞれ異なる見解があった。戴国煇氏は「李登輝神話の形成から崩壊まで」を通して陳水扁氏当選について詳細に解釈し、それは、すでに「李登輝神話」がほとんど消え去っていることを意味しており、李登輝氏が、後になって連戦氏が正当な後継者であることを否定し、「台湾人の代表」の御旗を陳水扁氏に与えたのも、実際には陳水扁氏の威光に浴し自分を護りたかったのに過ぎないとする。それに対し王作栄氏は、国民党の政権交替について疑いもなく感慨無量である。彼はかつて極力李登輝氏を助け、当時は、李登輝氏は国民党政権のために最大の責任を負わなければならないと直言していた。

この共著を出す構想を実現させたが、ただ二人は、李登輝氏に対する評価にはまったく異なる考えを持っている。対談は二〇〇〇年七月上旬に始まり、隔週または二週おきに毎回二、三時間行なわれ、十一月下旬まで継続して進められた。その途中、李登輝氏と日本人訪問者の談話記録が相次いで刊行され、両氏が李登輝時代を語る証左ともなった。正確を期すために、戴国煇氏は労を厭わず何度か日本へ往復して資料を収集し、また李登輝氏の昔の友人を訪ねた。そのなかには、李登輝氏に共産党に加入をすすめた、当時の知人李薫山氏による未発表の口述資料も含まれているが、それは中央研究院*に赴いて得たものである。

李登輝氏を理解し、李登輝氏について知ることは、彼が台湾の民主化を加速したことだけでなく、彼の歴史に対する認識が不足していることをも正確に評価することである。去る者は来たる者の戒めであり、この世紀交替の時にあたり、台湾の政局はまたもや一つの新しい局面にはいり、混乱と変化のなかにある。しかし、台湾民主化への新しい一歩と、さらに完全な新境地への到達が望まれる。

政界・学術界の境界人が顔を合わせる

戴国煇　まず本書がどのようにして出版されることになったか話しましょう。

たしか一九九六年五月七日のことでしたが、私は、正式に退職して日本から台湾に戻る準備をし、台湾に定住するためのことなどを取り計らってから、考試院に王院長（当時考選部長）をお訪ねしました。

王院長はパンを頬張りながら私の訪問を待っていらっしゃいました。

我々は多くのことを語り合いましたが、話が李登輝総統による二・二八事件謝罪演説*の原稿に及んだ時、私は、演説はまあまあだが、文章はどこから来たのかと伺いました。王院長は私に、中央研究院院士の杜正勝氏を含む何人かが草稿起稿に参加したとおっしゃいました。私がそのことをことさら伺ったのは、以前、当時の西ドイツ大統領リヒャルト・フォン・ワイツゼッカー氏が、一九八五年五月八日にドイツ連邦議会で、ドイツ敗戦四十周年にあたりユダヤ人および全世界の被害者に謝罪した演説を李総統に送ったことがあるからで、その演説は、しっかりした世界観をもっているだけでなく、格調が高く、尊敬すべきものでした。

李総統による「二・二八事件謝罪演説原稿」草案時の参考に間にあうように、私はワイゼッカー氏の演説原稿を、特別に郭茂林氏に頼んで台北に持ち帰ってもらい、蘇志誠氏から総統に渡してもらったのです。郭氏は私の旧友で、かつ李総統が台北市長に就任して以来の信義計画*の提案を熟知しており、親しい間柄です。私の主観的な願いは、もし李総統がワイツゼッカー氏のような格調の高さで被害関係者に謝罪し、国・政府官庁を代表して歴史に対して申し送りができるなら、どんなにいいだろうかということでした。

はばからずに言うと、この講演原稿の内容を読んで、李総統は世界史、中国史、台湾史に対する認識が十分に深くはないと思いました。少し残念なことに、私は中国語を書くのが流暢ではないし、ましてやこれは私一人の「片思い」だけで、李氏はもとより私に助けを求めなかったのです。杜正勝氏は相当自信があるようですが、彼の論文を読んだところでは、やはり非常に限界があると感じました。

また王部長が李総統の改革をずっと支持していらしたことですが、外省人の長老としての立場では、王部長の道徳心と勇気は敬服すべきだと思います。王部長が李総統への言論支持を表明していたことで、非常に多くの外省人が王部長をあまり理解せず、国父紀念館で老兵になぐられるという事件までありました（この件に関する事情は、王作栄がかつて「私が『正統国民党』に対して言いたい幾つかのこと」*を書き、いわゆる正統国民党*の行為が「錬兵場口の手先」*の時代に留っていることに対して遺憾の意を表明している）。私は王部長の発言は公正で、かつ「族群」*間の「小さな枠組み」を超越していると思います。王部長は狭い「族群」の立場から話をするのでなく、国を愛し、国民党の改革から台湾を真の民主立憲政治に向かわせる方向を出発点としています。

私のごとき小人物が書いた文章を了解しないという本省人も多いのですが、私たちはどちらも、所属する「族群」中の一般人が「嫌」う、「孤高で倣岸な」（自分で認めるのですが）人間です。しかし歴史に対して申し送りを行ない、真実を残そうという信念にもとづいている点では、二人ともまったく同じです。そこで提案したいのですが、私たち二人が、台湾の歴史がたどった曲折の過程について語り合い、台湾が現在直面している問題と李総統の時代性について徹底的に分析すれば、「李登輝時代」、および台湾民主化の歴史過程の回顧・総括・将来への見通しに、いくばくかの貢献ができるでしょう。

このような提案をしてからまもなく、王部長は監察院長に転任され、私は総統府*の国家安全会議にはいり（当時、国家安全会議諮問委員）、両人はともに新たな公職の段階にはいりました。しばらくして王院長が入院・手術されたので、私は王院長の健康回復を考慮して、この件はそのままになってしまいました。それから四年たち、李総統も辞任しました。彼の在任時の良し悪しに関する議論が絶え間なく継続されていますが、私はやはり全面的な観察が欠けていると思います。私たち二人がそれぞれ公職を退き、ついにこの計画を実行に移す時が来たのです。

王作栄　あの年共同で書こうと言っておきながら、その後、実を結ばなかったので（笑）、戴教授はどうしたのだろうと思っていましたが、聞くのも悪いように思っていました。戴教授は学者だから、物を書くのに謹厳なほうなのでしょう。戴教授の構想は非常に良いと思います。李総統の人物がどうであっても、台湾に対する影響は非常に大きいので、徹底的に分析してはっきりさせなければなりません。私はこのように分析し各種の真実の事象を引き出す機会を持てて、大変うれしく思っています。これは歴史に対する一つの貢献です。

戴国煇　台湾全体の発展過程のなかで、王院長は実際の経験があり、学界・官界両方に棲んだことのある、正義派で権威のある人物です。現場経験は往々にして、かなり多くの個人感情の要素をもたらすのですが、私の観察によれば、王院長は一人の学者として、常に物事に公平謹厳な態度で立論し、絶え間なく理性的に背景分析をしてきました。これは、中国の官界では非常に得難いことです。私には多くの官僚の友人がいますが、彼等に本を贈っても読んでもらうどころか、だいたいが新聞すらも注意深く読んでないでしょう。彼等が見るのは公文書だけです。本を多く読むとかえって官僚として務めることが難しくなりますし、よく勉強すれば官僚としてはうまくやれません。ですから、王院長は現場経験と学者らしさの結びつきによって、より客観的になれ、俗見に流されないのです。

李登輝総統は全中国史、全人類史の角度から観察して、大政治家の列には並べ難いでしょうが、辞任しても、台湾という限られた範囲において、あと二、三年は影響力が持続するでしょう。このような状況下で、功利主義偏重と、嫌われたくないという人の惰性によって、本土派の企業家、くだらない学者たちは李氏の影響を脱し難いでしょうから、おそらく、「李登輝時代」が台湾の歴史の進展にどんな意義があるか、彼の真の影響はどこにあるかを客観的に分析するのは難しいのではないでしょうか。

我々は一方では彼を肯定しますが、一方では批判しなければなりません。批判は反対のための反対ではなく、お互いに高めあい、事実にもとづき真実を求めるためにするものです。海峡の両岸は、大陸では報道の自由がまだ十分ではなく、表面的に書かれた文章はあまり真実を求めようとはしません。台湾はまだましで、現代化への道を歩んでおり、事実をもとに真実を求め、その真実を残すことができます。「李登輝時代」の分析によって、彼個人と彼が置かれた時代、社会背景を理解することができ、これによりさらに深く李登輝十二年の風雲を見ぬくことができます。最近私は、一通の奇妙な手紙（李登輝の共産党加入と、他の同志が事件に関わり災難にあった件を明るみにしようとする文書）をもらいました。しかし、残念に思いますが、こういうものはもし事実による証拠付けがなければ、また事実の部分でさえも間違って引用されれば、このような反対は口先だけの争いに過ぎません。我々は紋切り型な非理性的批判に陥ることを避けねばなりません。我々年長者は、本来の理性的・本質的なものを明らかにしたいと思います。これこそが合理的批判や相互の高めあいの意義にかなうのです。

王作栄 私は戴教授のお考えに大いに賛成します。李総統が、ここ十数年間に台湾へ与えた影響は重大で、政治・社会状況を問わず大幅な転換がありましたが、そのなかでもっとも重要なものは、中国的なものを取り除こうとする動きです。激しい感情的対立を引き起こしたのも、陳水扁氏の当選も、実際には李総統の力量のなすところで、李氏はみずから、台湾は政治上すでに第二共和、台湾共和国への道を歩んでいると言っています。あとでこの方面の問題については深く話し合いましょう。

社会においては同様に中国的なものを取り除こうとする動きや、反中国感情があります。この種の感情は絶対に短期間で消し去ることはできません。問題の深刻さは台湾内部の感情のみに止まりません。さらに重要なのは中国共産党の感情を激化させ、台湾にかける圧力を強めることです。私は大陸で育ちましたが、私の大陸に対する理解、中国に対する理解によれば、彼等はもともと台湾のことを何とも思っていません。台湾が独立、分離を図ろうとしなければ、問題なく数十年はお互いにもめごとなしに過ごせるでしょう。もし今大問題にしてしまったら、対抗感情を激しく引き起こし、中国共産党は穏便には済ませないでしょう。将来どんな結果になるかは、まだ予想し難いですが、しかし中米が台湾海峡問題で戦争を起こしたら、両岸のすべてが共に滅びるだろうことは否定できません。そうなったら李総統は大罪人ですよ。

我々は双方が落ち着いて、和解に和解を重ね、平静になり、曖昧なままあと十数年を過ごすことを望んでいます。李総統は現在自分がどんな過ちを犯しているのかはっきり考えていないでしょう。彼に自覚がないのは困ったことです。この問題については、二人の話し合いと深い分析を通して、はっきりと整理できるはずです。

[注]

二・二八事件　一九四七年二月二十七日のヤミ煙草販売摘発をきっかけに起きた、外省人と本省人との衝突による大規模な流血事件。二月二十八日に当局に抗議するデモが行われ、抗議行動は全国に拡大したが、徹底的に弾圧され、数千人から数万人に上る死者が出たため、外省人と本省人との間に強烈な感情的対立を引き起こした。

ブラックリスト　国民党の強権的支配下、海外で反政府運動を行い、帰国を禁じられた人物のリスト。

考試委員　公務員の人事に関する業務を行う国家の最高機関「考試院」の中心となる委員。

考選部長　「考試院」内部の任用試験等を担当する部門の長。

監察院長　「行政院」「立法院」等の五院とならぶ国家の最高監察機関の長。

総統府国家安全会議　国防、動員、反乱鎮定など国家安全保障に関する重要政策を定める機関。総統を主席とする。

中央研究院　総統府に直属する学術研究の最高機関。

二・二八事件謝罪演説　二・二八事件発生より約五十年後の一九九四年、被害者に対する国家による賠償と謝罪が正式に決定され、それに基づき一九九五年の二二八記念館落成の際に、李登輝総統が国家元首の身分で被害者への謝罪演説を行った演説。

信義計画　台北市の信義地区を中心とした都市計画。

「私が『正統国民党』に対して言いたい幾つかのこと」　「我要向『正統国民党』想説幾句話1」『自由時報』一九九五年五月一一日　台北

正統国民党　国民党内の李登輝に対する反対者の総称。

錬兵場口の手先　国共合作時代に、中国重慶のある町で、練兵場の入り口で左派の集会が開かれた。国民党は大量の手先を派遣して、集会の指導者を打たせたので、憤った市民は「練兵場口の手先」と呼んだ。王作栄は「正統国民党」のこのような体質は現在も変わっていない、と述べている。

族群　民族や出身による社会的グループ。

総統府　国家元首である総統が執務を行うための機関。

第二章　初めて知り合ったころ

個性がその人のすべてを決めるのであり、事件はただそれに歴史表現のマークをつけ加えるだけである。
人の過去をさかのぼってみる時、歴史の偶然性にびっくりすることがあるが、その実、すべては必然性によってのことだとわかる。

〔編者〕　戴国煇氏と王作栄氏は自分たちの時代背景と李登輝氏と知り合った経過、さらには李登輝氏の過去をさかのぼり、彼が共産党に二回入党・脱党する経緯、後の国民党加入を含め、李登輝氏の性格のなかのいろいろな矛盾を鋭く切り開いて分析する。

個性がその人のすべてを決めるのであり、事件はただそれに歴史表現のマークをつけ加えるだけである。人の過去をさかのぼってみる時、歴史の偶然性にびっくりすることがあるが、その実、すべては必然性によってのことだとわかる。

蔣経国氏が選んだ後継者として李登輝氏は大権を継承する。主流、非主流の険悪な政争のなかに身を置いても、最初のころの彼はその後の彼ではないと、多くの人は信じた。台湾優先路線*の確立から、初代民選総統*のあとの二国論*など、李登輝氏のその後の「変化」は、多くの人々の意表をつくものであった。王作栄氏と戴国煇氏もそのひとりである。

　李登輝氏が民選総統になる前に、司馬遼太郎氏の訪問を受け、雑誌の対談のなかで「台湾人に生まれた悲哀」*を吐露し、それに対して国民党内でわき起こった非難を招くに至っても、王作栄氏と戴国煇氏は、それは李登輝氏が日本統治時代と白色テロ時代*を通じて、心の内深く沈殿させた、積年の澱《よどみ》のせいだと信じたかった。

　李登輝氏はその著作のなかで、かつて左派進歩青年から三民主義を信仰する中年に変わったことを明かしている。動乱の歳月に生きのびた人は、省籍の隔てなく、ほとんど似たような経験を持っている。若い時にマルクスを読まなければ進歩的といえず、中年以後にまだマルクスの信仰から抜け出ないのは愚昧の輩である。王作栄氏と戴国煇氏はともに、かつてこのような社会不安や政局の困難な歳月をやり過ごした。身辺の良友のうちで左派思潮に傾倒しないものはいなかったほどである。白色テロ時代、情報機関のリストは左派の一滴の水といえども漏らさぬようにした。厳家淦氏でさえ、似たような記録があって、ずっとあとに彼が副総統になってから、その記録が全部消された。

　台湾籍の人たち、特にエリート階層の知識分子の左派思潮との接触は例外がないほどである。ただし、台湾独立運動の起こりは、六十年代の白色テロ最盛期のことである。早いころの台湾左派のほとんどは「祖国」に憧れており、そのため李登輝氏の左派の老友たちは、彼に対して「統一への熱き期待」を寄せたわけである。

　国民党政権は高圧的手段を使って、半世紀のあいだ、台湾全体を政治的な沈黙の監獄としてしまった。二・二八事件発生*からその後の戒厳令*の時期にかけて、不当な弾圧を行ない、国民党政権が莫大な代価を払う原因を作った。ついには台湾を徹底的に本土化し、政権交替後もいわゆる「外来政権」の陰影に押さえられて息もつけなかった。

注目すべきことは、李登輝氏は日本統治時代、一般の台湾知識青年に比べて、はやばやと「岩里政男」に改姓名していることである。父祖が日本統治時代にアヘンの販売や、日本の警察官として働いた「特権」をもっていたことに対し、隠すどころか、かえって得意そうに話す姿は、その同輩、たとえば「台湾自救宣言」のために禍を買った彭明敏氏と比べてみると、彭氏の場合は改姓名をしなかっただけでなく、日本の兵役を逃れ、九州で米軍機の空襲に遭って片腕を失っている。植民地時代に対する李登輝氏の思慕の念は、格別に突出している。

王・戴両氏の対談はかなりのページを割いて、彼等の時代背景と李登輝氏が二度共産党に入退党した事実を含め、さらに深く李登輝氏の性格のなかの矛盾をあぶり出す。

戴国煇教授は、李登輝氏が間違った「分かれ路」に向けて歩き出したのは、彼の歴史認識の錯誤からくるものと詳しく論じ、さらに細密にその成長背景を分析する。李氏は自分のことを日本統治時代の「特権」階級の下層と認めており、国民党統治期間、二・二八事件で体制側に入り、徐々に頭角をあらわしてスターとなった。しかし政治のどす黒い陰影を一日たりとも心底から消し去ることはなかった。林洋港氏は台湾省主席のあいだ、民間人と広く交わり、堂々と人脈を作り、訪日の際に台独運動の人たちと接触したため、蔣経国氏に疎まれ押さえつけられた。李登輝氏は実直に身のほどをわきまえ、言動を謹み、徐々に権力の核心に踏み込んでいったさまは、薄氷を踏むがごとしという形容も、けっして言い過ぎではない。彼の国民党政権に対する疎遠感は、権勢を手に入れたあとも変わることはなく、さらに心の奥底に沈殿していった。

往事を思い出す時、往々にして当時意味をなさなかったことが強化されることがある。懐旧の情は普通の人にとってはロマンであるが、厳しい歳月を歩んで来た人びとにとって、国民党政権の悪は、日本統治時代に対する懐旧の思いを強め、日本植民政権に対する憧憬の心情は、また国民党政権の高圧的統治に対する怨恨を正当化する。

しかるに、李登輝氏は結局国民党政権によって培われた国家指導者であるため、彼の植民懐旧の情ないし歴史認識の錯誤による、彼個人の国民党に対する憎悪が国民の感情を切り裂くことを免れない。台湾海峡の両岸がどのような終局を迎えようとも、台湾の主体意識の建設は、植民統治恋慕のうえに築くことはできまい。李登輝氏の時代は結局過ぎ去ったが、台湾はこれからも前に向かって歩いて行かなければならない。台湾は歴史をあるべき軌道のうえに戻し、第一歩を踏み出したばかりである。

日本統治時代の変遷

戴国煇　初めて李登輝氏と知り合った時から話を進めましょうか。この部分は、いくつかの段階に分けられます、彼の政界入り、入党、あるいは王・李両氏連れ立っての日韓両国視察の開始までです。彼の若い時代の思想の脈絡は私が補いましょう。

李総統は一般の政治家のように、狡猾に（笑）自分を隠すことができません。彼は無防備に自分を暴け出すんです。自分の口述であろうが、あるいはいろいろな日本のマスコミの取材、はなはだしきはサラリーマンも読まない（家に持ち帰れない）ような雑誌のインタビューにも心よく応じます。本当に慎重で、自分の尊厳と身分を考慮する政治家は、このような軽率なことはしません。もちろん、彼にも隠して秘密にしておきたいことはあります。たとえば、彼には日本名・岩里政男がありますが、彼が漏らした改姓名の時期は、当時一般台湾人が日本名に改姓名させられる時期に比べて、すこし早かった。なぜでしょう。彼は本当のことをまだ話していないようです。日本植民地時代、台湾人が日本名に変わるには一つの制度があったし、民族的自尊心を持っている人は、改姓名を望みませんでした。

当時、社会的名望のある家族が当局の圧力で強制的に改姓名をさせられたのは、それを社会的な模範または標識にするためでした。ですが、そのような場合でも、彼等はできる限り中国姓の「尻尾」を残すように努力しました。たとえば、戴家では「泰山」と改姓した人がおり（当然山東省の泰山を意味し、また泰と戴は同音）、彭を吉川に（彭から吉川の二字を取り出してお茶を濁す）に、湯を湯本に改めた（元は湯である の意）などです。林献堂先生はずっと改姓名を拒み、日本語を使わないことを堅持した、まさに台湾人の模範的人物です。李登輝氏は早々と改姓名をしただけでなく、なぜ岩里に改姓したのか。すこぶる推測に値します。

王作栄　あの時期、日本は皇民化を急いでいたので、台湾人が改姓名に応じると、なにがしかの優待があったのではないでしょうか。非常に興味を引くのは、彼の体つきや顔つきが父親の李金龍さんと違うことですね。

戴国煇　李総統の母親は背がすこぶる高い人です。彼の身の上話*は、世間ではいろいろ取り沙汰されていますが、これは個人的なことで、余計な憶測は必要ないでしょう。我々の注目に値するのは、父親の李金龍さんが警察学校を卒業した年、当時の師範学校卒業と同様、社会のエリート階層になったと彼自身が述べていることです（李登輝『台湾の主張』日本語版一八頁）。この言い方は間違っています。当時台湾にはまだ警察学校はない。あの当時の台湾人は、就職に困っている人以外、誰も日本の警察官にはなりたがりませんでした。それに、日本の大正時代（一九一二～二七）、一般に台湾人は巡査補止まりでしたよ。

李氏は、正直、率直といってもよく、さらには無防備、恣意的なうえに「口まかせ」だといえなくもない。彼は近著『アジアの知略』のなかでも、祖父の時代、李家はアヘンを売っていたと述べています（日本語版一七八頁）。日本植民地時代、総督府専売局（今の公売局）からアヘンを仕入れて販売できる台湾人の小売商は、どのような家だったのか、台湾史に精通している人ならはっきり分かることです。子孫はその祖先の行跡のすべてに責任を負う必要はないとはいえ、その不名誉な事跡について誇らしげに言い触らす必要もないでしょう。もちろん、反省のために総括帰納して青史の鏡とし、祖先の誤謬に対して批判を下せば、社会的な賞賛に値しますが。

李氏の若年時代に関して、もっとも興味をもって語られるのは、彼の二度にわたる共産党入退党のことです。これは最近少なからぬ左派の老人が往事について吐露し始め、ついに彼の秘密が解明したわけです。私の兄は彼と同世代であるため、彼らの当時の心性について、少しばかり補充をすることができます。彼の問題は、日本植民地時代の台湾史と中国史の認識が足りないところにあります。

では次に、院長が彼と知り合った経緯についてお話しいただけませんか。

農復会で李登輝と最初に知り合う

王作栄　私は自伝『壮志未だ報われず』のなかで、李登輝氏と知り合った経緯を書いています。一九六〇年のことだったと覚えておりますが、私は行政院美援会*の参事と経済研究センターの主任を兼任しており、主な仕事の一つが中華民国第四次経済建設四ヵ年計画の設計で、私が責任者でした。当時、私は設計の方法の現代化を計り、計量経済学のモデルを使って設計をしようと思いました。そのためには、沢山の資料、表、正確な国民所得と金融統計数字を集め、そのうえで一つのモデルを作りあげなければなりません。全台湾でこの仕事ができる人材がなかなかみつからなかったのですが、しばらくしてから、ある人に、農復会*の農経組*に李登輝という人がいて、少しばかり数学がわかるので、経済計画に使える。彼にこの仕事がやれるかどうか聞いてみてはどうかといわれました。

私の当時のポストは既に相当に高く、李登輝氏は技士で、科員（平社員）よりは少々上、行政機関の専員（顧問）に相当する地位でした。その人のことを聞いたからには、試してみようと決めました。李登輝氏の、農復会における直属の上司である農経組長は、前中央銀行総裁の謝森中氏でした。謝氏と私はともに中央大学の出身で、彼は農業経済系、私は経済系、同年の卒業であり、互いに熟知しておりました。私は謝森中氏を通さず、直接農復会に李登輝氏を訪ねました。

ある夏の昼さがりと覚えております。私は香港シャツを着て彼に会いに行きました。彼はオフィスの窓際の小さい机の前に坐っており、私は王作栄だと自己紹介をしました。その時私は政界にあって、すでに少しばかり名声がありましたので、すぐに彼は私が誰であるかわかりました。私は率直に来意を告げました。「私はいま一つの経済建設計画の責任を負い、一つのモデルを作ろうとしています。あなたはこの方面の専門家と聞きました。あなたを私のセクションにお借りしてもよろしいでしょうか。まずしばらくやってみて、その後あなたが希望するなら、私のセクションで仕事をしてもいいでしょう」。

李登輝氏はこれを聞いて、非常に喜び、多くをいわないで、すぐに引き受けました。

当時、農復会のサラリーは一般行政機関の約五倍、美援会は普通のサラリーマンの四倍ぐらいでした。李登輝氏はなぜサラリーの多寡を気にせず、すぐ同意したのか。後に彼と懇意になってから率直に聞くと、彼も正直に答えて、「あなたたち美援会の仕事には発展の将来性がある」といいました。たしかに、農復会の仕事の範疇は比較的狭かったのです。アメリカ援助の運用だけでなく、経済建設計画から農復会のアメリカ援助工作計画に至るまで、美援会がすべて事前企画をすることになっていました。

彼が同意したあと、私は謝森中氏を通さないで、直接美援会に戻り、秘書長の李国鼎氏に李氏借り受けの意向を提出するとともに、李国鼎氏から直接農復会の実際の責任者である沈宗瀚氏に李登輝氏借り受けの相談をしてくださるようにお願いしました。李国鼎氏は次の日には電話で、「沈宗瀚氏が同意した」と伝えてきました。そこで、私はさっそく借り受けの手続きを進めましたが、いくらも経たないうちに、沈宗瀚氏から李国鼎氏に電話があり、「謝森中氏が同意しないためだめだ」というのです。なぜ同意しないのか、私も多くを聞きませんでした。私は謝氏をよく知っているし、一つの人事案のために、関係を複雑にしたくなかったのです。結果は不成功に終わりましたが、こうして私は李登輝氏と知り合ったわけです。

しばらくして、私は国連アジア極東経済委員会（ECAFE）に赴任して、タイのバンコクで仕事を始め、李登輝氏はコーネル大学の博士課程に入りました。一九六八年に彼は博士課程を終え、台湾に戻る途中バンコクに立ち寄りました。バンコクに彼の農経組時代の老組長崔永楫氏（謝森中氏の後を継ぐ）がいたからです。当時崔氏は国連食糧農業機構（FAO）に勤めており、宴席を設けて李登輝氏を招待し、私も招待を受けて同席しました。異国での再会はことのほか嬉しく、李氏の夫人曾文恵女士もご一緒でした。

一九七〇年一月、私は経国先生の命を受け、国連の仕事を辞めて台湾に帰りました。すると経国先生は私に台湾全土の視察を指令しました。「貴君は台湾を離れて三年も経つので、台湾がどのような情況になっているのか、私に代わって見て来てくれまいか」というのです。私は経合会*顧問の身分で、とりあえず一路台北から屏東まで見て来たのですが、その時私は経合会秘書長の費驊氏に、農復会の李登輝氏を私と一緒に視察に行かせてくれるよう要求を出しました。李氏が農業を、私は一般経済を担当という理由で、行政院秘書長の蔣彦士氏にも情況を報告しました。当時経国先生は行政院副院長、院長は副総統厳家淦氏の兼任でした。

蔣彦士氏は農復会の出身で、沈宗瀚氏より影響力が大きかったのです。蔣彦士氏は私の意向を聞き、緊張して、「李登輝を使うことについて、沈宗瀚に話しましたか」と私に聞き返しました。私は、「話しました、問題ございません。彼は同意しました」と答え、それで李登輝氏と北から南まで、工業・農業・社会生活、あらゆることを見ました、同行者として他に経合会の秘書がいました。新聞紙上では常に、「王作栄はどこそこを視察、随行者は李登輝云々」の報道がありました。出発前に当然経国先生に報告していますので、経国先生は李登輝氏その人を知っていました。

視察旅行の過程で、経合会の安全担当者は私に、「あなたは李登輝とこのように接近し、至るところに彼を連れ歩いておられますが、この人の背景をご存じですか。彼は以前は共産党、現在は台独*です。あなたは彼を連れ歩いておられるからには、将来責任を負わなければなりません。我々のセクションに彼を来させてはなりません」と警告しました。私は笑いながら、「問題ありません。私が責任を負います。彼が台独でないことを知っています」と答えました。

この視察旅行のあと、経国先生はまた私に日・韓両国の視察に行くようにいわれ、私は引き受けました。そして三ヵ月の視察日程の構想を練り、随員二〇名を選びました。日本の戦後復興情況を、経済・貿易・社会福利等の分野で制度面からよく理解し、このライジング・サンがなぜ、どのような原因でかくも早く復興し、再び立ちあがったのかを、日本のあらゆる関係資料を集め、専門家に全部翻訳してもらい、逐次徹底的に研究するつもりでおりました。

ところが、書面報告書を提出してかなり過ぎても、経国先生の批准はいっこうに降りてきません。またしばらく時間が過ぎ、噂では、王作栄の野心は非常に大きく、行政院長を引き受ける準備をしている。今回の国外視察に連れていく大勢の人は彼が内定した閣員であるという報告を誰かがこっそり提出したらしいのです。こういうことかと分かり、私はまた経国先生に書面報告を提出しました。内容は、もし政府に不都合があれば規模は大きい必要はなく、私と李登輝氏二人だけで行って、同じく、彼は農業を、私は一般経済を担当する。期間は二週間、韓国で四、五日、日本は十日間くらいでよいというものでした。これにはすぐに批准が降りました。二人のほかに、自費で考察団と共に行動する陳清治氏が一緒で、彼は日本だけで韓国には行きませんでした、陳氏はマサチューセッツ工科大学の博士で、後に企業家として非常に成功した人です。

政府の派遣で、経国先生の命により出国視察するわけですから、出国前の出国手続きは早く簡単であるはずなのに、私の出境証は早々と許可が降りても、李登輝氏が許可になりません。一週間延び、二週間延び、まったく私には訳が分からない。また誰かが、「李は台独だから出境管制の対象になっていて、ビザが降りないのは当然」と教えてくれました。

これを聞いて私は怒り心頭にきました。まったくくだらない、なんのためだ。彼はたんなる文弱の徒であり、なにが台独か。文人で政府批判をしないものはいない、議論好きなだけだ。これだけの理由で彼をいじめるのはやり過ぎだ。私はすぐ経国先生に語気鋭い手紙を出しました。手紙の内容は、李登輝氏は品行学術ともに優秀で、博士論文は当年のアメリカ農業経済学優良博士論文に選ばれ、本省籍の得難い人材であり、国際的にも多少は名声もある。このような人材はさっそく政府の仕事に招くべきなのに、あなたはほったらかしにして使わず、冷遇しておき、出境もさせないのはどういうわけですか。違った意見があって、不平不満をいい批判をする者のうち、国外にいる者は帰国させないで国外に沢山の敵を作り、国内にいる者は外に出さないで国内でも沢山の敵を作る。こんなやり方を続けたら、将来どのように治めるのですか。この人たちは普通の人ではなく、全部エリートです。全部怒らせたら、なんの良いことがありましょうか。私はまたこうも書きました。昔、皇帝が良い人材に出会ったら、やり方は二つ。一つは殺す、もう一つは使う。あなたは使いも殺しもしないで、残して謀反をさせる。これは利口なやり方でしょうか。この手紙を書いたあと、一週間も経たずに李登輝氏の出境証が降りました。

ここで話を差込みますが、李登輝氏はいったい台独でしょうか。彼がコーネル大学にいた頃、確かに独立派の人たちとの往来は密接で、たとえば蒋経国先生を刺した黄文雄氏がそうです。彼はまた、話を仕舞っておくことのできない人で、政府批判の話を隠すことがありませんでした。そして彼は、コーネル大学学生のなかの誰かが彼のことを政府に報告をしているとずっと疑っていました。彼のコーネルにおける言動は逐一国内に知らされ、そのため台湾に帰れず、国外に留まって仕事を捜すしかありませんでした。しかし彼はすでに五十歳に近く、英語も流暢とはいえないうえに専門も比較的狭いので教職でさえ難しく、国連食糧農業機構に応募しても拒否される始末で、ただかつての上司蒋彦士氏に手紙を書き、農援会に戻りたいと助けを乞うほかありませんでした。蒋彦士氏はその時すでに堂々たる行政院秘書長でした。蒋氏の保護によって帰国でき、技正となりましたが、帰国したら出国はできず、だれも彼を使い切らず、ひたすら冷遇に甘んじることになりました。共産党と台独、二種類の人間にはだれも関わり会いたくなかったのです。でも他人が何といおうが、私は気にしなかった。彼はずっとだれが彼のことをリポートしていたかを疑っていましたが、だれもこのことを知りません。後に彼が疑っていた人は劉泰英氏だと打ち明けられました。その後、彼が梁国樹夫妻にこのことについて語った時も、まだ悔しがって怒りを隠しませんでした。

李登輝氏はその後徐々に頭角をあらわし、政務委員、台北市長となりました。劉泰英氏は私を訪ね、この件について説明し、いかにも濡れ衣を着せられたように、「李登輝氏がコーネル大学にいた時のことを、ずっと私が情報機関にリポートしていたと疑っているが、なんで私がするのでしょうか。だれがリポートしたものか、私にも分かりません。王先生どうか私の代わりに李登輝氏に説明して下さい」と話しました。

劉泰英氏に頼まれたけれども、私はこのことについて李登輝氏に話したことはありません。なぜなら、李登輝氏は根本的に私が彼の過去の背景の諸々を知っているとは夢にも思っていないので、私が面と向かってこのことに触れると、彼はうろたえるでしょう。実際は、私は彼と近しくしているし、安全人員*と通じ合っているので、彼等が私にいわない訳はない。後に、誰が劉泰英氏のために説明したのか知りませんが、劉泰英氏はかえって李登輝麾下随一の寵臣となりました。まったく世の変転はかくのごとく予測しがたいものです。憶測ですが、梁国樹氏が説明したか、あるいは李氏が総統になったあと、関係文件資料を閲覧する権限があるので……。あとで言及するかもしれないので、ここはこれで。

東京で初めての出合い

韓国から日本へ、私たちは朝夕同一行動をとること二週間、李登輝氏は私が省籍偏見を持たず、彼のことを報告（国民党情報機関に）するようなことはしないと知っているので、彼はすこしも用心することなく、二人で政府をこっぴどく批判したりして、まことに痛快でした。私は、彼に「政府は実にひどい、国民党も大いに批判すべきである。だが、かたわらで批判ばかりしても、なんの役に立つのでしょう。あなたは革命もできない。本当に革命をやるとして、一に成功は難しい、二に犠牲が大きすぎる。革も始まらないうちに命がなくなる。もし成功しても、社会が乱れる。これは良い解決方法ではない。台湾は耐えきれないだろう。しかも外には共産党がいる。どうですか国民党に加入したら。良い人間が少しでも多く国民党に加入すれば、国民党はよくなる。国民党内が悪い人だらけでは、だんだん悪くなる、そうなるとだれが被害を蒙るのか、台湾の人たちです。国民党をよくしていけば、革命と同じではないでしょうか」といいました。私の分析を聞いて彼はうなずいて同意をしました。

東京に滞在中のある日、彼は上機嫌で私に、「二人の友人を訪問したいのですが、その彼には少しばかり問題があります。ブラックリストに載っている人なんです」といいました。私は、「名前はなんですか」彼は、「戴国煇！」私は、「いいでしょう！」彼はまた、「では私と一緒に行ってください」私はうなずいて、「問題ありません」と答えました。なぜ私に一緒に行って欲しいのか。それは、私が一緒に行くことで面倒な問題にならないからです。東京で私たちを監視している人は、私が台独をやらず、造反もしないことを知っているのです。

私たちは千葉県にある戴家を訪問しました。これが私と戴教授の初対面です。あの日、戴先生はほかに沢山の人を集めて一緒に食事をしました、そのなかに殷章甫氏もいました。

戴国煇　殷章甫氏は後日、あの時の会合で李登輝氏が殷氏を識り、それで彼が監察委員に抜擢されたといっていました。

王作栄　戴夫人の手料理はとても素晴らしかった、私は今でもまだあの時の味をはっきり覚えています。大勢の人で痛快に食べました。二階にあがって戴家の蔵書を参観したことも覚えています。オオ！壁という壁が全部書籍で一杯でした。私は二階の床板が重みに堪えるかどうかとても心配でしたが、戴先生は建築は既に強化設計になっているので、問題はないと説明されました。

李登輝国民党に加入する

海外視察から帰国したあと、私はすぐ中央党部におもむいて、入党申請書をもらって来ました。一九七〇年六月、天気は非常に暑かった。申請書には李登輝氏が自分で書かなくてはならない事項が沢山あるので、私はまた農復会へ自分で行って李登輝氏に自分で書くようにと書類を渡しました。李登輝氏はしばらく手元に置いたまま返してくれないので、私は「書き終えているなら私に渡して下さい、私は妻范馨香（女史は元大法官）と一緒にあなたの紹介人になりましょう」と催促に行きました。李登輝氏の入党申請は経国先生みずから目を通したと思います。

入党宣誓は中央党部旧ビルディングの地下の小さい部屋で行なわれました。暑くてうっとうしく、私たちのほかに、もう一人受付人の林傲秋氏がいました。彼は申請書を見て、「あなたたちご夫妻二人とも紹介人ではよくないので、私がなりましょう！」といい、妻の名前を消し、自分の名前を書き入れました。このため李登輝氏の入党紹介人は二人。一人は私で、もう一人は林傲秋氏になっています。汗だくになりながら、李登輝氏は宣誓をして国民党に加入しました。

戴国煇　いくつかの問題を補充的にお尋ねします、最初あなたが経済建設モデルの設計に李登輝氏を起用しようと思った時、謝森中氏が反対した、その原因はどこにあるのかご存じでしょうか。

王作栄　これは深く追求しませんでしたが、私の理解では、なにか謝氏にはいくつもの研究計画があって、李登輝氏に書いてもらわなければならなかったらしいのです。

戴国煇　論文や計画を書かせることではなく、謝森中氏は日本語が通じないのですが、日本植民地時代には沢山の基本農業統計資料があり、謝氏は日本語ができる李登輝氏の協力と助けが必要だったからという話しがあります。また、面白いことがあります。ある時、謝氏は李登輝氏に授業を代わってもらったのですが、謝氏は李氏の国語（北京語）が駄目だといった。思うに謝氏の客家なまりの国語もどれだけましなのか（笑）。謝氏がアメリカで博士号を取って、東京経由で台湾に帰る時、私が接待したことがあります。私は謝氏とずっと往来があり、彼のことはかなり知っています。李登輝氏は謝氏を十分気にいってはいませんが、やはり中央銀行総裁に起用しました。

劉泰英氏が自分を密告していたと李氏が疑ったのには合理的な推測理由があります。劉夫人の実家は大陸から台湾に移住した党政要員です（劉泰英夫人洪燕の父は、故国民大会秘書長洪蘭友の弟洪子固。洪蘭友の次女洪娟は蒋経国国防部長弁公室主任、前駐米採購〈武器購入〉団団長温哈熊の妻）。当時、台湾人と外省人の通婚はまだ一般的ではなく、しかも党政要員の子女であれば、劉氏が特務と見られたのもあながち故なきにあらずです。その実、特務は必ずしも外省人の必要はないでしょう。本省人の特務はもっと多くかつ質が悪い。このほか、なぜ李登輝氏がコーネル大学に留学できたのかも謎です。彼が一回目に留学に行ったのはアイオワ大学で（一九五二〜五三年）、学位は取れなかったけれど、海外にいたために白色テロ最横行の年代を避けることができました。白色テロの「網を潜り抜けた魚」というべきでしょうか。台湾に残っていたら、この災難からは逃れられなかったでしょう。

二度共産党に加入する

彼の青年時代、二度にわたる共産党への入退党の事実は、いま彼の老友たちによって秘密が解けました。最初は彼の入党紹介人の話が辻褄が合わず、はっきりしなくて戸惑いましたが、なるほど二回入退党しているんですね。紹介人は呉克泰氏と李薫山氏です。藍博洲氏の『共産青年李登輝』のなかで詳しく述べられています。李登輝氏のこの背景は、情報機関ですべて掌握しているでしょう。この間の長い一時期、彼は博士号を取るための再出国ができなかったのですが、なぜあとで二度目の出国ができたのか。李敖氏は彼が同志を裏切ったとずっと噛みついて離さないけれども、その時期李氏は台湾にいなかったのだから、同志を裏切ろうにも、チャンスはありませんでした。

最近私はまた彼の老友を訪ねました。李登輝氏が二度目に共産党に加入した際の紹介人李薫山氏も含まれています。李薫山氏は当時戒厳令が発布される前に釈放されたため、銃殺を免れました。彼はずっと李登輝氏を護り通し、警備総指令部が後日彼を呼び出して、彼のグループに李登輝氏がいたかどうか聞いた時も、李薫山氏は終始本当のことを吐露しませんでした。後に李薫山氏が日本に来て私を訪ねた時、「おかしいな、我々はずっと彼を保護していたのに、まさか彼自身が供述したのかな」と疑っていました。李薫山氏がいうには、彼のグループは三人残り、陳炳基氏は大陸に逃れたので、李登輝氏と彼だけが残り、その他の人は全部銃殺されたということです。李薫山氏は肯定的に、李登輝氏は絶対同志を裏切っていないといいます。なぜなら他の同志はもういないから。彼は私にこれはどういうことか知っていますかと聞きますが、私は全然知りません。ただ李登輝氏が学生運動をやったことだけで、共産党のスモールグループに加入していたことは知らないと彼にいいました。李薫山氏はずっと李登輝氏を護り通しましたが、数年前李登輝氏が民族主義まで捨てたことを発見し、それから中央研究院*近代史研究所の口述歴史計画の誘いに応じることを決め、この段階のいきさつを述べました。ただし李登輝氏の任期終了後に発表するように要求しました。この聞き書き原稿を私も見せてもらいました。

李薫山氏がいうには、当時は李登輝氏を知らなかったが、組織の命令で彼を訪ねたことがあるそうです。李登輝氏が初めてグループのミーティングに参加した時、非常に積極的で、日本語版の『支那ソビエト運動の研究』という本を持参したことを覚えています。この本はとても客観的で、太平天国から書き起こし、国共対立と共産党の現状、国民党の共産党討伐、井崗山のことなど、とても面白い本です。

後に、李登輝氏がコーネル大にいる間、蔣経国氏を刺した主犯の黄文雄氏と親しく往来していたため、事件が発生した後、当然関係当局は厳しく調査しました。それなのに、なぜ李登輝氏が農復会に行けたのでしょうか。専門の背景を除き、当時農復会を取り仕切っていた人間の一人が湯恵蓀氏であり、彼はCC派*で、国民党内の反対派、骨ばった気性の真面目な人です。このため初期の農復会は国民党員の起用を拒絶していました。ほかの二人は蔣彦士氏と沈宗瀚氏です。ずっと以前に、経国先生は蔣彦士氏に中興大学の校長を引き受けて欲しかったのですが、蔣氏が応じなかったため、湯氏に引き受けさせたことがあります。湯氏はその年ローマを訪問し、帰路東京を経由、私はちょうど台湾農業関係の一つの研究計画の責任者だったので、手元にいくらか運用できる予算があったため、特別に湯氏に講演を依頼し、講演料の名目で彼に日本円五万円を支払いました。会計主任はこのため私と言い争いましたが、私は、湯氏は国立大学の校長の身分だからと押し切りました。

湯氏は帰国後、蒋、沈両氏に日本政府は根本的に我々の大使館を相手にしないと報告しました。沈宗瀚氏が後に東京に来た時、大使館が車を提供しましたが、沈氏が私を訪ねるといったら、大使館の関係者が解せない顔で、なんでブラック・リストの人を訪ねるのかと尋ねました。私は東京大学の私が所属する研究所の所長を紹介し、家で沈ご夫妻を接待しました。その時殷章甫氏もごいっしょでした。面白い話を一ついたしましょう。沈氏が家に見えた時、夫人ご同伴だったのを私はすっかり忘れていました。一九九一年、私が台湾に帰った時、沈君山氏が木柵にある政治大学の教職員宿舎にいる私たちを訪ねました。家を出る前、老夫人がどこへ行くのかと聞かれました。沈君山氏が戴国煇教授を訪ねると答えたら、老夫人はにこにこして、私を知っているといい、私によろしくといわれました。また我家の書庫や庭の様子も話されたので、沈君山氏も信じるほかありませんでした、私は先に彼のご両親を知り、後になって彼を知りました。時々私は沈氏に私はお父上の友人ですとからかいます。

蒋彦士氏が東京に来た時も、私を訪ねました。彼は当時バナナ組の組長でした。私は彼に二つのことを提案しましたが、後にすべて実現しました。第一に、貿易は互恵であるべきで、日本人に高い値段で台湾バナナを買わせるのはよいことではない。実態は台湾が日本側に高値で購入するように迫ったわけではなく、問題は台湾によるバナナを使った形を変えた日本政客買収にあるのです。バナナを対日外交の道具に使ったわけです。第二に、バナナばかりに頼るのは前途がない。別に養殖漁業を発展させ、新品種の導入を進め、もっと多くの新品種の野菜・果物、たとえばハミ瓜の栽培などを奨励することが必要でしょうといいました。

一九六九年、私が初めて台湾に帰った時、蔣彦士、沈宗瀚、李崇道を含む諸氏が私にご馳走してくれましたが、李登輝氏はただのお相伴の客でした。一九七二年、蔣経国氏が行政院長になり、私が第一回国建会*に参加するため台湾に帰って、ホテルに泊まっていましたら、蔣彦士氏がハミ瓜を含む果物を一籠届けてくれました。後に彼を訪ねた時、私は「どこから台湾に来たハミ瓜ですか」と質問しました。蔣氏は嬉々として笑いながら、「これはあなたの提案ではなかったですか」と答えました。私が一回目の国建会に帰国した時、李登輝氏はまだ冷遇されていましたが、三年後、二回目の国建会に参加して日本に戻って間もなく、李氏は抜擢されて入閣し政務委員になりました。

李登輝氏がなぜコーネルに行けたか。やはり一つの謎ですが、蔣彦士と沈宗瀚両氏のリポートを受け、蔣経国氏が頭を縦に振ったのでしょうか。

王作栄　その時彼はまだそんなに厳しく監視されてはいないし、彼の事件がはっきりしたあと、アイオワから帰ってきても、まだとても自由でした。

彼は台独でしょうか？

戴国煇　李登輝氏が政界にはいってからも、沈宗瀚氏は沈君山氏を通して、あなたの友人の李登輝氏は台独なのかどうかと、たびたび聞いてきましたが、私は常に、彼が台独ということはないだろうと答えました。彼がコーネル大学で博士号を取るため、大変な苦労をし、もう少しで放棄するところだったと聞きました。そして劉大中、費景漢両氏の励ましを受けました。それに報いるため、費氏が台湾に戻った時、特別に中華経済研究院*の董事長のポストを与えました。この時の院長は于宗先氏でした。

費景漢氏は若くして国外に出たので、官界の習わしに疎く、天下りで中華経済研究院にはいったあと、古株にいびられ、毎日のように李氏に電話をして、怨みつらみを並べ、やっていけないと泣きつきました。これでは仕様がないと李氏は思い、それならと、台湾綜合研究院*董事長のポストを費氏のために準備しました。当時の台湾綜合研究院董事長は羅吉煊氏です。李氏は少しばかり手練手管を弄し、羅氏に董事長職を手放すように説得しました。羅氏は李登輝氏の京都大学の後輩で、彰化商業銀行董事長をリタイアしたあと、台湾綜合研究院に転任したのです。台湾綜合研究院は表面は研究をしているように見せかけていますが、内実はアメリカへのロビー工作をしている所です。羅吉煊氏は李氏に「私のこのポストは無給ですよ」と悟らせました。李登輝氏はこれを聞いて考えを変え、別に費景漢氏を有給職の国策顧問のポストに据えることにしました。費氏は日本のアメリカ大使館にわざわざ赴き、アメリカの国籍放棄をする宣誓を終えて、台湾に戻りましたが、突然病気で亡くなりました。またしても世事度し難しですね。

王作栄　費景漢氏は私のワシントン大学におけるクラスメートで、私たちの交誼はとても厚かった。李登輝氏の博士課程の勉強は相当に難行苦行でした、費氏は確かに彼を大変助けました。費氏の家庭背景は普通ではなく、彼の祖父と孔祥熙氏はともに伝道師によってアメリカに連れて行かれた小さい留学生です。孔家は元々貧乏でしたが、帰国後、一路発展して巨額の富を作りました。費氏の父親は商売人で、一家はほとんどミッションスクールのセントジョーンズ大学出身ですが、費氏は燕京大学のようです。外遊のあとは彼の兄とワシントン大学で勉強しています。費氏は修士を取ったあと、マサチューセッツ大に移り博士課程を勉強しました。

李登輝氏が費景漢氏を帰らせ、中華経済研究院董事長にさせようとしたのは、費氏がコーネル大で李氏を助けたことだけでなく、主な原因は、費氏が一時期エール大にいたことがあるからです。アメリカ政界にはエール大出身者が少なくありません。李総統は費氏の人脈関係を利用して、若干の影響力を発揮しようと思ったのです。後に確かに費氏はエール大の校長を台湾訪問に招いています。中華経済研究院于宗先氏一派は、多くは外省反李派の人たちに属し、ずっと費景漢氏を排斥していて、費氏は確かにやり辛かったようです。彼を国策顧問に任命しようとし、辞令が正式に発表される前に、彼は亡くなってしまいました。ああ！　彼は幸運に恵まれなかったですね。

台湾総合研究院について、私にも一つ裏話があります、台湾総合研究院創立時の董事長はだれだかご存じですか。王作栄（笑）。私は本当に行きましたし、オフィスも見ました。けれども、董事のリストを見たら、たとえば尹衍樑など企業界の人たちばかりで、私はどうも様子が変だと感じて、辞退しました。結局、私は董事長を引き受けずじまいでしたが、私を台湾総合研究所に呼ぼうとしたのも、李登輝氏の意見でした。当時それは、私の考選部長任期内のことでした。考試院の人事異動があって、私は考選部長を辞めたかったので、李登輝氏は二つのポストを手配し私に選択させました。一つは国家安全会議諮問委員、一つは台湾綜合研究院董事長。監察院長になったのは、またあとのことです。

歴史の錯誤か？　はたまた錯誤的認識か？

戴国煇　一人の人間を知るために、彼が身を置いた時代背景を考慮に入れることは、とても重要なことです。李登輝氏は若い時代の影響を深く受けております。それは李登輝氏の過去の談話と著作のなかにはっきり顕われています。一般的にいって、意識的・無意識的であろうとなかろうと、記憶は時々嘘をつくものです（White Gloves, How Create Ourselves through Memory参照）。李登輝氏のおしゃべりは有名です。しかし彼は言多必失（言多ければ必ず過失あり。日本の「口は災いの門」）が、彼の国家指導者としての威信を損なうことにすこしも自覚がないようです。

彼は『台湾の主張』という本のなかで、彼の父親李金龍氏は警察学校を卒業したといっていますが、これは間違いです。なぜなら日本人は台湾で「警察学校」を設立したことはなく、当時設立されたのは「警察官及び司獄官練習所」だからです。はじめは日本人の入所だけを認め、一九二〇年以降になって、ようやく台湾人も試験を受けられるようになりました。しかし、たとえ受かっても乙科生に合格できるだけです。李氏がその本のなかで述べているように、台湾エリート階層である師範学校卒業の教師とどうして比べられましょうか？

漢人の伝統文化は「好男不当兵、好鉄不打釘」（好き男は兵にならず、好い鉄は釘に打たれず）です。異族統治者の「打手」（雇われて代わりに殴り合いに行く人＝番犬）になる可能性が大いにあるので、身内を鎮圧することになる警察官は論外です。よい職業がみつからない情況のもとで、いたしかたなく警察官になるのですから、当然エリートといえるものではありません。

大正時代後半期（一九一八～二六）、第一次世界大戦が終了します。ロシア革命が成功し、地球全体が経済不況でした。日本の台湾統治は、まず平地の漢人を制圧しました。漢人は社会文化運動に転じ、武力対抗をやめたので、日本当局はその武力を山地原住民の制圧のために転用しました。そのうえ経済不況もあって、総督府の財政緊縮と節約のために、大量に台湾人の乙種警察官（一九二〇年の改正で、表面上は日台間の身分差別を解消。これ以前は台湾人の身分では巡査補、あるいは判任官待遇であった）を採用することにしましたが、台湾人の給与は日本人給与の半分でした。つまり、日本人一人の経費で台湾人二人を使えるので警察官の増員に都合がよく、社会治安に警察を大量投入できるわけです。李金龍氏が警察官として働いた時代背景は、いま述べたような状況とそれほど違わないと思います。総督府で台湾漢人を警察官として補っても、警察と呼ばず、警察補と呼んでいました。歴史の事実と李登輝氏自身が述べたことを照らし合せれば、歴史の事実に合わないことがいつの間にか事実になりすましてしまうということになるのは、安易に信じこんでしまうという彼の心理の結果なのです。

このほか、李氏が最近『アジアの智略』上（日本語版一七八頁）で述べていますが、李家が祖父の時にアヘン販売のライセンスをもっていたという。台湾史研究家ならだれでも知っていることですが、あの時代、アヘン販売のライセンスをもつことを許可される台湾人はわずかなだけでなく、その家庭内容が並みのものではもてませんでした。

また、彼は「小学校」に入っていないだけでなく、台北二中を二回受けて失敗し、噂によれば台北二師範も受けたが当然のことながら不合格になり、受かったのは日本人経営の私立国民中学でした。もし彼の祖父と父親がいわゆる日本植民地時代の台湾エリートならば、変身（日本人に）が成功しなかった典型の一つといえましょう。彼の長兄李登欽氏が中学を出ているとも聞かないし、日本軍に召集された時は下級警察官でした。李登輝氏の発言は一貫性に欠けると疑ってもみたくなります。

日本の植民統治はキリスト教勢力を快く思いませんでした。キリスト教の台湾における二大勢力として台南長老教会はイギリス系統に属し、淡水長老教会はカナダ系統に属します。ミッションの中学では淡水に淡水中学、台南に長栄中学があります。ただ台湾のミッションスクールの規模と「権威」は大陸のミッションスクールにはるかに及びません。李登輝氏は三芝から遠路台北国民中学に通学するにはかなりの道のりがあります。総督府が正式に淡水中学を承認したあとに、彼は淡水中学に転校します。

当時北部の受験生の選択順位は、国民中学、淡水中学、台北中学（日本仏教系の設立）、しんがりは夜間中学の成淵中学（一部は家が貧しいため働きながら勉強せざるを得ない優等生もいた）でした。彼が淡水中学から飛び級で高等学校を受けてはいったのは容易なことではありません。たぶん淡水中学では初めてのことでしょう。淡水中学がまだ公認される前、コネがあったり教会と関係がある人たちの子弟は、淡中で三～四年まで勉強し、それから京都のミッションの私立校に転入しました。優等生は日本の中学の卒業証書を持っているので、旧制の高等学校を受けることができ、続けて帝大に進学するようになっていました。

当時台湾人が大学にはいる場合は、将来の職業選択順位は医・法・教で、教職は公立校が主でした。しかし、大学専門学校の卒業生で中等学校の教職のポストがみつかることは非常に稀でした。しかも日本人と台湾人の差別があって、日本人教師には給与にその六〇パーセントがプラスされますが、台湾人教師にはありませんでした。日常生活でも台湾人は差別待遇を受けることを免れないのです。後に台湾人が「満州国」および「汪精衛南京政府」に発展を求めたのも、その理由がありました、さらには黄埔軍校に入り辛亥革命に参加する者もいました。抗日戦争期間には、重慶あるいは延安に馳せ参じて、抗日あるいは革命に参加する人もいました。

二〇〇〇年六月、私が日本に行って講演をした時、李登輝氏を知っている日本の友人とおしゃべりをしていると、彼等は李氏が『台湾の主張』（日本語版二四頁）のなかで、彼が台北高等学校時代（一九四一～四三）に、「岩波文庫の関係蔵書を既に七百冊も持っていた」と述べているのは、明らかに事実ではないですね、と指摘していました。あの時岩波文庫を七百冊も私蔵するのは、東京帝大の一流の学者でさえ非常に難しい（しかもその時岩波文庫で既にあれほど多種類の本が出版されていたかどうかも疑問です）。

いわんや光復前の台湾の一高等学校生・李登輝においてをやです。彼はまた一九八一年に、みずからゲーテの「ファウスト」を翻訳したと書いています。これも問題です。ゲーテの作品の原文はドイツ語ですよ！

確かに日本の高等学校は語学の訓練に重点を置いていました。第一外国語にドイツ語を選択するのは「理乙」と「文乙」で、李登輝氏は「文甲」生です。第一外国語は英語のはずです。

李登輝氏を知っているある先輩が私に聞きました。いったい李登輝氏はどの版本（独、英、日）から何語に翻訳したのでしょうか。私はただ笑って答えませんでした。彼は言葉を続け、まさか李氏は「歌仔戯」＊に翻訳して上演したのかしらん。彼の中国文の程度ではどうして「ファウスト」を中文に翻訳できるのかな。私は、「張漢裕先生の生前のいいつけに、良くも悪しくも李登輝は我々台湾人初めての総統だから、どうあろうと、我々は徹底的に彼を支持すべきだ！　とあるのを忘れないで」と答えるほかありませんでした。

ここで張漢裕先生のことに触れたついでに、もう少し付け加えたいと思います。張氏は台湾人として、日本植民地時代東京帝大で唯一人「文部教官」（東京帝大経済学科講師）に任命された好学の士です。彼の恩師兼媒酌人は、『帝国主義下の台湾』の著者矢内原忠雄先生です。矢内原氏の第一高等学校における恩師であり校長であったのは新渡戸稲造氏です。一高赴任の前に新渡戸氏を後藤新平氏が台湾に招き糖業政策をやらせました。新渡戸氏は一高生の排斥にあって東京帝大経済学科に転進し、「植民政策」講座を受け持ちました。矢内原氏は新渡戸氏の学生および学問の継承人といえます。退任後の李登輝氏は、突然新渡戸稲造氏の関係話題を持ち出しましたが、矢内原あるいは張漢裕両氏のことに触れたのは、ついぞ聞きませんでした。

当時のいわゆる進歩的学生は、反植抗日を主張し、社会的正義感を抱く台湾人（時には日本人も含む）学生が、最も熱中した書籍は矢内原忠雄氏の『帝国主義下の台湾』です。この本を李登輝氏は青年時代の読書リストに入れておりません。このほかにもう一冊『貧乏物語』は中学高学年生の通俗読物、マルクス主義経済の入門書といえます。著者は京都帝大経済学科の有名教授河上肇です。河上氏はその当時、日本留学の中国大陸学生にも絶大なる影響と啓発を与えたマルクス経済学者です。李登輝氏はこの本にも触れておらず、かえって『資本論』を熟読したという。彼の進歩左傾は、日本敗戦後、当時の風潮の影響で、中国を四大強国と見たのでしょうか、必ずしも共産主義に対してなにか認識があったわけではないでしょう。

李登輝氏の熟読した『資本論』に関して、李氏は次のように述べています。「大学では、私はマルクスとエンゲルスの本を読み漁った。……『資本論』まで丹念に読み通した。『資本論』については、何度も繰り返し読み込んだ」（『台湾の主張』日本語版二八〜二九頁）李氏がいう「大学時代」は、一九四六年春から一九四九年八月までのはずです。この時期の後半部は、中国共産党の地下組織が台湾で最も活躍した時期にあたります。台湾大学の図書館と日本人が残したマルクス思想関係出版物が、左傾学生（日本語が読める人）の愛読書になったことは想像に難くありません。日本から台湾に戻った左傾学生もマルクス、エンゲルスの本をすこし持ち込みました。特に中共の活動を紹介したもの（主に日本の調査機関の編訳した秘密文献）はひっぱりだこのようでした。

李登輝氏の左派老友たちの疑問は、李氏が丹念に読み込んだという『資本論』とは一体どの版本だったのかということです。あの時期、医学を勉強してドイツ語が読める人たちの間でドイツ語本の廻し読みをしていましたが、英語本は見たことがないそうです。日本語本中唯一の完訳本は、国家社会主義者高畠素之（一八八六〜一九二八）の訳本だけです。李登輝氏の大見得には我々は兜を脱ぐしかありません。畢竟『資本論』が生易しい本ではないのは衆知のとおりです。

李登輝氏は一九四六年の初め、日本から台湾に戻って間もなく、二・二八事件に遭います。この時期の前後、彼は夫人の曾文恵氏と一緒に国語（あの時代は北京語ともいう）を習いました。当時彼はまだ中国に対する愛情を持っていたように見受けられます。さもなければ風潮に迎合し、流行を追った一時の投機的動機です。日本が二つの原子爆弾を食らい、再起は難しく、中国は世界四強の一つになったから、急いで国語を勉強しなければ、時代について行けないと読んだのでしょうか。成年後における彼の中国認識は、ウィットフォーゲル＊の『東方専制主義』から来たものと思います。ウィットフォーゲルはかつて中国を実地に視察したことがあります。彼は、中国の集権構造は水利対策に基づいているとし、中国の政権の循環は、共産党革命で終止する。共産党は先に政権を奪取したが、共産党上層の本質はまだ封建的枠組みを捨て切れずにいるとみています。

一九五〇年代後半、私が留学している時の日本青年、私の東大のクラスメートは十人中八人は共産党員でした。そのような社会流行でした。李登輝氏の中国認識は、この辺に止まり、中国をアジア的停滞の社会と見ています。しかし彼は考えてもみませんでしたが、中国はかくのごとき巨大物です。いったん立ちあがった暁には、その拡散力、影響力は相当なものがあります。その分母の大きさにおいて、民間のエネルギーを放出させられるならば、前途無限大は必然です。当今のアメリカを中心とした西側先進諸国の識者は、中国大陸の制度にはまだ問題が多々あれども、しかしその潜在エネルギーが無限であることも大方が認めるところであります。人はみな、中国は既に「体育大国」（シドニー・オリンピックを例に）、「感受性大国」（中国大陸の映画は国際的な賞を多数獲得、李雲迪はショパン国際コンクールで一等賞、高行健はノーベル文学賞を取るなど）であり、近い将来「科学技術大国」になるのも期待できるといいます。

李登輝氏は私にこういいました。「大陸は彼らにまかせよう。私たちの手に負えない。しかし私の見方は、海峡は狭すぎる。大陸の経済発展および台湾に対する影響力を無視したら、ある日台湾の島国経済は必ずや破綻を来すと思う」。九十年代の初めと記憶していますが、私は大陸の会議に参加し視察を終えて台湾に戻りました。謝森中氏が中央銀行の八階で私を招待してくれたけれど、世の中にはただの昼飯はなく、食事の前に「大陸行」のリポートをさせられました。私はこう話ました。大陸の問題は少なくなく、過去においては、長江の頭、あるいは長江の尻尾に触れただけで、もうこれが長江だと思ったのですが、その実体は違います。なぜならだれも長江の全貌を見たものがいないからです。でも今は人工衛星の写真撮影が応用できるので、その土木工程の進歩たるや、本当に目を見張るものがあります。全世界の資金が投資チャンスを狙っており、一部分は既に大陸市場に進出しています。日本を含む、沢山の余剰資金が全部大陸市場に注目しており、そのように大陸の発展は我々の想像より早いのです。もし黄河、長江、珠江の三大河川の治水をよくすれば、農業が変わり、農業が進歩すれば農村経済は当然つられて成長するはずです。

この後、私は李登輝氏に報告しましたが、李氏は大陸問題は非常に複雑だから、その内部を変化させるのは簡単ではないと思っていました。とにかく、私はできる限り私の集めたデータと見方を提出しました。しかし李氏は若い時分の対中国認識が、後の彼の視野をずっと制限し、その後、党内の反主流派との政争で、さらに彼は「大陸人の政治文化」を毛嫌いし憎むようになりました。

次に、李登輝氏の台湾史に対する見解にも、彼の限界があります。たとえば彼は日本帝国主義が残していった産業基礎建設を重視しています。しかし大所高所からの歴史的な是非の判断がはっきりできていません。社会科学的立場からいえば、植民統治は三つのレベルで討論しなければなりません。第一には植民の動機、第二に植民統治の過程、第三に植民統治の結果です。

まずその動機についていえば、日本帝国が台湾を統治したのはもちろん慈善のためではありません。台湾人の利益のためではなおさらありません。第二の過程からいうと、史実が我々に教えるように、日本帝国は残忍無道を極めました。たとえば「西来庵事件」*や「霧社事件」*があります。第三の結果からいえば、植民統治が残した「遺産」をいかに解読するかです。現在、自我を見失っている人たちによってプラスの評価を受けているのは主に産業基礎建設ですが、これらはまさか日本帝国が喜んで残してくれたものでしょうか。当然違います！　日帝は戦争に負けたので尻尾を巻いて帰っていくしかなかった。それで持って帰れない基礎建設を残していっただけの話です。これらの建設資金も、いって見れば台湾人の税金からできたものです。教育建設を一つの例として、台湾人が納税をして学校を建てたのに、台湾人の入学を制限しました。李氏もこの苦汁をなめたはずではなかったかな。

また嘉南平野に大規模灌漑用水路を造成した嘉南大圳の如きは、元々は日系糖業株式会社の原料である甘蔗の供給確保のために設計されたものです。当時どれだけの台湾籍甘蔗農民がその苦しみと侮辱に遭ったのか。この歴史的な是非の判断を怠り、あるいは忘れることができるなんて、どんな面さげて我々の祖先と対面するのか。私は嘉南平野の先人の子孫たちがかくも健忘で気概がないことが信じられません。企業家が後藤新平氏の像を勝手に建てるのは、個人的な行為であるはずです。しかし、もし国政顧問としての発言なら、それは明らかに不当です。ましてや学界のものまで彼とともに踊り出すとは何をかいわんやです。

ある人がある体制内で、その「才能あるいは技能」をどのように発揮したかを評価するかは、一つの学問といえます。私たち後世の人が後藤新平氏が日帝の辣腕植民統治の高級官僚であったと評価することと、正面から日本の台湾における植民統治を肯定することは全然違うことです。我々は嘉南大圳の設計士・八田与一氏の灌漑水道設計等の成績を肯定し、その妻の殉死（日本敗戦後嘉南大圳の水源烏山頭水庫に投身自殺）に同情します。しかし個人の行為で、日帝が台湾で植民統治した時の体制側が犯した悪行を覆い隠すことはできません。それはあたかもヒットラーのナチズムの主導で作り出された名車フォルクスワーゲンによって、ナチの罪行を免責にすることと同じことになるでしょう。

権力（Power）は「人頭」に頼って獲得できますが、個人の威信（Authority）は一つ一つの誠心と信義の積み重ねによって打ち立てていくものです。興に乗じた一時の思い付きは一貫性に欠けることを示すだけでなく、その人の尊厳を損なうことを免れません。我々は理性のうえでは、政治家というものは多重性格をもっていることを知っています。いわゆる「君主に伴するは虎に伴するが如し」で、政治指導者の思想と行動は、常に恣意的、分裂的であり、そのなかには矛盾がありますが、その人物の周囲に諫言し、監督する人がいないとなると、いっそうひどいことになります。

彭明敏と李登輝

光復後、私の次兄が東京から戻って来たことがあります。彼は李登輝氏と同じくらいの時期に、いわゆる「学徒出陣」で志願させられました。兄は「繰り上げ卒業」と、わずかな資産を東京に持っていたので、生活の手立てがあり、そのまま日本に残りました。

いわゆる「学徒出陣」とは日本当局が兵隊の増員のため、勅令を発布し、全面的に「大学専門」校生の徴兵猶予を停止し（一九四三年十月一日）、医・理・工系を除く、在校学生の学習年限を一律短縮して、繰り上げ卒業させるか、あるいは徴兵年齢を下げて、日本青年を従軍させたものでした。台湾はその時分、徴兵制が施行されていなかったため、当局は強制的志願を利用して徴兵制の代わりにするしかありませんでした。彭明敏氏は日本での兵役「逃避」行の途中で、米軍機の空襲に遭い、腕を一本失ってしまいました。王育徳氏は巧い具合に台湾に帰省していて、難を逃れました。李登輝氏と劉慶瑞氏は私の次兄同様、日本軍に強制入営させられました（一九四三年十二月一日）。

私には次兄より二つ年下の従兄がおりました。日本敗戦時には第三高等学校（京都）に在学中で、まだ帝大にはいっておらず、台湾に帰ってきました。日本から戻ってきたこれらの優等生（多くは各帝大および各旧制高等学校在学中）は、台北帝大（現台湾大学）の医科以外は眼中になかったのです。なぜなら台北帝大は植民地大学で、そのうえ日本の学界における地位も低い。彼らは中国大陸の有名校に転進する準備をしながらチャンスを狙っていました。彼らの臨時の「梁山泊」は、今日の泰順街のなかほどに一つの池があり、池を囲むようにして台北高等学校の教職員および日本人高級官僚の宿舎がありました。一部の日本人は既に帰国しており、その空家に我々はいくつかのグループに分かれて、住み着きました。

当時は学制改正の最中でした。中学校は初級中学と高級中学に改められ、各三学年を勉強したあと、大学では四年間勉強します。中国には日本のような旧制高等学校の制度がないので、一方で台湾省立師範学院を創立し、他方で台北高等学校を廃止する準備をしておりました。しかしまだ在学中の学生に最後まで勉強させる必要があるので、新しく外地から帰ってきた学生や島内の学生の編入試験も行いました。これが完了すると旧制高校（一九四九年七月、第三回卒業生まで）は廃止になりました。このため、当時の旧制台北高校と台湾省立師範学院の校長は同一人物で、校舎は二校が兼用しておりました。

一九四七年二月、私はまだ高等学校編入試験の年齢に達しておらず（私の一期上の人は受けられた）、私は建国中学の初中部三年の編入試験を受けました。間もなく二・二八事件が発生しました。

二・二八事件が発生する前の、一九四六年十一月六日、台湾省行政長官公署教育処（処長は范寿康氏、副処長は宋斐如氏）より、試験選抜による「内地専科以上学校公費各校入学者氏名」（計九十二名、八大学に配分）が公布され、同月十八日、台湾省内地大学入学公費生「同学会」が成立し、同月末、三グループに分けて船で出発、各校に赴いて入学手続きをした。これが第一回の公費による内地留学生。一九四九年にもう一回あったような記憶があります。

彼らが公費生の試験を受ける前後に、私はすでに新竹中学から台北に出て勉強する考えを持っていたので、暇があると、泰順街に行って歩き回り、尊敬する先輩たちを尋ねて、日本の学界、台湾と大陸の政情などに耳を傾けました。彼らのなかに竹中の先輩がおり、一高を経て東京帝大医学部を受けられた劉沼光氏です。彼は品格学業ともに非凡であるため、自然に皆の指導者として擁立されました。周りに醸し出された雰囲気は、幼い私をして疑いもなく彼に傾倒させ、いな、その一派の人たちに傾倒していきました。彼らの言論をいく回となく聞いていているうちに、自然に尊敬すべき三人の人の順序ができました。第一は当然劉沼光、第二は劉慶瑞、第三は彭明敏の三氏です。

彭氏は二・二八事件のあと、私たちの建国中学高中部二年B組に国文の補習をしに来たこともあります。彼は先に述べた「隻手英雄」なので、私は特にはっきり憶えています。私の尊敬する従兄は、第三高等学校に在籍しており、私は初中三年の時に、河上肇氏の『貧乏物語』を読み、非常に京都の第三高等学校および京都帝国大学経済学部（河上氏はその学部の名教授）に憧れました。早熟にして未熟、年少軽佻で、世間知らずのチビは、ただ幻想と片思いを胸に秘め隅っこに控えているだけなので、先輩たちは私の存在など気にも留めませんでしたが、彼らの片言隻語は確実に私に感染しました。特に二・二八に対する私の見方に影響しました。

京都大学に対して、私が関心を持っていたのは経済学部のほかは文学部哲学科です。そこは二人の有名な哲学者を輩出していました。一人は『善の研究』の著者西田幾多郎氏、もう一人は日本ファシズム監獄で獄死した三木清氏（西田の弟子）です。その他の学部と台湾籍の校友たちは私の視野にははいってもこなかったのです。

「沈崇事件」＊の時、台北の学生はデモ行進をして声援しました（一九四七年一月九日）。私も北上してデモの尻馬に乗り、当日皆はまず新公園（現在二・二八記念公園）に集合し、その時は背の高い李登輝氏もいました。台大農学院に在籍していた先輩がいて、あの人が京大から帰ってきた李登輝だ、農業経済学部にいると教えてくれましたのです。そのおりの印象は、李登輝氏の突飛な「偏平頭」でした。

建国中に三年余在籍している間、私はサッカーとバレーボールをやるほか、時間があると古亭町（現南昌街一帯）の古書屋台を見て歩き、日本人が残して行った人文科学類の書籍を買いました。このころ母を亡くし、家庭内に変化が起こりました。「四六事件」＊（一九四九年）発生後、学校の雰囲気が重苦しくなり、三日にあけず教師や先輩が失踪したり、事件が多く発生しました。私はひそかに日本行きのチャンスを狙っていましたが（このエピソードは戴国煇著『愛憎二・二八』自序、台北・遠流出版刊を参考されたい）、不成功に終わりました。厭な家を離れるために、私は台中に南下し台湾省立農学院（中興大学の前身）を受験しました。

農学院三、四年生の時、農業経済学科のクラスメートたちとともに、農復会が進めている農村調査に動員されました。報酬は多かったのですが、クラスメートたちはお金をもらってもあまり真面目に仕事をしないため、クラス代表の私は苦労をして、解決に努めました。かえってお金をもらって仕事を真面目にしなかったクラスメートたちは、私を学校当局寄りだ、台湾人クラスメートを裏切ったなど、くだらないことをいって私を責めました。その実、内情は非常に単純なことです。二・二八の後、台湾籍クラスメートは国語（北京語）学習に対して心理的に抵抗がありました。私の国語（実は客家語訛りのブロークン北京語でしかない）が彼らより若干流暢で、外省人の友人に偏見を持たず、時には正論でもって彼らの感情を害したということです。この時、再び李登輝の名前を聞きました。李氏が台湾人初めての農学博士徐慶鐘氏（農林庁長）手下の一人の大将であるというのです。ただし、その時になってもまだ顔を合せていません。第三回目に李氏の名前を聞いたのは、徐慶鐘先生の口からです。私はすでに日本に留学しておりました。徐氏が日本にみえ、私に台湾に戻って仕事をするように説得に来ました。あの時私は台湾民主化に対して確信が持てなかったので、徐氏の説得に応じませんでした。徐氏は時の国民党中央党部副秘書長の肩書きをもって来日し、日増しに増長する日本留学生を中心とした新型の台独運動（廖文毅・邱永漢等の旧台独運動とは別の）をなだめるよう命令を受けておりました。また、東京で『今日の中国』*という雑誌の発行のための準備に取り掛かり、再度私と踏み込んだ話し合いをしました。徐氏の話の概要は次の通りです。

第一、貴兄は国民党に加入し、党内で意見をすればよい。経国先生は異議を容認する雅量を持っている。第二、政治は総合的最高芸術であるからして、挑戦に値する。第三、私（徐慶鐘）は日本語で一冊の学術雑誌を発行する準備をしているが、東京では貴兄に編集と著述の責任を負ってもらい、台北では李登輝氏に手伝ってもらう。

徐氏は私を新橋に近い雑誌社の（後にここは劉天録の所有であることを知る。劉天録の子息は劉介宙、その孫娘劉伶君は後日李登輝氏の総統府英文通訳になったことがある）に案内しました。雑誌社の資料棚のうえに、鍾理和と龍瑛宗等客家籍の小説家の作品が並べられていました。私はすでに早くから徐慶鐘氏が「客家底福佬人」（客家系なのに閩南語を母語とする人たちを指す）と知っているので、わざとからかって、「なぜ全部客家の作品を選んだのですか」と聞いてみました。彼は、「私も客家です。自分が客家であると分かっていれば充分。福佬人の前で何時も自分が客家であることを主張すると、福佬人に嫌われますよ」と答えました。私は直ちに反駁して、「私はただ人間には出生の尊厳を主張できると論じているだけで、客家が福佬人と争うべきだと主張してはいません。客家のなかには、気概を欠いた人たちがいます。もし客家出身の尊厳を主張する勇気がなければ、何を論じることができますか」といいました。

あとになって、雑誌『今日の中国』をめくってみましたが、ついに李登輝氏の名前を雑誌のうえで見つけることはできませんでした（このように記憶していますが、間違いであれば読者の赦しを乞いたい）。いったい徐、李両氏の間に何があったのか。私にはさっぱり分かりません。ですが、私は徐氏のご厚意に応え、『今日の中国』第一巻第六号（一九六三年一二月）に、「糖業が台湾経済に占める地位」と題する論文を載せました。時に彭明敏氏、謝聡敏氏等の「台湾人自救運動宣言事件」（一九六四年中秋節）が発生し、東京に伝わってきた噂は、謝氏が「減刑と自救」のために、徐氏に逆に噛み付き、徐氏も事件に関係があるといったそうです。彭氏たちの刑が決まったあと、ある日徐氏が来訪し、顔を合せた時、このことについて聞いたら、徐氏はただ、「本当に危なかった！　どうして彭、謝たちがこんなことを仕出かすか分からない」と答えました。だいたい一九八六年かな。謝聡敏氏が訪日の折、私と彼は短時間のおしゃべりのチャンスがあり、私は直接謝氏に、「あなたは本当に徐先生に逆に噛みついたのか」と聞きました。謝氏は、「そんなことないよ！　彭先生が私を『今日の中国』でアルバイトさせたのは事実です」といいました。

高校時代、先輩やクラスメートたちがよく事件に巻き込まれました。父は私に日記を書くことを禁止し、写真も不用意に友人にやるなといわれました。私は現在歴史の研究をやっていますが、よく記憶に頼り、周りの関係資料を調べることで、事件発生の情況や時期を確認しています。

李登輝の東京講演

私が正式に李登輝氏に会ってお話したのは、一九六一年七月一日のはずです。その時私は東京大学中国同学会の第一回・第二回の総幹事（当時は会長がいない）でした。私たちは李先輩を東大農学部に招き、中国同学会農学部分会で講演をしてもらいました、題目は「台湾農業発展の現況と展望」でした。講演の前に、彼は国立市の一橋大学に大川一司教授を訪ねました。なぜか一時間以上過ぎても会場に姿を見せず、学生たちは文句を言い始めました。私は声を押さえて彼等に、「多分先輩は東京は不案内だから、もう少し待ってください」となだめました。彼は会場に着いても一言の謝りもないので、たくさんの人の不満を買いました。

講演のあと、私は彼を本郷三丁目に近い東大赤門の向いの日本旅館に送って行きました。李氏は私をなかに招じ入れ、博士論文のテーマについて聞きました。私は中国大陸の農村と農業問題をテーマにするつもりですと答えました。李氏が「なぜ台湾農業をテーマにしないのか」というので、私が「あんなちっぽけな台湾は、小児科でしょ」というと、彼は、「大陸の人材は多士済済だから、我々台湾人は台湾のためにより多く力を入れるべきではないのか」といいました。当時なぜ李氏を日本の講演に招いたのか、もう記憶にありません。

ついでに、一九六一年頃の大まかな時代背景を述べなくてはなりません。第一、日本は反米闘争の最高潮の時期にあたり、日米安保反対運動で岸信介首相を引きずり下ろして間もないころです。台湾独立運動は雑誌『台湾青年』の主編王育徳氏が主導していました。王の兄の王育霖氏は二・二八事件の時に暗殺されましたが、彼は私の建中の英語教師でした。李登輝氏が京都へ勉強に行った時、王育霖氏は東京帝大法学部を卒業して、司法官試験にパスし、京都に派遣され検察官になっていました。数年前李登輝氏が二・二八の謝罪補償問題の処理を始めた時、特別に台南まで行って王育霖夫人を訪ねています(一九九四年三月六日)。

『台高会名録』(一九八二年一〇月)によると、王育霖氏は台北高等学校で李登輝氏の四期上、王育徳氏も李氏の一期上、邱永漢氏(本名邱炳南)とは同期です。ある伝聞によれば、王育徳氏は本来左翼でしたが、五十年代後半期に中国大陸から謝雪紅が批判を受け失脚したニュースがはいり、これが原因で彼はだんだん台独の路を歩き始めたそうです。王氏は台南から来た留学生を中心に一部留学生を集め、雑誌『台湾青年』(一九六〇年四月一日創刊、初期は日本文の隔月刊)を発行し、これを基礎にして運動を展開します。彼が同好の士を募っている過程で、私もお眼鏡にかなったのか、彼または彼の組織が私たち夫婦と個人的によく付き合っているR兄を説得に寄越しましたが、私は彼らの好意を断りました。

国民党当局は当然彼らの企てや考え方を知っているので、徐慶鐘氏のほかに丘念台氏を日本に派遣し、説得工作をやらせました。丘氏のエピソードはここでは省略いたします。先にも触れた李登輝氏が特に訪ねていった大川一司教授のことは、すこし述べる価値があります。大川氏は我が恩師東畑精一先生の第一代目の弟子です。東京帝大農経学科の出身ですが、彼が採用した研究方法はみんなと違いました。日本経済の実証分析をするため、彼は明治以降の長期経済統計の整理と推計に着手研究を進めます。この成果を利用して理論と実証研究を統合し、独自の研究風格を打ち立てました。その学風は「日本のクズネッツ」*と称されました。

李登輝氏が大川教授を訪ねた時、馬乾意氏が一橋大学で経済を勉強しており、台湾の「産業関連表」を作る取り組みをしていたようです。馬氏の取り組みは相当に早く、『今日の中国』創刊号に「日華貿易構造の分析」を発表していました。彼は修士を修了すると台湾に戻りました。しかし、李登輝氏は馬氏を知っているとはけっしていいません。あるいは青年時代のことをあまり他人に知られたくないのかもしれません。英雄は出自を問わずといいますが、しかし英雄は往々にして自分の過去の歴史を知り尽くしている人が身辺でちらつくのを好みません。これは古今東西の不文律のようです。

歴史を振り返ると、一九六〇年代、李登輝氏が再度調査局の調べを受けたのは、日本台独運動興起の時期でもあり、経国先生がすでに台湾社会の変化の雰囲気を感じとっていたといえます。だから「催台青」*政策の出現があったのです。

王作栄　馬乾意氏は最初は美援会の私の経済研究センターで仕事をしていましたが、後に日韓に駐在したこともあります。官位は経済参事よりやや低いかな。またフィリピンにも行かされ、四年前東京駐日副代表を最後にリタイアして台湾に戻っています。

戴国煇　徐氏が私に会ったのは、経国先生の黙認があったはずです。徐氏は私に、彼が戴炎輝氏を駐日文化参事に推薦したことがあるといったことがあります。戴氏は台湾との連繫と台湾留学生をなだめる役割でしたが、なぜかあとで来ませんでした。私もはっきり分かりません。戴氏は東大法学部の博士号を取得して帰国しましたが、李敖氏が、彼の論文は兄弟子の仁井田陞東大教授の論文の剽窃の疑いがあるとして、彼に纏わりついて離さず、一時流言蜚語が飛び交ったのはあとの話しでした。

実際に政治的な動きがあったのは丘念台氏だけです。本来老総統は彼を疑い、出国させませんでした。彼が延安に行き、毛沢東と握手をしたことがあるのが理由です。丘氏の父親は丘逢甲氏、母親は**恥**南家庭の出身で林献堂氏とは親戚関係があります。政治的なつながりは孫科系の広東派に属します。丘夫人は宋美齢が大嫌いなのです。弟は中国大陸に残り、福建省人民代表になり、よく台湾向けに統一戦線的な放送を行っていました。しかし丘念台氏は実際にはそれほど政治力は持っていませんでした。老総統は丘逢甲氏にはまだ利用価値があるので、丘念台氏を残しておこうと判断した可能性もありますが、実状はそんなことではないのです。丘念台氏は根本的に共産党ではなく、台独でもありません。六〇年代中期以後数次訪日し、一九六七年一月一二日夕方、中風のため東京青山一丁目地下鉄出口の近くで昏倒しました。

私の祖父は丘逢甲氏と一緒に抗日を闘ったことがあり、小さい時から祖父の話を聞いていました。祖父は「丘氏が義勇軍を率いていたが、彼はお金があったので中国大陸に逃げ帰り、我々は残って日本の牢屋に入れられた」といい、だから繰り返し、医学農学の勉強はどれでもよいが、政治をやったり、政治を勉強するのは駄目だと戒められていました。丘念台氏が日本に来られた時は、私もよく彼の手助けをしました。李登輝氏は一九六一年日本に来た時、論文博士学位（博士課程の単位修得を経ず、論文提出だけで博士学位を取得する）を申請する意思があったかどうかは知りません。しかしなにはともあれ、我々は彼を講演によびました。その時の印象では、当時はだれも彼が非常に鋭敏な人とは認めていなかったようです。彼の文章は堅くて、文才もみられませんでした。

その時、私は彼がかつて進歩的部類の学生に属していたことはだいたい知っていましたが、彼がかつて地下党に加入していたことは知りませんでした。また、彼の先生は王益滔教授だと知っていましたが、王氏は台湾大学農学部の教授で、噂によると息子の一人は台湾で銃殺され、もう一人の息子も大陸で非業の死を遂げた、悲運な方だそうです。

王作栄　王益滔氏は農学部長をやり、三、四年前に亡くなりました。ご夫妻とも百余歳まで生き、農経学科では非常に尊敬をされた学者でした。

白色テロの冤罪者

戴国煇　ここで少し補充します、実は、陳儀氏が台湾に第一陣に招いた学者の多くは進歩的な学者でした。少なくとも国民党左派あるいは自由派の人たちです。彼らの大多数は非常に優秀でした。たとえば許寿裳氏。彼は本来は台湾大学の校長をやるはずでしたが、当時教育部長だったCC派の陳立夫氏が反対し、許氏はやむをえず国立編訳館にいきました。後に強盗が家にはいって許氏を殺しましたが、これは当局の説明です。私たちは暗殺されたと思っています。もう一人は台静農氏、彼は北京大学の時地下組織の人だったので、ずっと政府の監視の下に置かれ、国外に出られませんでした。

次にフランス留学の黎烈文氏は、終始左派の立場に立っていましたが、死ぬまで中国大陸には戻りませんでした。陳儀氏の最高のブレーンは沈仲久氏（銘訓、陳儀の正室沈蕙の従弟）で、本人はどこにも属さない左派で共産党ではありません。彼の影響で陳儀氏は一群の左派学者を集めました。彼らは台湾を三民主義の実験基地とみなし、蒋介石氏の左派と抗争できると考えました。ところが共産党が大陸でかくも早く発展するとは考えもしなかったのでしょう。彼らは台湾の皇民化分子を拒絶し、林献堂一派の台湾文化人有力者を拒み、台湾の地主階層とも合作しなかったため、これが台湾二・二八事件前後の台湾政局の成り行きに影響しました。李登輝氏は初期にはこの論点に賛成だったのに、最後には国民党を「外来政権」とみなすように変わったのは意外でした。

これらの学者は最初は本当に心を尽したと思います、だから光復して間もないのに、すぐ台湾統計十一年計要を整理したのは、計画経済を進めるためです。陳儀氏はその前にも台湾に来て、専売局の制度を視察しました。二・二八事件後、国民党に失望したこれらの学者は、中国大陸に舞い戻り共産党に近づきましたが、結局は共産党に粛清され惨めでした。

後にもう一陣の傅斯年氏のような自由派の人たちが来たのは、蒋介石氏が飛行機で北京から迎えて来たのです。そのなかでも非常に有名な、たとえば傅聡氏の父親の傅雷氏は、香港に留まって静観し、国民党が駄目だと見るや、また大陸に戻って行き、結局自殺しました。胡適氏も国民党を評価できず、アメリカに滞在していましたが、実は境遇はよくなかったのです。彼の名声が大きすぎて、在米の中国学者が彼を排斥したため、彼を招いてくれる大学がありませんでした。やむなくプリンストン大学の東方図書館が彼を置いたけれども、月給がわずか五〇〇ドル、生活費にはまったく足りないので、蒋介石氏は人を遣わし、毎月五〇〇ドルを補助しました。この時期のことは伝記文学作家の唐徳剛氏が記録しています。

最近ある出版社が新たに白色テロ時期の古い写真を印刷出版しました（徐宗懋編、『一九五〇仲夏の馬場町』、聯合文学出版、二〇〇〇年刊）。人権基金会も多くの古い写真資料を整理し、古い素材が大量に市場に出回るようになりました、陳儀氏の銃殺行列の現場写真、台湾電力公司総経理の銃殺写真なども含まれています。

王作栄　台電総経理のことは私もよく知っています。彼は北京の清華大学を卒業し、アメリカ留学をした、非常に優秀な人材です。銃殺された時は、泰然自若としてとても立派でしたが、この件はまったく無実の事件なのです。中共が台湾解放をするため、人を台湾に派遣し、国営事業の董事長や総経理に、財産をしっかり保管して、中共が接収に来るのを待機せよ、もし破壊するようなことがあったら、必ず責任を取ってもらうと伝えました。この総経理は正直者で、この話しを部下にも伝えました。これは本当に馬鹿げたことでして、銃殺の罪名は「知匪不報」（共産党員を知っていながら通報しない）、即ち「通匪」（共産党員と相通じる）と同罪です。実は彼は何も関係はなく、通報する勇気がないだけでした。それを部下にもいったため、その共産党員が捕まったあとに、すべてを吐いたので、国営事業の主管が軒並み銃殺されてしまったのは無実の罪で、本当に惜しいことでした。

彼が副総統に！

問（夏珍）　徐慶鐘氏が当時台湾本土出身のエリートを推薦したことで、非常に重要な役割を果たしたと思いますか？

戴国煇　徐慶鐘氏にも複雑なところがあります、彼は左派ではないが、彼の甥の徐淵深氏は台北二中の出身で、光復後は大学にはいっておりません。徐慶鐘氏が大学で勉強できたのは辜顕栄氏の援助を受けられたからです。彼が数回にわたって私を説得しに来ても私は台湾に戻らなかったのに、一九六九年に私が台湾に戻り彼を訪ねた時、彼は私に対して非常によくしてくれました。あの時私は、二・二八について深く認識した日本文で書かれた一冊の小冊子を発見しました。台湾の現況について述べており、かなり高いレベルです。その本はまさに彼の甥が書いたものでした。あの日私が日本のりんごをお土産にあげると、彼は非常に喜びました。そして、この本に話しが及んだとたんに、二筋の涙を流して、「彼は銃殺された」といいました。当時徐氏は行政院副院長の職にあって、一方では経国先生の引きあげを喜び、他方では白色テロの陰影を拭い去れずにいる。これが彼ら一世の人たちの心情と辛酸でありましょう。

一九七二年、李登輝氏は政務委員に就任したばかりで、徐慶鐘氏は日本語で、「李登輝君は政務委員になりましたよ。あの時君が帰ってこられたらどんなにかよかったことか。でも、君も著作と立論を始めており、それも素晴らしいことです。批判する場合、外では過激にならないように、党内で批判をするなら、経国先生は受け入れられます」と話されました。

一九八五年、十三年を経てまた台湾に帰ってきた時、やはり徐慶鐘氏を訪ねました。夫人が亡くなったばかりで、彼は家で暇をもてあましているせいか、あるいは苦悶のあまりか、開口一番李登輝氏を漫罵したのは意外でした。なにか言葉の端々にねたみのようなものが感じられました。李氏は既に副総統になっており、徐氏はたぶん自分の資格経歴のほうが副総統にもっとふさわしいと思っていたのでしょう。彼は李氏が省主席の時分に提出した「八万農業大軍」について、「あれは気違いじみて、荒唐無稽だ。全部日本の農業基本法から写しとったものだ。日本と台湾の情況の違いを考慮に入れていない」と批判しました。当時自分が副総統に選ばれると自認している人物がもう一人いました。戴炎輝氏です。彼は後に司法院長にまでなりますが、日本での台独運動の人たちが怒っていうには、彼らが海外で台独運動の気焔を挙げれば挙げるほど、国内政客の官位が早くあがるのはけしからんということです。これも政治の現実かもしれません。噂では、戴炎輝氏は特別に中国式礼服をオーダーして備え、副総統の指名発表は必ず自分に来ると信じていました。

王作栄 それは本当のことです、結果が彼ではなかったのも意外でした。徐慶鐘氏は私もよく知っています。戴炎輝氏はさらによく知っています。この二人とも晩年は頭が明晰でなくなり、話しもあまりうまくありません。特に戴炎輝氏はよくありませんでした。台大が彼を法学部教務主任にしたのは、ごたぶんにもれず省籍の故です。戴氏は確かに副総統に選ばれるだろうと自認していました。指名確定後の演説原稿まで準備し、ポケットに入れており、指名が李登輝氏と分かった時、彼はいまだに自分だと思いこんでいて、原稿を出して読もうとし、傍らの人が止めたのです。

当時副総統は謝東閔氏でしたが、ずっと再任の可能があると自分で思っていましたけど、話によると、指名前一週間になっても、経国先生は彼に李登輝を指名するつもりだとは話しませんでした。もう一人の競争相手は、林洋港氏です。しかし彼は自分で潰してしまいました。本来彼の順位は李登輝氏の前にありましたが、彼は大胆過ぎ、感情を抑制することができません。経国先生は彼の国際的な感覚を養うために、彼を米日訪問に出したのですが、彼は台独分子と往来しました。まあ、往来しても構わないのですが、書面報告をしなければならないです。先に報告をして情況を説明しなければならないのに、彼は報告しないだけでなく、秘密裏に会ったりしました。特に日本でそうでした。これらは経国先生に密告されました。彼は国内でも自分の人脈作りに余念がなく、宋楚瑜氏のように島内を隈なくまわっています。これは大変なことです。これで蒋経国氏の注意と用心を引き起こしました。もう一人は、邱創煥氏です。彼は上述の人たちに比べて目立ちません。こう比較して選んでいるうちに、最後はやっぱり李登輝氏しかない。経国先生は林洋港氏より李登輝氏のほうがよっぽど恐ろしいとは考えもしなかったようです。

経国先生は確かに政権を本省人に渡すつもりでした。外省人のなかに適任者があまりいません。孫運璿氏は非常に立派だが病気中。李煥氏は党務担当で、野心が大きくて、経国先生は彼を完全には信用できない。王昇氏も政治的野心が大きいため、経国先生は彼を国外に出してしまいました。経国先生は人を使う時、人の本性を最も重視します。そのうえ、絶対軍人を党務と行政系統に参入させません。国防部と退輔会*を除いて、彼は絶対軍人を使いません。李国鼎氏にも強烈な野心がありました。ところが経国先生が最もおそれていたのは野心です。最も好ましいのは能力があっておとなしそうにしている人です。

戴国煇　王院長はとても詳しくお話してくださいました。林洋港氏が日本を訪問した時は、確かに交流関係が大きく、とても活動的で、そのうえお酒も飲める。「台湾王」と称されました。東京で彼の挙動をみて、直感的に彼は問題をおこすだろうと思いました。案の定、台湾に帰った彼は冷遇されました。私に一人の先輩がおり、謝東閔氏とは台中一中のクラスメートで、後に反日のため中国大陸に逃れました。このかたが晩年亡くなる前に私に教えてくれました。林洋港氏の考えは、謝東閔氏の路に随って行けば、順調に省主席から一路副総統までなれると。実は、彼の過去はずっと調べられており、毎回地方視察の際には、必ず特務が付いていました。林氏はあまりにも不注意でした。経国先生はずっと林、謝両氏が地方勢力と結託して、反国民党に動くかどうかにとても注意を払っておりました。小包爆弾事件*は逆に謝東閔氏を助け、彼に副総統に昇進するチャンスを与えました。経国先生は副総統のポストでもって彼に償いをしました。李国鼎氏もずっと行政院長を受け継ぎたかったでしょうが駄目でした。

王作栄　李国鼎氏も旺盛な野心を持っており、財経部門に行っても自分のグループや部下で固めています。経国先生はグループや派閥作りを最も懼れていましたので、李国鼎氏は結局あまり出世できませんでした。

戴国煇　経国先生の人材起用法哲学はどこから教わって来たのですか。彼の父親からでしょうか。（笑）

王作栄　彼はソビエト共産党に教わったんだよ！　彼は人を観察し、人を操縦することに長けており、そのことを心の底深く沈めておくびにも出しません。中国的政治術数にも心得があり、人間性もよく知っており、黙々と観察し、いったんスモールグループを作っていると見れば直ちに引っこ抜いてしまう。彼は軍人、特務、党務関係の人が行政系統にはいってくることを許さなかった。彼晩年の本当の側近は黄少谷氏です。李煥氏が教育部長になったのは、兪国華氏が極力保証したから実現したのです。しかも続けて三回も保証してから許可が下りたのです。第一回目に提出した時、経国先生はただ一言、「この人は不適当」。第二回目に提出した時、経国先生は淡々と、「もっとよく考慮しなさい」。第三回目に提出した時、経国先生は吐息をつき、「あなたが本当に彼を使いたいならしかたがない」といって同意しました。兪氏が李煥氏を保証したのは、李煥氏の党内における力が非常に大きく、李氏を使って兪氏は内閣の声望を高めたかったのです。

兪国華氏は経国先生の深い信任を得ています。この人は操行品性ともによいが、国家の大事をゆだねる人材ではない。外省人のなかから人材を得ることができず、大勢の赴くまま、政権を少しずつ本省人の手に移すしかない。ではだれに。当然台独は断然駄目です。

戴国煇　経国先生が当時蔣彦士氏を起用したのは、彼を使い走りにしたかったのでしょうか。それとも彼とアメリカ方面の関係を利用するためでしょうか。

王作栄　蔣彦士氏とアメリカ人の往来はそれほど多くはありません。彼の英語もたいしてうまくない。主に農復会の業務範囲内の関係です。ほかのことにはあまり蔣彦士氏を使いません。経国先生とアメリカとの往来は、必ずしも蔣彦士氏でなくても、ほかに沢山の人がいます。

戴国煇　江南案*、十信案*の発生で、蔣彦士氏が降り、馬樹礼氏が急遽台北に戻って中央党部秘書長になりますが、この背後にある原因は何でしょうか。

王作栄　経国先生の病気が重態の時、医者はなん回も危篤と判断し、王昇氏は経国先生を継承する意志がありました。王氏は一つの系統、孫運璿氏、馬紀壮氏、張宝樹氏等は別の一つの北方系統です。当時党部は張宝樹（党秘書長）氏の手中にあって、王昇氏はコントロールできず、これとは別に一つの劉少康弁公室を設置し、蔣彦士氏をも引っ張り込んで画策していました。それを経国先生が知って、非常に怒りました。彼は危篤といえどもまだ生きている。この時に算盤を弾いているとはと腹を立て結局一人も使わないことになりました。

戴国煇　一説に王昇氏が訪米の際、アメリカCIAの人に会ったところ、アメリカ側は経国先生の病状に非常に関心を持っており、万一の情況が発生した時、台湾の政局がどうなるのか心配していたので、王氏は、私が責任を負わせてもらいますと答えた。それが台湾に報告されたというのですが、これは本当でしょうか。

王作栄　彼がCIAにこの話をしたかどうかは知りません。しかし国内に於ける彼の配置からみると、当時中央党部を通過する人事はすべて劉少康弁公室を経なければならず、まるで小中央党部を形成していました。経国先生がどのようにして彼らのことを知るようになったかはわかりませんが、本当にやり過ぎで、中央党部が機能しない状態になり、経国先生は非常に腹を立てました。

戴国輝　あの時期、江南案が発生して間もなく、沈君山氏と魏火曜氏が、自強協会*から鐘栄吉氏を通して私に台湾に帰るように言って来ました。たぶん江南氏が『蒋経国伝』のなかで私に触れているため、私を使っていくらかでも政治争議の鎮静化に役立てようと考えていたようです。当時我が大学の野球部の台湾訪問を彼らは周到に計画しました。東京六大学が組織した学生野球連盟のなかで、唯一まだ台湾遠征をしていないのが我が立教大学の野球部でした。彼らは私を利用して立教大学と連繫を取りました。立教大学は遠征の招請を受け入れましたが、私は自分が台湾に入国できるかどうかわかりません。大学にも自分はビザが取れないかもしれないとはいえない。それで関係を通して馬樹礼(駐日代表)氏に聞いてもらったら、馬氏は、「まったく誤解ですよ。我々は戴教授の帰国を願いこそすれ、戴氏が帰国しないのを心配していたぐらいです」という。馬氏は東京で私をご馳走するとおっしゃった数日後、秘書から電話で、馬氏は急遽台北に戻って党秘書長のポストにつくことになった。東京ではなく、台北で私に会いたいと伝えて来ました。後に私は台北に十三年ぶりで帰り、国科会*(当時は広州路にあった)へ党秘書長のポストを降りた蒋彦士氏を訪ねました。その時蒋氏を取り巻く噂は数々ありました。

考え方があっても教え方がない

王作栄　私が見た李登輝氏は、厳格にいってIQの高い人ではありません。もし私が評価するならせいぜいB+です。彼の学問の程度は高くはありません。さらにいうなら、浅薄に流れる場合もある。教え方も普通、下手だといってもよい。政治大学の東亜研究所で教えていた時、彼の課目を選修した学生は多くありませんでした。台大農経研究所で教えた時も同じ状態でした。選修する学生があまりにも少ないので、農経学科は彼の教える課目を取り消しました。華厳氏は経済研究所に彼と梁国樹氏との二人で共同の一課目の授業を与え、顔を立ててやりました。だから、李登輝氏は華氏にとても感謝しています。農復会で仕事をしている時、謝森中氏と組み、李氏の中文が流暢でないため、謝氏は彼の原稿を整え、文章を直してやりました。謝氏は常に自分の名前を李氏の前に置くので、李氏はえらく怒っていました。彼がいうには、日本文の資料が多く、比較すれば彼の貢献が大きいはずなのに、毎回彼の名前が謝氏の後になっている。このことについて李氏はいつも怨みつらみを述べていました。

彼は農復会に行く前は農林庁にいましたが、いくら経っても昇進しないので、居づらくなり、合作金庫に移りました。噂では農林庁時代、彼とポストを争った人がおり、李氏が負けました。数年後、その人はまだ農林庁にいましたが、李氏は台湾省主席になりました。省政府に入った時、李氏はその人はまだ農林庁にいるのかと聞きました。（笑）君子の仇討ち、三年とは限らずですな。

戴国煇　李登輝氏が経済研究所の時の学生はたった四人、孫震氏や蕭聖鉄氏です。蕭氏の父親は後に台湾大学で華僑論を教え、おばの夫は有名な台共の蘇新氏、父親の兄の蕭瑞麟氏も古くからの台共です。李登輝氏の学問レベルは普通並みです。当時台湾糖業総経理の郁英彪氏が糖米競争問題*について考えを巡らせている時、李登輝氏が日本人教授の書いた一遍の古いテーマを自分の論文にしていたのを、郁氏がその李氏の論文を台湾糖業政策に転用したことがありました。李氏は私に会うと郁氏を罵りました。李氏は外省人に対する反感の情緒をなかなか乗り越えることができず、いつも、自分の貢献は大きいのに抑圧されていると思い込んでいます。自分の立ち居振る舞いや、学問や思想の深さについて反省がなく、表面的なことに汲々としているだけです。

王作栄　農林庁の仕事はすべて技術面の問題の処理だけで、政策面には及ぶ必要がありません。農復会の仕事は研究分析ですが、政策についての研究分析の貢献も少なく、私たちは美援会にいて、農復会がなにかよい政策草案を出したのをあまり聞いたことがありません。もしあれば、必ず美援会に送られてくるはずです。私は政策研究部門の主管でしたから、尹仲容氏はどんな案でも私の意見を聞きにきました。その時の印象のなかでは、ただ一つ肥料米穀交換問題があるだけです。美援会は私が意見を出し、農復会は張憲秋氏（後に世界銀行に転職）が意見を書きました。この案も実現を見ませんでした。農業政策の討論では、我々の脳裏に、李登輝なる人物はいたこともありませんでした。

戴国煇　国民党は農業問題には心を砕きました。食糧問題の解決を第一要務とし、それゆえに李連春氏を重用しました。徐慶鐘氏と李連春氏とも私を訪ねてきました。李連春氏は日本に来て、私に科長にならないかと誘いました。私は怪訝に思い、李登輝氏がいるじゃないですかと聞いたところ、彼らは頭を横に振りました。たぶん李登輝氏とは一緒に仕事をしにくいのか、あるいは彼がしかるべき成果をなんら発揮しなかったのかな。

王作栄　彼は政治に興味があるけれど、研究に対してはあまり興味がありません。若い時期には時代が彼を研究の道に無理矢理追いこんだのです。

戴国煇　李登輝氏の若い時代の背景をみると、まず思想の深度はさておき、彼の人生観と世界観の形成の脈絡が見えてきます。台湾転換期の国家元首として十二年、一九七二年経国先生が彼を政務委員に任命したのを始めとし、一路彼を引きあげて、台北市長、省政府主席から副総統に至るまで、彼は終始自分の政治的地位の不安定さを意識していました。訪米が実現してコーネル大で講演し、そして総統直接選挙が彼の権力の最高時期でした。「第十代」総統に再任が不可能と分かり、すぐ任期延長をしても必ずしも就任しないという憲法修正案が否決されるや、即「二国論」を放り出しました。

面白いのは、彼は常に日本人の友人の取材訪問や合著のなかで、彼の政治主張や内心世界を吐露している点です。『台湾の主張』、『アジアの智略』がそうです。彼の著作から、おおよそ彼の考え方や彼の主張の内容、また中学生活、旧制高等学校時期から大学時代に至るまでの主なる読書内容等々を知ることができます。彼の年譜によると、京都帝大はわずか半年在籍しただけで兵隊に召集され、ここらの叙述が曖昧ではっきりしません。一九四五年八月十五日、日本敗戦。翌年の春、彼は帰国して台湾大学に編入する。それから白色テロまでのあいだ、具体的にいうと一九四九年四月六日（四六事件）前後までが最も重要な期間です。

日本の政学界主流の多くが、七〇年代前は多くが左翼に傾いていきました。学問の道はまず、ドイツ語、英語等を含めて語学をものにすることです。だが台湾訪問をしたい政客に至っては、選挙区の経営に忙殺されて、根本的には勉強する暇がありません。よしんば本を読んでも読みが浅い。この類の日本人が台湾に来て、李登輝氏に会うと、劣等感丸出しでへつらいおもねる。李氏はその弱点を知っているから、日本人の前でことさらに自分の読書の幅をひけらかします。西田哲学『善の研究』に触れただけでも、日本人は彼に対して唯々諾々となります。かくして彼はまたもいい知れぬ喜びと快感を味わうのです。その実、言葉多ければ必ずや失言ありで、彼はよく日本友人との対話のなかで無意識に誤りを曝け出してしまいます。世界中を捜しても、かつての被統治者で過去の統治国に対してかくも褒めたたえる人を見つけるのは難しい。ましてや一国の元首としては全世界に二人といないでしょう。

だが、私は李登輝氏の若いころを述べた叙述に対しては、ずっと保留的態度をとっています。

第一に、彼は当時『資本論』を読んだといっているが、一九四三年、日本が戦争に負けようとしている時に、どこで『資本論』を見つけるのでしょうか。あの時分、日本には右派国家社会主義者高畠素之が翻訳した『資本論』があるだけです。左派が翻訳した『資本論』は、まだ完成しておらず、英語版はまだ入っていません。ドイツ語版は彼にはどれだけ理解できるか、とても疑問に思います。しかも白色テロの時期、『資本論』を読むのは牢屋に入る覚悟が要ります。左派の書籍を持っている人は、焼却するのももどかしいくらいでした。彼はどういうふうに読んだのでしょうか。可能性は戦後復員して台湾に戻ったあと(一九四五年八月〜一九四六年四月)および白色テロの前、この時期日台両地で盛んに出た『資本論』解読に関する本や、左派の小冊子を読んだだけのことでしょう。

第二に、彼は東方専制主義全面権力(Total Power)の比較研究をよく理解しておりません。さらに遺憾なことは、彼がソビエト、東欧解体とウィットフォーゲルが戦前に書いた東方専制主義に関する分析を関連付けて、問題を整理しないで、簡単に王世榕氏が提起した「七塊論」＊(王文山著、『和平七雄論』、月旦出版社、一九九六年十月)を採用してしまったことです。李氏は中国大陸を実際に見ていません。彼は行ったことがあるといっていますが、実は台湾から日本陸軍高射砲幹部学校に行く途中、青島を経由した時、そこでいく日かを過ごしただけです(蔡焜燦著、『台湾人と日本精神』、日本教文社、一九九九年)。ある時李登輝氏が私と張光直氏(中研院院士)等数人を総統官邸でご馳走してくれました。その時李氏がウィットフォーゲルは第三インター(ナショナル)の人かね、ときかれたので、私は、「はい、そうです」と答えました。最近ウィットフォーゲルの最新の伝記が出版され(G.L. Ulmen, The Science Society-Toward an Understanding of the Life and Work of Karl August Wittforgel. Mouton 1978、Printed in Germany)、私は日本語版を一冊買って李氏に贈りました。書中、第二次大戦前にウィットフォーゲルは中国大陸を停滞未進歩の社会と見ていたと指摘していますが、この観念はやはりいまだに李登輝氏に影響を与えています。私は李氏にアジアの四頭の龍はすでに飛びあがったのだから、ウィットフォーゲルのアジア停滞論証の理論は、もう私たちが解読するに値しないようですといってあげました。

植民統治の美と哀愁

李登輝氏と大陸との緊張関係は、司馬遼太郎氏との対話に始まります。司馬氏の最大の問題は、彼の台湾理解が全部日本文と、台独関係文献からもらっていることです。後者は主に邱永漢氏の主張です。台湾は無主の地、つまり「台湾地位未定論」を、司馬が持ってきて使ったのを、李氏は否定しなかった。李登輝氏は故意ではない可能性もある。彼らの世代は日本統治を受けた影響で、台湾と中国の関係に対する正確な認識に欠けるところがあります。台湾がもし無主の地なら、かつて日本首相伊藤博文は中国清朝の全権大臣李鴻章と馬関条約を締結する必要があったでしょうか。日本は直接台湾を占領すればよく、奪ってくればよいのです。李登輝氏にこの認識がないとは、中華民国の元首としてあるまじきことです。なぜ反「国民党」あるいは反「国民政府の封建体質」の彼が、反植民統治に無頓着なのか。このような認識錯誤は台湾の一般庶民でさえ受け容れられません。非常に重大なことであります。

このほか、二・二八と白色テロ時期、国民党政府は政権を固めるために厳酷な処罰対策をとりました。李氏は台独主張者の尻馬に乗り、時にははなはだしく無限に誇張をします。しかし日本植民政権に対してはかえって寛容になり、あまつさえ日本が中国侵略に対して再三謝罪する必要はないと主張してはばからない。これも彼の限界である。もし白色テロの強権政治を否定するなら、反帝、反植民も一緒にやるべきです。でなければ「西来庵事件」、「霧社事件」のような屠村（村ごと殺戮を受ける）残忍事件を、いかに台湾庶民に対して申し開きすることができるでしょうか。

第三に、李登輝氏は父親が日本統治時代の警察官だからエリートだという。警察は植民国家が統治を執行する最も重要な公権力である。どうして台湾人が公権力の核心にはいることができましょうか。これは李氏が植民主義的社会科学研究に対しても深さが足りないことを顕わしています。前にも触れた王育霖氏の京都地方法院検察官任命は第二次世界大戦の末期近くのことです。日本植民地時代を通してい く人の裁判官、検察官、高級警察がいたか、全部で指折り数えられるくらいです。李金龍氏は最下層の警察官ですが、もし彼もエリートの列に入れるなら、台湾庶民はずっと最後まで抗日するわけがありません。一九三〇年に「霧社事件」が勃発しましたが、参加者のひとり、原住民青年花岡一郎は師範学校を卒業し、山地に警官兼教師として派遣されました。花岡は、植民政権のために自分の同族を鎮圧したくないと非常に苦悶しました。李氏の父は日本のために地方の小警察官になりました。生活のためやむを得なかったのです。しかし李氏はそんな父を「エリート」と誇りにしています。

第四に、前にも触れましたが、李登輝氏の友人を自称する人たちが、後藤新平が台湾のために産業基本施設を残したとして評価しています。しかし日本植民統治の動機とその過程を我々は理解しなければなりません。植民者の動機は慈善事業をやることではないのです。嘉南大圳等産業基本施設を残したのは結果です。後藤は早い時期には少なからぬ台湾人を殺しているのです。嘉南大圳も、台湾統治と台湾における糖業産業振興のために必要だから設計をしたものです。農民は怒り苦しみました。自分で植えた甘蔗を食べられず、日本の会社の製糖に売らなければなりませんでした。甘蔗の価格決定権は日本人の手に掌握されています。嘉南大圳を含め、台大病院、縦貫鉄道等、全部台湾人の血と汗からくる「税金」で建造されたものです。敗戦により日本に持って帰れないから残していったのです。なにも日本がそうしたいわけではないのに、台湾籍「日本教」信徒たちは心底から感謝しています。日本の正統派学者たちは彼等の謬説に一様に驚き恥じいっています。

第五に、私はかつて李登輝氏に申し上げました。「出エジプト」と「出エジプト記」＊は違いますよと。彼は表面的には同意しました。マルクス主義は階級権力論、ウィットフォーゲルの階級権力論は不完全な知識権力論です。遊牧民族が水利をコントロールしているので、農業を生業としている漢民族を統治できない。

私は何度も考えるのですが、李登輝氏自身はいったいその権力の基礎がどこにあると見ているのでしょうか。もし階級権力論を主張するなら、外省人をこれだけ排除するべきではないし、もし主に台湾福老ショービニズム＊の民粋＊に頼って、その権力基礎とする場合、彼の限界は広がります。政治的悲情＊が未だ消去しない前には、あるいは一時強がることができるが、政治悲情が薄まれば、物質的功利主義が幅を利かすので、政治局面は急変します。今、私は陳水扁氏がこの点をはっきり認識し、ふたたび李氏の民粋的、省籍分裂的（外省人と本省人を離間させる）福佬ショービニズム的権力を基礎にした路線を踏襲することがないよう、心から希望します。

王作栄　李登輝氏が兵隊に行ったのは何兵ですか？

戴国煇　厳格にいうと、正式の兵隊とはいえません。「学徒出陣」です。李氏は「学徒動員」といっていますが。日本はその時まだ台湾兵を徴用しておらず、兵源が不足してから、文科生に「志願」出征させました。志願といっても、実際は半強制的で、彭明敏氏はそれを避けるため、九州へ逃れ空襲で片腕を失ったのです。劉慶瑞、李登輝両氏はおとなしく一緒に従軍しました。徐慶鐘氏は南京陥落区に徴用されました。彼は元々は台北一中、台北高校、台北帝大の第一期優等生ですが、日本当局の差別待遇により、助教授にしか昇進させないばかりか、彼を動員し台湾の青年農民を引き連れ、野菜を植えて日本軍に供給させせました。だから徐慶鐘氏はとても怒っていて、この不愉快な往事を話してくれました。

王作栄　台湾農業の大陸援助について李登輝氏が言及したのは聞いたことがありませんが、蔣彦士氏はこれについて話したことがあります。大陸の農業技術はやはりある程度のレベルに達しております。新疆の砂漠地帯でさえ、よい成果を上げているようで、大陸はこれにあまり興味がなかったのでしょう。彼も後には積極的に進めませんでした。

戴国煇　早い時期、李登輝氏は統一企業の高清愿氏が新疆でトマトの生産をした時には反対はしませんでした。態度はやはり肯定的でしたね。

王作栄　李登輝氏は左派かどうか。共産党に入党しているかどうか。私にははっきり分かりません。しかしその時代、李氏は二十二、三歳、私も二十数歳、ちょうど大学にはいっており、全体が左傾の風潮で、日本・中国みんな同じように左傾しており、共産党用語を二、三句喋ったり、共産党の雑誌や書籍を読んでいると、自分がとても進歩的に見えました。でも心から信仰しているかどうかは別で、共産主義を本当に理解するにはまだほど遠かった。

戴国煇　今の若い人もそうです。民進党を支持していると進歩的で、国民党を支持していると時代遅れで、格好悪いそうです。

王作栄　『資本論』を私も読みました。中国語版ですが、翻訳が目茶苦茶でした。私は経済学部ですが、根本的には分からなかった。彼（李登輝氏）も読んで分からないはずです。台湾大学の図書館に、やはり一部マルクス主義関係の本があり、政府の禁止を免れたものだろうと思います。彼はたぶん台大に戻ってからまた少し読んだのでしょう。だが興味はそんなにないと思います。なぜならすでに風潮が過ぎてしまったから。若い時は、いくつかの易しい名詞が朗々と口を衝いて出ます。流行ですから。本当に読んで分かるというのは、確かにあまり可能性がない。彼は本物の共産党ではありません。共産党に入党したとしても、やはり本物の共産党ではありません。もし本当に共産主義を信じているなら、入党して脱党、また入党して脱党するようなことはしないでしょう。彼が流行を追っていることを表わしているだけで、実際には信仰などしていなかったでしょう。

李氏は中国の文化歴史についてまったく理解していません。彼は私にいったことがあります。船で大陸の青島を経由した時、ちょっと上陸しただけで、すぐ日本に向いました。中国との接触はわずかこれだけで、ほかにはありません。彼の中国文理解の程度はあまり高くなく、中国語の本を読むのは比較的困難で、日本語版のほうが得意です。彼の中国についてのわずかな知識は、全部日本語版から理解を得たものです。本当に良い中国の経典著作はまったく読んで分からない可能性があります。

問（**夏珍**）　李総統は易経を勉強したことがあるそうですが？

王作栄　彼は非常に迷信的です。易経を勉強したのは、哲学研究のためではなく、占いをしたいだけです。彼と南懐瑾氏との関係は、実は前途を占ってもらうためです。彼が省政府にいた時、部下の一人に占いができる人がおり、李氏はその占いを信じていました。その人の占いはよく当たりました。早くから李総統の未来はとても素晴らしく、必ず総統になると予言していました。一般の学者は哲学思想の角度から易経を勉強し、占いのほうはやらないものです。

国民党に加入「催台青」になる

私と日本視察に行った時、彼の農復会での地位は技正でした。一般行政機関の専門委員にあたり、だいたい簡任十職等ぐらいで、それほど高い位ではありません。彼の組長は前後に謝森中氏、崔永楫氏と王友釗氏がいました。彼が台大農経学部を卒業して、一時期大学に残って助手をやっている時、王友釗氏はまだ学生でした。結局、王氏が彼の組長になり、彼は昇進できませんでした。原因の大半は、情報機関に保管されている彼の古い記録の問題です。早期のものが共産党かどうか知りませんが、後の方は台独の嫌疑です。

一九七〇年の初め、私がタイから帰国後、彼を引っ張ってあちこち歩き、経国先生にも彼を推薦しました。年末に農復会に新しい農業発展処ができ、王氏は処長に就任しました。そこでできた農経組長の空席は、李登輝氏に回ってくるはずでした。しかし、結局彼には組長のポストはくれず、王氏が二つのポストを兼ねさせられました。つまり台独のファクターが原因です。このため同僚の多くは、彼との往来をためらいました。当時、彼はすでに国民党に加入しており、資格経歴とも高く、博士号も持っていました。ある日、ある人が電話を掛けてきて、李氏のために不平不満を訴え、本省人をいじめていると怒りました。実は、李登輝氏を組長にしないのは省籍問題ではなく、台独の疑いがあったからです。

よく覚えておりますが、あの晩、そのことを妻に話しました。これは実に話にならない。彼の入党を紹介したのに、国民党はまだ彼を差別している。私はすぐ経国先生がとても信用している楊家麟氏に話してみました。彼は私の見方を支持してくれ、経国先生のオフィスの主任に電話を入れ、彼から経国先生に報告してもらいました。一週間後、経国先生はみずから書面で、李氏を農経組長に昇進させるよう命令を出し、ようやく年末に発表されました。

二年後の一九七二年に経国先生が組閣した時、内閣に農経の人材がいないので、彼を使いました。この過程のことを、後に沢山の人が、自分が李氏を推薦したといっていますが、実は経国先生はすでに早くから彼を使う気になっていたはずです。経国先生がみずから書面で命令を出して彼を農経組長に昇進させた時から、経国先生の心のなかに李登輝その人がいたのです。政務委員発表の時、彼本人はニュージーランドの会議に出ており、このことを知りませんでした。それ以後は順調に出世して、六年の政務委員のあいだ、農業政策の問題は、全部彼が処理していました。孫運璿氏が行政院長を引き継いだ時、経国先生は孫氏に李氏の態度に気をつけ、使い物になるかどうか観察するよう注意を促しました。

厳家淦、黄少谷、孫運璿の三氏は、李登輝氏の副総統就任に影響を与えた鍵を握る三人物です。彼らだけが決定的影響力があり、その他の人はすこしも関係がありません。馬紀壮氏が南懐瑾氏の意見を聞きに行くのはさらに不可能なことです。経国先生は非常に細やかで機知にも長けた人です、彼自身いく年も観察し、孫運璿氏にも観察させ、台北市長と省政府主席の期間中は、全部彼をテストしていたのです。

一九七二年、経国先生が行政院長になりました。その時までに、中央政府の人事権はたいがい彼が掌握しており、彼は本省人の秀才を使い始めました。だいたい一九五〇年代後半期、周至柔氏が省主席の時、当時の省政府秘書長は郭澄氏でした。老総統は郭澄氏に、省政府で本省人青年を沢山見つけ、二百名の人材を訓練しておくようにいわれました。これは郭澄氏がみずから私に話したので嘘ではありません。またこのようにもいえます。一九五〇年代、大陸で原子爆弾の開発が始まり、老総統は大陸にはもう帰れないと自分でも悟り、政権は台湾で根を張り、本土化の道しかないと考えたのです。ですが、二百人の秀才を見つけるという任務は失敗でした。郭澄氏は世故に長けているので、なんとか釈明しているだけでした。しかし両蒋氏は台湾の局面に対して早くから見極め、将来を見通しておりました。
経国先生が組閣した時は、多くの本省人の人才を起用しました。ある者は首長に、ある者は副手に。そして練磨養育しつつ観察し、未来のバトンタッチに備えるのでした。経国先生の第一任の副総統は謝東閔氏、歳は彼より上のため、バトンを渡す誠意がないと批判されました。だから第二任目の副総統の人選は彼より若い人を吟味しなければならない。早くから李登輝氏に決めていたけど、謝東閔氏にはいっていません。

戴国煇　私の知るところによれば、王友釗氏が台中農学院で勉強していた時、白色テロに遭い、捕えられました。その後、供述して釈放になり、台湾大学に転校しました。李登輝氏もきっと古い案件をすべて供述したんでしょう。後年コーネル大学の時、黄文雄氏との親密な交際がまた彼の一つの陰影となります。当時、沈君山氏と蒋彦士氏が時折私に、「あなたの老友人は一体台独なのかどうか」と聞いたのを今でも覚えています。この部分を彼はずっと供述していないようです。私が知っているのは、国民党に入党した初期に、昇進できないため、彼は非常に煩悶しました。コーネル大学卒業後、彼は実は台湾に帰りたくないので、ずっとアメリカと国連関係機関で仕事を捜していましたが、うまく行きませんでした。

王作栄　実際、彼の国民党入党を批准する時、よく調査したはずです。調べるべきところは全部調べ、調べが終わってなければ、いい加減に彼を入党させません。彼が台独であることを私は信じません。彼にはこの疑いがあることを私は知っていますが、私は信じません。彼は二度私に台独ではないといいました。李氏は私に嘘をついていないことを信じます。彼は総統になった時、確かに大陸と和解する気はありましたが、大陸との関係がうまくいかなくなったのは後になってからです。

問（夏珍）　奇美董事長の許文龍氏が面と向って李登輝氏に、「あなたはいったい台湾共和国をやるのかどうか」と聞いたことがあります。

王作栄　それは事実です。許文龍氏が彼に台独をやるのかどうかを訊ねました。李総統は後に台独の路線を歩みますが、彼が最初から台独かどうか、私は意見を保留します。

［注］

台湾優先路線　はじめ台湾独立を目論むも支持されないと知るや巧みに「台湾本土化」「台湾優先」のキャッチフレーズを用いて、台湾優先路線を打ち出した。

初代民選総統　一九九六年三月一九日に実施された直接選挙による総統選挙。李登輝は第一回民選総統、第九任中華民国総統になった。

二国論　一九九九年七月九日に行なわれたドイツの対外公共放送「ドイチェ・ヴェレ」のインタビューで、李登輝は中台関係は特殊な国と国との関係だと語った。

台湾人に生まれた悲哀　司馬遼太郎と日本語で対談（『台湾紀行』一九九四年　朝日新聞社刊）。そのなかで「二十二歳まで自分は日本人だった」、そして「台湾人に生まれた悲哀」を吐露、一国の総統としてかつての植民母国に媚びた言動として、大いに非難される。

白色テロ時代　「百の無辜を殺そうとも、一人の共産分子を逃すな」の言葉通り、戒厳令下の過酷な「人攫い」が省籍を問わず、日夜の別なく行なわれ、台湾全体が恐怖におののき息を詰め、嵐が過ぎるのを待った。ピークは五〇～六〇年代。

二・二八　一章の注参照。

戒厳令　一九四九年五月一九日台湾全島に臨時戒厳令が布かれ、八七年七月一五日に解除された。世界一長い戒厳令。四六事件が導火線という。

身の上話　李登輝と父親李金龍の容貌と体つきに似たところがないため巷に憶測と噂が流布している。

行政院美援会　美援運用委員会。「美援」はアメリカによる援助の意。四八年に設立され、行政院長と若干の閣僚から構成され、米国計画援助の業務を担当した。

農復会　農村復興連合委員会。アメリカの援助による組織。

農経組　農村復興連合委員会のなかの農業経済組。

経合会　行政院国際経済合作発展委員会。

台独　台湾独立派

安全人員　情報機関に属し、監視と保護の二役を担う。

中央研究院　国立の総合シンクタンク、院長は李遠哲（ノーベル化学賞受賞者）。

CC派　中国国民党内派閥の一つ。陳立夫、陳果夫の両陳、または国民党中央倶楽部の略、大陸時代は党内外、学校、中統（特務機関）に勢力を伸ばす。四九年の遷台後、勢力を失う。陳立夫は長年アメリカに滞在後台湾に戻る。

国建会　海外学人国家建設会議の略。第一回開催は一九七三年。

中華経済研究院　一九七九年の米中国交断絶を機に経済の安定のために設立した財団方式の研究機関。

台湾綜合研究院　民間のシンクタンクだが、内実は対米ロビー活動が仕事。

光復　一九四五年八月一五日の日本敗戦により、台湾が半世紀に及ぶ日本の植民統治から解放され、祖国中国に復帰したこと。

歌仔戯　台湾の地方劇。

ウィットフォーゲル　Karl August Wittfogel（一八九六～一九八八）　アメリカの社会経済史家、中国研究者。ドイツ生まれだが、一九三四年アメリカに帰化。中国史の研究から、巨大な灌漑や治水事業は中央集権的な専制国家の成立によって生まれることを主張し地理的唯物論、アジア的生産様式論を展開させ、水力社会の概念を提出した。文化生態学的研究にも大きな影響を与えた。

西来庵事件　一九一五年、抗日武装義士に対する日本軍による屠村事件、処刑者が二〇〇名に達した。

霧社事件　一九三〇年、霧社の原住民が警察の圧政に対し蜂起して、日本人一三四人が殺された。日本帝国は正規の軍隊を投じ、爆弾、大砲、毒ガス弾などで原住民を徹底的に鎮圧。

沈崇事件　一九四六年一二月二四日に北京で発生した、米兵による北京大学女子学生のレイプ事件。

四六事件　警察が三月二〇日夜、自転車に相乗りしていた台湾大学と師範学院生二人を不法逮捕し、それに抗議して起こった台北市の学生運動。四月六日夜、学生寮を憲兵が急襲、大逮捕と学園「整頓」を惹起。後の白色テロのはしりとなる。

今日の中国　国民党政府の雑誌。六〇年代に独立運動が一時勢いを増した時、それに対応して留学生や在日華僑に訴えるべく東京で創刊された。

クズネッツ　**Simon Smith Kuznets**（一九〇一〜八五）計量経済学者、ロシア系アメリカ国籍のノーベル経済学賞受賞者。

催台青　吹台青ともいう。台湾出身の青年エリートを抜擢する政策。台湾の民主化を進めるよう米国から圧力がかかり、大陸反攻は一九五八年一〇月二三日の米華共同声明発表で否定され、政権の本土化は必然となった。台湾出身の若いエリートを育て抜擢するのがこの政策の持つ意味。

退輔会　国軍官兵退除役就業輔導委員会の略。一九五三年一一月一日成立。

小包爆弾事件　半山（大陸帰り）の謝東閔氏が送られてきた小包を開けようとしたら爆発して大けがをした事件。謝氏はその後、抜擢されて副総統に出世した。

江南案　江南、本名劉宜良。作家。一九八四年一〇月サンフランシスコの自宅で情報機関の意をうけた暴力団の手で暗殺される。著作の『蔣経国伝』のためといわれる。

十信案　第十信甲合作社汚職事件。立法委員の蔡辰州が逮捕され、一五年の懲役に処された。

自強協会　国民党系民間組織。

国科会　国家科学委員会の略、行政院内機構。

糖米競争問題　台湾糖業の砂糖の生産目標が、農民の水田耕作を圧迫して、耕地の奪い合いになること。

七塊論　李登輝の『台湾の主張』に中国を七つに分割云々とあるが、実は日本の右翼言論界に早くからあった見解を借りて来ただけで、李の新しい見解でも主張でもない。

「出エジプト」と「出エジプト記」　前者は解放の理論、後者は聖書のなかの物語。

福佬ショービニズム　福佬(台湾最多人口の閩南系住民)ショービニズム。為政者や某政党による、閩南系住民に対して省籍や族群間の矛盾をけしかける言論や行動をいう。

民粋　国家指導者あるいは政党による大衆動員。特定の政策・議題への賛成や反対の意思表明、あるいは特定の人物攻撃の目的で大衆を動員し、世論を操作する。

政治的悲情　蒋父子の前政権が敷いた恐怖政治の下で発生した諸々の悲劇に対する記憶。

第三章　密使が両岸に接触する

台湾と大陸は、両蔣氏時代の「統一」から李登輝氏時代の「不統一」にいたって、両岸の終局の方向に、巨大な変数が埋め込まれた。
李登輝政権の初期には、王作栄氏・戴国煇氏と総統との関係は非常に緊密であり、両岸の密使の件についても耳にしていた。ここでは、同時にリー・クァンユー（李光耀）氏が中国・台湾・アメリカを行き来して果たした役割と彼の思考の脈路、および李登輝氏から陳水扁氏までの両岸政策がたどった方向について分析する。

〔編者〕　李登輝政権初期は、ちょうど大陸親族訪問の開放期にあたり、両岸の接触が始まっていて、南懐瑾氏の仲立ちにより、当時の総統府秘書室主任で李登輝氏腹心の部下蘇志誠氏が、みずから香港台湾間の密使の役割を演じた。この過程については南懐瑾氏の口述を弟子が整理して公表し、政界の注目を集めた。当時王・戴両氏と李氏との関係は緊密で、二人はすでにすこし耳にしていた。両岸関係は台湾で民主開放が進行する過程のなかで、もっとも重要な課題の一つであるといえる。
一九九〇年の春節後、国民党内で総統選挙指名をめぐり激烈な政争が発生し、主流・非主流の政治的潮流が政界を席巻した。六月末、七月初めに国是会議*が招集・開会され、十月六日に国家統一委員会＊が正式に成立した。一年後の二月二十三日、国家統一委員会が「国家統一綱領」を公布し、「中国の統一はその時期及び方式について、まず台湾地区人民の権益、安全、および福祉を顧慮しなければならない」と明確に表明した。

李登輝氏が国家統一委員会を成立させたのは、結局は党内における李氏の「独台」＊への疑念をなだめるためだったのだろうか、それとも本心から両岸統一の大事業計画を展望していたのだろうか。この問題は李登輝政権末期に「二国論」＊が登場してから、ほとんど迷宮入りの案件と化している。そうであったとしても、後から振り返って王氏と戴氏は、やはり以前のように、当時の李登輝氏は確かに両岸交流を加速、拡大するつもりだったと考えている。海南島＊開発への協力はもちろん、統一企業＊による新疆での事業開拓＊の奨励に至るまで、李登輝氏は実際の行動により両岸の対話と協議を展開させた。

これ以前の一九八九年五月、李登輝氏は党内長老の反対にもかかわらず、毅然として財政部長郭婉容氏を北京に派遣、アジア銀行の年次総会に出席させ、四十年来隔絶した両岸の間で、初めて中国大陸を踏んだ政府代表団となった。これ以後、一九九三年三月、両岸の両会（海峡交流基金会、海峡両岸関係協会）は協議達成のための草案を文書で承認し、四月に両会の責任者辜振甫氏と汪道涵氏はシンガポールで初めて会談した。現時点からこの過程を見ると、李登輝氏が両岸の歴史進展に努力していたことは否定し難い。

しかしながら小春日和は長くは続かなかった。一九九四年三月末、浙江省千島湖で台湾人旅行団が集団強盗殺害事件に遭う悲劇が発生し、全台湾を震撼させた。中南米を訪問中の李登輝氏はとっさに中国を指して「土匪の政権」であるといった。五月には日本の作家司馬遼太郎氏の訪問談話記録が発表され、「台湾人に生まれた悲哀」が論じられ、初めて「国民党は外来政権である」と公式にいい、再度国内政界の争議を引き起こした。この二つの事件も中国の李登輝氏への批判を強化するものであった。翌年初めに江沢民氏は「江八点」*（八項目提案）を示し、それに対応して李登輝氏の「李六条」*が生まれるにいたって、両岸関係は冷却期に入ったようだった。六月に李登輝氏はアメリカを訪問し、母校のコーネル大学で「人民の欲するところ常に我が心にあり」という演説*を行なった。中国は強烈に反発し、三度にわたる「文攻武嚇」*が一年後（一九九六年）の総統直接選挙前まで行なわれた。

中国によるミサイル演習の爆音が轟く状況のもとで、李登輝氏は初の直接選挙で、第九代中華民国総統に楽々当選した。得意満々の李登輝氏は彼の政治経歴での最頂点に達した。李登輝政権の前期には、両岸交流推進と現実外交は共に進んだとある程度分析される。彼が認めるか否かはともかく、この二つの方向はその後の経過のなかで衝突せざるをえず、中国は彼が国際的露出度を積極的に広げていることに対して安心できず、これをもって彼の「独台」傾向の裏付けとした。中国の認識と、台湾内部民衆の、長期間「国際社会から隠閉されている」抑圧から一夜にして解放されたために喜び浮き立つ感情とは、明らかにはなはだしい距離があった。

李登輝氏の現実外交は彼を国際メディアの表紙を飾る人物にしたが、また彼に相当な代価も払わせた。外交関係者は、東南アジアの国交のない国を訪れた「休暇外交」でさえもすべて後の外交活動に大きな阻害と挑戦とをもたらしたといってはばからない。李登輝氏のアメリカ訪問で、中国の李氏に対する不満は頂点に達し、もはや隠し難いものとなった。

李登輝氏がアメリカを訪問して後、中米関係は緊張状態に陥り、李登輝氏が当選した翌年十月、中国の江沢民国家主席は訪米してクリントン大統領と会談し、米中台関係は再建期に入ったが、アメリカは明らかにやや中国に傾斜していた。さらに一年後（一九九八年）の六月、クリントンは中国大陸を訪問し、上海での座談会において、口頭で正式に「台湾独立を支持せず、二つの中国と一つの中国・一つの台湾を支持せず、台湾が主権国家を構成員とする国際組織に加入することを支持しない。」と表明した。ここに至ってアメリカの両岸政策ははっきりと中国の「一つの中国」の論理を受け入れる方向に転換し、直接に台湾の国際的空間を圧縮するものとなった。

台湾にとって、これは即座に明らかな衝撃となり、もっと直接的にいえば、すでに損害をもたらしている。李登輝氏は歩みを止めることなく、関係機関と幕僚にどうやって「三不」の呪縛を解くかの検討を要求し始めた。また約一年がたち、李登輝氏は「ドイチェ・ベレ」＊の取材を受け、正式に「両岸は特殊な国と国の関係である」と打ち出した。中国は非常な怒りを表明し、クリントンはこの発言に対して公式に「支持しない」と声明した。また一方で、台湾海峡が世界の火薬庫の一つとなった事態に直面して、アメリカは台湾との軍事交流と軍事協力を強化し始め、それに伴い中国には永久正常貿易待遇をもって報いた。アメリカのシンクタンクの学者や国務省はひそかに「民主先生」の李登輝は今や「トラブルメーカー」になったといってはばからなかった。

「二国論」の影響ははっきり見ることができる。李登輝氏は任期の最後の一年に憲法を改正する気になり、苦心して検討した「二国論」を憲法に入れたいと考えた。この企図は成功しなかったにもかかわらず、台湾の将来の両岸政策の方向における基調のようになった。台湾と大陸は、両蒋時代の「統一」から李登輝氏時代の「不統一」にいたって、両岸の終局の方向には変数が埋め込まれた。その影響により、後継者の陳水扁氏は選挙期間中に、民進党政権に対する台湾独立の疑いを晴らしてアメリカの支持を勝ち取るために、民進党政権では台湾独立を宣言しない、国旗を改正しない等の立場を表明せざるをえなかった。陳水扁氏の当選後、シンガポールの政府顧問リー・クァンユー氏が米中台を行き来し、おそらく陳水扁氏当選のために高まったであろう両岸の緊張を緩和した。この章では、王・戴両氏の対話のなかで、李登輝氏から陳水扁氏までの両岸政策とその歩むべき方向を主題とする。

まだ暴露されていない密使がいる？

王作栄　蘇志誠氏と江沢民氏が連絡し合っていた頃は、まさに中国内部の権力闘争がピークに達していた時期で、喬石氏はわきで虎視眈々としていました。私はたしか江氏の八項目提案（江八点）発表以後、李登輝氏と両岸問題について話したことがあり、李登輝氏に特別気をつけるようにいいました。「中国のリーダーは皆田舎者ですが、江沢民氏はそうではなく、彼は上海グループで、国際観があり柔軟性もあります。彼の在任中は台湾に対して強硬手段を取らないでしょうし、在任期間が長くなればなるほど、台湾には有利になるでしょう。もし譲歩しないで、江沢民氏の扱いに失敗したら、我々が中国と付き合うのはもっと難しくなりますから、総統は江氏とは和解するべきです」といったのです。

李登輝氏は私の話を聞いてから、意外にもこう打ち明けました。「心配しなくてもいいんです。私は中国の状況をよく理解しています。喬石氏と私は連絡があって、喬石氏は中国内部のどんな状況でも、パイプを通じて私に告げますから」。李登輝氏がこういうので、私は妙に思ったけれども、追及しにくかったのです。これは結局私に関係ないことですし、こういう国家機密は私が知るべきことではありませんから。私は喬石氏がそんなことをするのかどうか、話を伝えた人が本当に喬石氏の代理なのか、とても疑いました。あるいは誰かが功名をあげるために出鱈目をいったのでしょうか。どちらの可能性もあります。「密使」についてのこの部分は、今のところまだ話が解禁されていません。しかし、李登輝氏は中国について十分に把握しており、彼の中国に対するパイプは絶対に一つだけではなく、少なくとも二つ以上あります。彼は千島湖事件が発生してからのすべての情報をはっきり知っており、誰に逮捕令が出たか、四川で誰が捕まったか、我々は機密逮捕令をすべて手に入れています。

戴国煇　密使は陳師孟氏でしょうか。私の印象では、雑誌『タイム』が紹介したように喬石氏は陳師孟氏の父方のおじで、彼らの間には親戚関係があります。これはすでに公表されていることです（一九九四年に喬石は全国人民大会常務委員となった）。

王作栄　陳師孟氏は密使の器じゃないでしょう。

李登輝とリー・クァンユー

戴国煇　確か李登輝氏が私の前で王院長について言及したのは、江沢民氏の「八項目提案」が示されて（一九九五年一月三十日）からほぼ間もなくのことです。李氏は私が一年早く台湾に戻るのを知って、中華文化復興運動総会*の肩書きを持てるよう取り計ろうといいましたが、その後考えを変えて、私を国家統一会議研究委員にしました。ついでに話すと、私が初めて聞いた王院長についての評価は、「王作栄氏は変ですよ。あんなに中国を怖がっています。いつも私（李登輝氏）にあれ（対岸を指す）を刺激するなというほどです」でした。

後に私は李氏とリー・クァンユー氏の間には意見の違いがあることを発見しました。当時リー・クァンユー氏の言論は日本では相当影響力があり、人口三百万に満たない小国のリーダーですが、東北アジアおよび東南アジアで、一言が絶大な効果を持っています。李登輝氏はリー・クァンユー氏の当時の言論を日本語に翻訳したものは資料を読む時間はなかったと思いますし、リー・クァンユー氏の政治論の非常に少なく、ほとんどが英語か中国語です。ちょうど私の知り合いである日本の女性教授がリー・クァンユー氏の政治論*を翻訳したので、私は一冊買って李登輝氏に贈りました。彼は受け取ることは受け取ったのですが、意外なことに、口を開くやいなやリー・クァンユー氏を批判し始め、「リー・クァンユー氏は最近いつも中国に都合のいいことばかりいっている」といいました。私は心のなかで、彼が初めて訪問した外国はシンガポールで（一九八九年三月六日）、第一回の辜汪会談*（一九九三年四月二十六日）もリー・クァンユー氏が場所を提供し、それからあまり時間がたっていないのに、どうして二人は仲違いしたのか、と思いました。

私のもう一つの研究課題は東南アジアの「華僑」問題です。私はずっとマレーシア地域（シンガポールを含む）の動向に関心を持ってきました。私はリー・クァンユー氏は反共だが、民主社会主義者だということをよく知っています。彼は常に古い華僑および華僑社会の悪習を批判しますが、反英・反植民主義でもあります。マレーシア共産党は大マレーシア地域の問題を解決できませんでしたが、彼は共産党が政権を取ったのを利用し、共産党をコントロールし得、ついには負かした唯一の社会主義リーダーです。リー・クァンユー氏と蔣経国氏の関係については、多くをいう必要がありませんが、シンガポールの「星の光」部隊はやはり台湾で訓練を受けています。李登輝氏は強情なことに、リー・クァンユー氏は民主性が足りず、中国を助ける発言をしていると常に考えています。

公平にいって、リー・クァンユー氏の李登輝氏に対する認識にも少し偏りがあります。彼は常に李登輝氏は考えが狭すぎると思っており、自らの日本人および日本に対する認識は李登輝氏よりずっと深いと思っています。二人の蔣氏の日本に対する認識は深く、日本を利用して「中華民国在台湾」の政権を保持しましたが、日本帝国主義がかつて中華民族に対して行なった侵略を絶対に忘れることがありませんでした。リー・クァンユー氏も日本がシンガポールでどんな悪事を働いたかよく覚えています。二人の蔣氏とリー・クァンユー氏に比べたら、李登輝氏はどうしてあんなに日本の「過去」を偏愛しているのかわかりません。歴史の是非と現実外交は違ったレベルの問題でなければならず、ごっちゃにしてはいけないのです。

王作栄　李登輝氏の中国に対する態度は一路変化をたどっています。初めの頃、彼は中国にそれほど悪い感じをもっていませんでした。蘇志誠氏が密使の役割を演じた時、総統を取り巻く六人の側近で政策の中心を決めた会議の記録を出してきて、こう指示しました。政府は積極的に両岸関係を改善し、中国の台湾に対する敵意が消えるまでは、大陸との関係推進において言論は少なく行動は多くし、外国人に台独主義者を支持させないよう注意しようというのでした。この話は本当のことです。国家統一委員会が成立し、国家統一綱領が公布されたのは、どちらも非常にプラスのことでしたが、残念なことに、中国の態度は実際高圧的すぎたのです。この他に、もう一つの原因は戴教授もよくご存じでしょう。アメリカは台湾と大陸が親しくなりすぎるのを阻止しています。CIAはかつて李登輝氏にこう尋ねました。「あなたは本気ですか」。アメリカは両岸の統一を希望していないし、両岸が平和共存関係を打ち立てることすら願っていません。一番いいのは戦争せず、和平せず、統一せず、独立せず、です。両岸の統一はアメリカにとって利益になりません。台湾独立を図り、台湾海峡に戦争が始まれば、アメリカは巻き込まれます。一番いいのは現状を維持することです。猪突猛進したら、アメリカは手綱をぎゅっと引き締めますよ。

戴国煇　李登輝氏はずっとアメリカの力を借りて中国に対抗することを望んできました。これは非常に間違ったことです。アメリカはかえって彼をトラブルメーカーと見なしていますし、それは彼の世界戦略に対する視野の限界がなせるわざです。

アメリカの力を利用し中国を抑える

王作栄　両蒋氏の時代には、率直にいうとアメリカの両岸間の役割についてはっきりしていました。老総統（蒋介石）はアメリカが中国に台湾を食わせることはないと知っていました。老総統は台湾の安全を守るだけでなく、中華民国の独立国としての体面を維持しようとしました。中米間は平等なつきあいを維持しなければならず、あることではアメリカに助けを求め、また譲歩や妥協をするけれど、基本的な国の体面と尊厳は必ず維持しなければなりません。経国氏の時代にアメリカと断交し、風雨にさらされたなかでも、この立場を維持しました。

李登輝時代が始まると、彼はやはり経国氏の路線を行きましたが、その後ゆっくりとアメリカに傾斜していきました。私が推測するに、アメリカの台湾に対する力は増大し、李登輝氏は知らず知らずのうちにＣＩＡの戦略思考の枠組みに陥ったのです。李登輝氏のアメリカに対する依存が深まるほどに、アメリカのコントロール力も大きくなり、たまに反発しても、大した作用はありませんでした。アメリカは慣例のように、台湾を将棋の駒にし、台湾をもって中国を制御し封鎖しようとしていますが、台湾は戦争を挑むことはできません。もし本当に戦争を挑めば、アメリカの利益にもなりませんから、アメリカは許さないでしょう。しかし中国はいつも台湾を脅そうとし、アメリカは台湾を助けます。陳水扁氏の路線はだいだい李登輝氏式ですが、比べてみれば、おそらく阿扁*はもっとコントロールされており、表面上アメリカのいうことを聞くようにしているだけでなく、実際にもいうことを聞いており、正直にいえば、これでは中華民国の国の体面を失ってしまうでしょう。

北朝鮮と韓国の関係でもそうですが、中国はアメリカの勢力を北朝鮮に及ばせないという堅い決心をしています。アメリカの勢力がもし北朝鮮に進入したら、それは大陸国境地帯に直接迫るのと同じことです。朝鮮戦争が勃発した当初、もとは北朝鮮が韓国を攻めたというのに、なぜ中国はあれほど大きな犠牲を払う北朝鮮への協力を承諾したのでしょうか。それは米軍が鴨緑江地帯を攻めたからで、これは中国国境地帯を攻めただけでなく、直接中国に脅威を与えることになったのではないでしょうか。どんなに大きな犠牲を払っても、大陸は攻めなければなりませんでした。アメリカは朝鮮半島がそう早く統一することも望んでいません。もし統一したら米軍は撤退しなければなりませんし、完全な撤退でなくても、アメリカのアジアにおける防衛線の一角は失われます。

アメリカの戦略思考は先を見ており、一朝一夕ではなく、五十年、百年のものです。北朝鮮の存在があるから韓国はアメリカを頼りますし、台湾があるので中国を抑えることができるのです。

私は中国が立ち上がることを望み、中国は発展できると予想します。中国の伝統には侵略性がありません。中国の国土は広く、中国人が攻めて出たのではなく、外部の民族が侵入して中国に攻めて来たのです。中国人には侵略性がなく、植民観念もありません。ですから外部民族を受け入れることができ、外部民族による混乱が起きても、結局中国に溶け込んでしまうのです。これは日本人が旺盛な侵略性をもっているのと、まったく違います。

台湾の問題は南北朝鮮と同じく、もし主体的に中国と条件を話し合えば、基本原則は簡単です。台湾は台湾のことを管理し、自らの総統・立法委員・県市長を選ぶけれども、外部に対しては一致団結します。未来の一つの中国は、連邦あるいは他の名前でもいいのですが、これは台湾にとって特に損害はありませんし、この条件は中国が受け入れるでしょう。台湾は自分では大したものだと思っていますが、中国はもとからこの小さい台湾を何とも思っていません。台湾があっても中国の領土は大して増えるわけではないのです。ただ一つの問題は面子の問題で、台湾が独立しようとするのは許せません。さもなければ、歴史に対して、民衆に対して、何と申し開きをしたらいいのでしょう。台湾が独立しようとすれば、チベット、新疆も独立しようとしますから、中国は瓦解してしまうのではないでしょうか。中国がうなずくはずがありません。台湾の現在の国防予算はこんなに膨大ですが、浪費であるばかりでなく、不祥事も多いし、消耗するものです。

中国が台湾に対して開戦したら、アメリカが助け、多少長く持ちこたえることができるでしょう。そうでなければ台湾には対応する力がありません。いくら武器を買っても同じことです。もし私が陳水扁氏なら、民進党が反対するかどうかは考慮せず、総統である以上、自発的に中国と話します。いい条件を話し合うことができたら、原理主義派に違う意見があろうと、国民投票を行ない、多数が賛成すればやるでしょう。賛成しなければ、人民が受け入れるまで、また中国と交渉します。時間と資源を無意味な対立に使う必要はないのです。

戴国煇　アメリカには、軍事産業関係者を含め一部に台湾を食い物にしている勢力がありますが、内部には対立もあります。クリントン政府が完璧な幕引きのために交流政策の推進をしつづけることを期待しましょう。李登輝氏が提出した「二国論」はクリントン氏の交流政策を否定するものですが、交流政策は武器を台湾に売らないとはいっていません。ですからアメリカにいわせれば矛盾はないのです。

王作栄　李登輝氏の個性というのは、彼がやりたいと思ったことを他人が止めることはできないのです。さえぎれば反発は大きくなります。彼は元首外交をしようとしましたが、中国がいつも彼を押さえつけるので、彼の反発は強くなり、ますます中国を恨むようになったのです。彼はアメリカが中国に台湾を攻撃させないというのを知っています。中国の脅しは口先だけで、実際には台湾を攻めません。だから李氏の肝っ玉は徐々に大きくなり、ついに「二国論」を唱え出したのです。李氏の心理はこうですが、彼の個性はけっして決然とした冒険者ではありません。彼はうまくいかなければ方針を転換し、元に戻ることすらできます。彼がずっと現実外交を推進してきたのは、主に背後にアメリカの支持があったからです。

局面がここに至っては、台湾には不利になります。中国が軍備を拡充して現代化するのは台湾をやっつけるためではなく、アメリカに対してです。中国は国際的大国になりたがっていますが、それには充分な軍事力が必要です。アメリカに追いつけなくても、アメリカに対抗でき、台湾に手を出せるある程度のバランスが必要です。中国はアメリカを基準として軍備を進めているのであり、台湾はどうしてアメリカと競争することができるでしょう。台湾の策略は、台湾内部に対しては非独立とし、外部に対しては「連邦」＊や「邦連」＊などの名称を問わず、ＮＧＯ（非政府組織）等の国際組織に参加し、アジア銀行やオリンピックの模式をまね、両岸は平和に五十年を過ごし、軍備を減少し、内政をうまくやり、現代化された国家らしい様子を整えるのが正しいのです。

外交部は信頼を得ず

戴国煇　李登輝政権の期間、外交部を常に抑えられないうらみがあり、これが彼をますます疑い深くし、誰も信用できなくさせました。しかし李氏も反省すべきなのです。外交領域の専門官僚にとっては、適当な尊厳と尊重が必要です。総統の座が安定して後、誰に対しても命令を聞くよう要求しましたが、他人の専門性と尊厳を尊重しなければ、すぐに問題となります。彼が残した問題は、陳水扁氏の施政に至っても、改善と妥当な処理の方法がありません。

問（夏珍）　六年前、シンガポール内閣の顧問リー・クァンユー氏が台湾に来ましたが、当時の外交部長銭復氏の回想によれば、銭復氏は二人の李氏の間に座り、彼らがその場で話しても気が合わず、ほとんど喧嘩を始めそうなのを見て、当惑させられてならなかった、と述べています。

王作栄　それは基本的に李氏の性格の反映です。李総統の話したことはいうとおりにしなければなりません。もし意見が違ったら、李氏はその場で急に怒って顔色を変え、その人を引っ込みがつかなくさせるでしょう。リー・クァンユー氏は何といっても一国の重要なリーダーで、国際的声望があり、両岸問題を語る際には、常に自分なりの考えがあります。李登輝氏が異議を認めないことから、自然と愉快でないことになりました。李総統のこの癖はよくないですよ。一国の元首は常に多少の品格が必要で、来客の見方に同意できなくても、いくらかは耐えなければなりません。私と李総統は過去には古い友人同士で、彼は私に対して丁重だったといえます。でも、二人の意見が違ってくると、私は何もいいませんでした。私は彼に対立する能力はありませんが、譲歩させ同意させようとしても、私はそうしませんよ。

今回、リー・クァンユー氏が来訪（二〇〇〇年二月二五～二八日）しましたが、ともかく二人の李氏は古くからの友人、というか知人なのですから、リー・クァンユー氏が台湾を訪問したら、李総統は以前の仲違いなど抜きにして、空港まで迎えに行き、少なくとも家中の客として招待し、友人を何人か探して共に集まってもいいのに、何で隠れるのでしょう（リー・クァンユー氏は台湾訪問中、鴻禧別館に滞在し、そこは李登輝氏の辞任後の住まいと目と鼻の先だったが、李氏は宜蘭県に逃げてしまった）。これでは子どものようです。

戴国煇　私がわからないのは、連戦氏の邸宅も鴻禧にあり、李家のすぐ向かいにあるのに、連戦氏は鴻禧の自宅別荘でホストとしてリー・クァンユー氏を食事に招待したことです。李登輝氏に報復する気持ちがあったのでしょうか。

王作栄　私はそうじゃないと思います。彼（リー・クァンユー氏）にもこういうことははっきりわかっていないでしょう。六年前に来た時も、彼は鴻禧に滞在しました。

戴国煇　私がいっているのはリー・クァンユー氏じゃなくて連戦氏です。

王作栄　ああ。かつて李登輝氏が総統を引き継いでから、初めて訪問した外国がシンガポールで、リー・クァンユー氏は李登輝氏を非常に礼遇しました。両国は国交がありませんが、元首相当の礼儀をもって応対しました。李登輝氏が宜蘭に逃げてしまったのは、ちょっと子どもっぽいですよ。

戴国煇　張富美氏はこういったようです。ある時李登輝氏が彼女に、「私とリー・クァンユー氏とどちらが独裁的だと思いますか」と尋ねたのに対し、張富美氏は「あなた方二人とも独裁的ですよ」と答えたそうです。この答えはおもしろいですね。李登輝氏とリー・クァンユー氏の関係は、完全に蔣経国氏とリー・クァンユー氏の関係を引き継いでおり、李登輝氏が自分で作った関係ではありません。

王作栄　私の理解では、リー・クァンユー氏は中国の古い家庭で成長しており、儒教文化の薫陶を深く受け、中国に対して二種類の特殊な民族感情があります。彼は中国と台湾の対立から戦争が起るのを望んでいませんし、中国人が中国人を攻めるのを見たくないのです。しかしシンガポールの利益をやはり第一に置いていますから、もしシンガポールの利益だけを考慮すれば、自然と中国との関係はもっと密なものになります。

当初彼が蒋経国氏を訪ねたのは、やはり中国人同士だからです。当時はシンガポールが独立したばかりで、彼らの軍隊の訓練に協力する国を見つけたいと思いました。その国は信頼できる国で、経費はシンガポールの負担できるものでなければなりません。だから台湾に求めて来たのです。経国氏という人は、人間関係がよくわかっており、巧みに人に取り入り、特別にリー・クァンユー氏と関係を結びました。リー・クァンユー氏の経国氏に対する印象もよく、二人は本当の個人的な友情を持ちました。リー・クァンユー氏が来るごとに、経国先生は李登輝氏を育てるために、重要な場面ではいつも李登輝氏を伴わせたので、李登輝氏が付き合う機会も多くなりました。

経国先生は李登輝氏をいつも身近に引き寄せ、彼の国際的視野を養っただけでなく、実地テストの意味もあったのです。李登輝氏はまだそういう立場でなかったので、その場で非常に恭しくし、リー・クァンユー氏によい印象を残しました。経国氏が亡くなったとき、リー・クァンユー氏は李登輝氏が必然的に経国氏の路線を継承すると思いましたが、李登輝氏の性格が経国氏と全然違っているとはまったく思わず、後の変化はまったく想像外のものでした。

リー・クァンユーの中国政権に対する態度の変転

戴国煇　王院長はリー・クァンユー氏の中国人意識についておっしゃいましたが、恐らくもう一種の解釈があると思います。独立初期、リー・クァンユー氏は非常にマレーシア共産党を恐れていましたが、後にマレーシア共産党と中国共産党の間には想像したような一枚岩のような関係はないと気づきました。リー・クァンユー氏は基本的にはイギリス帝国主義に反対ですが、マレーシア共産党のやり方が大マレーシア地域で通用すると思いませんでした。「マレーシア人のマレーシア」*を作るために、リー・クァンユー氏は華人にも自主が必要だと決定し、南洋大学を解体してしまいました。リー・クァンユー政府のなかは、二系統の陣容に分けられます。一部は英語教育を受けた華人であり、一部少数は中国の教育を受けた顔ぶれで、たとえば東南アジア七国大使を歴任したリー・クンチョイ（李炯才）氏です。

リー・クンチョイ氏は非常に才能があり、書や絵をよくし、詩も書けます。彼が台湾で自伝を出版したのは、私が遠流出版社に紹介したのです。リー・クンチョイ氏は客家人で、インドネシア大使から日本兼韓国大使に転任しました。『南洋商報』*に、客家人で早稲田大学に留学した記者が一人います。その記者が私を李大使に紹介したので、シンガポールの開国記念日には、私はいつも招待を受け、そうして交情を結んできました。

リー・クンチョイ氏が私にこういったことがあります。ある時彼は東京からリー・クァンユー氏に伴って初めて大陸を訪ねました。始めは、リー・クァンユー氏は中国が恐くてならないようでした。リー・クンチョイ氏の兄は大陸におり、古くからの左派で、新中国成立時に北京で社会主義の建設に参加しました。リー・クンチョイ氏はリー・クァンユー氏が恐がらないようにし、彼に伴いました。一度訪問すると、リー・クァンユー氏には、中国を別に恐れることはない、彼らの問題が多すぎるのだということがわかりました。東南アジア諸国はみな中国と関係を結び、最後にシンガポールは中国と関係を結ぶ準備をしているのです。中国とシンガポールは祖先が同じですから、中国を理解すべきであって、恐れるべきではありません。

北京での最後の晩、リー・クンチョイ氏の上の兄と兄嫁が宿舎に会いにきました。当時は文化大革命がまだ終わっておらず、リー・クンチョイ氏の兄は話ができませんでした。兄嫁はトイレに入り、ちり紙に何文字か書き、紙を丸め、握手をして別れる時に、やっとリー・クンチョイ氏に渡しました。あとで開けてみると、手紙には、「炯才、私たちはもう北京で生きていくことはできない。方法を考えて私たちを出してくれ」と書いてありました。その後リー・クンチョイ氏はたいへんな工夫をし、シンガポールか彼らの原住地大マレーシアのペナンに行かせる方法がなかったので、兄たちをオーストラリアへ送りました。旅行の全行程での観察から、リー・クァンユー氏には、中国はそんなに恐いものではないし、毛沢東路線は結局やっていくことができないとわかりました。中国実地視察後、彼は台湾も訪れ、経国氏に報告しました。

おもしろいのは、リー・クァンユー氏はいまだに彼の出身地に戻ったことがないのに、山東の曲阜*へ行くのを非常に好んでいることです。彼は儒教の文化を格別に重視していて、たとえば、杜維明氏、余英時氏など英語で新儒学*を講じる学者たちを探して、英語での儒家の再解釈をしたので、シンガポールではある時期、新儒学が相当盛んでした。その時期、中国大陸では趙紫陽氏などが上からの経済開発を強行しようとし、経済上は四小龍*に学ぼうとしたので、リー・クァンユー氏は徐々に中国大陸を信用し、現在のような見方をするようになりました。

経国先生はリー・クァンユー氏の目を通して中国大陸の状況を理解し、大陸の変化について考えました。リー・クァンユー氏の大陸に対する認識には国際観がありますが、李登輝氏は完全に日本式のやり方です。リー・クァンユー氏は左派ですが、中国共産党の左派とは異なっており、反帝国主義非マルクス・レーニン主義です。中国がマレーシア共産党を解体させたあと、リー・クァンユー氏の華人政策に影響しましたが、李登輝氏はだんだん偏ってきました。二人の李氏は同年齢であるだけでなく、客家の末裔で、性格上とても近いところがあります。でも、リー・クァンユー氏は自己の位置付けがはっきりしており、シンガポールをどこに導いたらよいのか、どうやって生存を求めたらよいのかを明確に知っています。しかし、帝国主義と植民主義の名残には絶対に妥協せず、植民主義は植民主義です。李登輝氏はそうではありません。彼は、日本帝国主義植民統治は台湾に大きな功績があり、台湾の近代化を助けたと思っていますが、このような見方はもちろん間違っています。植民主義、帝国主義的侵略者を肯定できるなら、ヒットラーも肯定できることになるでしょう。歴史上の是非をさておいて、うわべだけの現実外交をしようとすると、試練に耐えられませんよ。

王作栄　李総統は外交部を信用せず、外交部も総統にいいがかりをつけますが、それはある意味では職業的なものです。李総統は専門職を尊重せず、いつも脇から介入するので、外交システムは自然に従わなくなるのです。もう一つの要素は、やはり「族群」に関係があり、過去大陸では政治大学と燕京大学のみが外交学科を持ち、外省人に加えて政治大学が一つの系統をなし、李総統は確かに彼らに対してなすすべがありませんでした。彼らはただ両蔣総統、老夫人(宋美齢)、沈昌煥氏のいうことを聞き、李総統をあまり尊重せず、李総統もこの状況がわかっているので、お互いに信頼しませんでした。これは李総統が自ら私にいったことです。外交上のちょっとした秘密も、いつも漏れてしまい、何度か試した後、彼はもう外交部を信頼することができませんでした。そして丁懋時氏のような、政治大学ではなく、国家安全局*系統の人間を求めました。このようなやり方が習慣になると、錢復氏すらも非常に頭に来ていたように、現在の田弘茂氏と同様、状況外に置かれることになりました。

李総統は、苦心して本省籍の人材を育てようとしましたが、人材は非常に少なく、何人も探し出せませんでした。連戦氏もそうした思惑のもとで外交部長をしたのです。黄秀日氏もその一人でしたが、彼の夫人張麟徵氏は一日中李総統の悪口をいっているようでしたから、彼も駄目で、李総統は始終黄氏を変えたいと思っていました。しかし黄氏は常務次長、すなわち常任文官ですから変えられず、錢復氏もどうすることもできず、李総統もなすすべがありませんでした。

戴国煇　それは本当です。古い一派の外交系統の専門官僚は確かに出身による偏見がありました。初期の頃、本省籍の外交官は彼らの思ういい国、つまり進歩的英米欧国家へはまったく派遣されませんでした。それ以外に、李登輝氏は海南島の協力開発について注意深く考えはしましたが、海南島がこんなに発展するとはまったく思っても見ませんでした。リー・クァンユー氏は人を派遣してこれについて相談させ、李登輝氏は蔣彦士氏に検討を命じました。シンガポールの現地視察後、海南島の基礎建設は不足していると感じ、計画が容易には成功しないので、蘇州工業区の投資に転じたのです。

王作栄　私の理解では、李登輝氏はたしかに本省籍の外交官を引き立てるのに力を入れましたが、引き立てられませんでした。陳水扁氏が総統になっても、状況はそんなに大きく変化してないと見えます。リー・クァンユー氏の来訪が外交部を通していないのは、田弘茂氏を信用していないのではなく、外交部を信用していないのです。

戴国煇　リー・クァンユー氏は今回来て、李遠哲氏、殷祺氏などを含む少なからぬ人に会い、邱義仁氏には二回会いました。邱義仁氏は有能で周到な人です。どうして後に行政院秘書長に追い出されてしまったのでしょうか。関係が疎遠になったのでしょうか。高英茂氏（国家安全会議諮問委員）は徐々に対米事務の上で重みを増してきており、これは新しい動向です。

王作栄　私は李登輝氏時代にある人が、非常に力を入れて高英茂氏を推薦したのを知っています。しかし友人から伝え聞いた李総統の話では「彼は台独だから、使えません」ということです（笑）。李登輝氏自身は、今に至るまで自分こそが台独であるとは認めません。

戴国煇　高英茂氏と立法委員の高育仁氏は従兄弟同士で、アメリカに留学した他の人に比べて、アメリカの学界で順調に出世しました。もともと国際関係センター*の主任になりたかったのでしょうが、うまくいかず、また台湾綜合研究院*にも行きたかったのですが、劉泰英氏に邪魔されるとは思ってもみなかったでしょう。高英茂氏は台独を唱えているというい方は、李登輝氏が彼を拒否するためのいい訳に過ぎず、国際関係センターの後ろ楯の親分は国家安全局で、彼らは高氏を非常によく知っているに決まっています。

王作栄　そのとおりです。国際関係センターは国家安全局のものです。私は考選部長になるまで、民国六十八、九年からずっと国家安全局研究委員を務め、十年に達しました。ですから、国家安全局の何人かの局長をよく知っています。しかし、私は国家安全局のことをやっていたのではなく、ただ彼らが大陸経済情勢分析を書くのに責任を持っていただけです。一ヶ月の手当ては四万元で、待遇は相当によかったですが、評論に関しては、私はいつもの通り、怒ったり批判したりしていました。

戴国煇　外交、国防、両岸事務は李登輝氏がずっと掌握したいと思いながら完全に掌握できなかった領域です。これは李総統を疑い深くし、誰も信用できなくさせました。彼は辞任してからチェコを訪ねました。両岸の密使についていえば、これは自ら告白したのですが、誰も信用できないので、蘇志誠氏と鄭淑敏氏を派遣したのです。李氏は反省すべきかもしれません。専門の外交官を充分尊重し尊敬しないのなら、どうして彼らが従うでしょうか。力で人を制するのは絶対に避け、道理をもって人を従わせてこそ、順調に運営していけるのです。面倒なのはこの重荷を陳水扁氏に残してしまったことです。

米中台間を行き来するリー・クァンユー

問（夏珍） リー・クァンユー氏は台湾の政党交替後、再び台湾を訪れていますが、両岸関係の発展にどのような具体的な影響力があるのでしょうか。

戴国輝 今回リー・クァンユー氏が来て、李遠哲氏、殷祺氏を含め多くの人と会う準備をしましたが、国政顧問団、跨党派小組*、未来の国家統一会議との関係について理解を進めることになったでしょうか。

王作栄 私の分析では、リー・クァンユー氏は相当よく準備をして来ています。彼が殷祺氏と会う約束をしたのは、大陸に背景を持つ企業主がどうして陳水扁氏を支持するのかを理解するためで、彼女は代表的な人物ですから、万一陳水扁氏が本当に台湾独立を考えていれば、彼らはどのように見なすつもりか、彼らの意見を理解しようとしたのです。私の信じるところでは、彼が来る前に大陸方面の了解をとっているはずで、アメリカさえも了解しており、そうでなければこんなに大きな評判は得なかったでしょう。リー氏は低姿勢であっても、重視されています。

彼の任務は非常に非常に重要です。恐らく本当に将来の両岸関係の方向に影響するでしょう。陳水扁氏は両岸関係を安定させたと考えていますが、実際は反対です。中国が動かないのは、アメリカの大統領選挙とともに、中国の部内に関係があります。中国はけっして陳水扁氏を信頼しないでしょうから、来年はきっと大きなプレッシャーがかかるでしょう。外の世界では中国は何度も譲歩したと思っていますが、中国は最後のカードを示しており、ここまで来たら、もう人のいうことは聞かず、武力を発動することも避けられないでしょう。現在は重要な瀬戸際なのです。この肝心な時機にあたって、中国が主体的にそうするか、アメリカの策動によるかはわかりませんが、リー・クァンユー氏を出してことにあたらせます。彼が自ら進んで出て来る可能性は大きくありません。なぜなら彼は自分からこの役割を演じるには役不足だと知っているからです。もし中国とアメリカが支持しないなら、台湾も彼を歓迎せず、役に立たないことになりますから、どうして火中の栗を拾う必要があるでしょうか。

言葉をかえていえば、中国とアメリカは彼らのこれ以上譲れない線をすでにリー・クァンユー氏に告げていますから、リー・クァンユー氏に重要な情報を伝えるには、陳水扁氏は両岸のおだやかな雰囲気を作り出さなければなりません。しかし正反対に、私には両岸は非常に緊張しているように見えます。陳水扁氏が李登輝氏路線の思考の枠組みに沿って行くのは大きな間違いで、中国にははっきりわかっていますが、両岸関係は先延しにすれば、ますます収拾しにくくなります。リー・クァンユー氏が来たのは、両岸の関係が非常に緊張したということを意味しており、そうでなければ来る必要はなかったでしょう。彼は台湾独立とは一体どんなことなのか、しっかりした社会的基礎があるのかを理解したかったのです。私は陳水扁氏の就任演説原稿が定まる前に、中国とアメリカはどちらも暗黙に合意しており、もとより彼らは認可していたと思います。リー・クァンユー氏は高齢で、体調も思わしくありませんから、今回なぜ台湾にやってくる必要があったのか、なぜ慎重に行ない完璧に準備したのか、これを見るにこの任務の異常な重大さがわかります。

私はこれがお互いの譲れない線をはっきりさせる本当の交渉だったと思っています。アメリカと中国はリー・クァンユー氏の台湾訪問後の結果を利用して、重大な政策を決定するでしょう。彼は任務を託した人にこの訪問を詳細に報告し、その後の和平か戦争かは、来年本当のところがわかるでしょう。中国とアメリカはいいかげんに戦争を始めることはなく、必ず周密で綿密な交渉を経て、仔細に考えて討論を行うはずです。中国とアメリカが共通のこれ以上譲歩できない線を得たなら、台湾はそれを受け入れる以外、方法がないのです。

戴国煇　ちょっと付け加えますが、二十一世紀のＷＴＯ体制完成前夜、リー・クァンユー氏はシンガポールの東南アジアにおける戦略形勢について考えているでしょう。南北朝鮮はすでに交渉を始めました。残るは海峡両岸で、この部分はアメリカがもっとも関心を持つ部分です。いかに極東の安全保障を確保するかについて、リー・クァンユー氏には使命感があり、加えてアメリカ、中国の暗黙の合意があり、彼の来訪を促したのです。

私の分析では、台独の原理主義派は大体十パーセントを占め、絶対に消滅させることができず、説得することもできません。しかし期待が持てるのは、阿扁に十分柔軟性を発揮させることです。彼らは、リー・クァンユー氏の考え方を理解でき、阿扁は閩南語で直接リー・クァンユー氏と話をし、同時に両人は同程度の功利主義的（utilitarianism）傾向がありますから、民間のエネルギーの開放を加えて、陳水扁氏を新しい段階に向かわせるのです。陳総統は中南部の草の根選挙民の支持があり、彼に両岸和平交渉を進展させる条件は充分です。確か辜汪会談の前に彼が大陸へ行ったのは公表されていませんが、李登輝氏よりは大陸に対する認識が深いに違いありません。

陳水扁氏本人も含め陳菊氏（労委員会主任委員）のように、民進党では少なからぬ人が大陸へ行ったことがあります。ある人は中国の政府主催の宴会にいる場面を、間の悪いことにアメリカ籍の台湾人教授に目撃されています。監察委員になってからは民進党の活動をすることが少なくなった康寧祥氏も大陸へ行ったことがあります。民進党系の人物で大陸を訪問したことがある人は、新潮流*の人物も含めて、実際少なくありません。大陸に行ったからといって、「統一派」になるわけではなく、私のいっている意味は、大陸をよく知り、大陸を「客観的存在」として見ることは必要で、現実を直視しない心理では駄目で、避けてばかりいたら問題は解決できないということです。

一九九一年の夏、私は北京の台湾研究所で何回か講義し、彼らに台湾の草の根の心理の実情について理解させました。最後の一回、ベルリンの壁の崩壊から話を始め、台湾研究所は私が両ドイツの「先に国際連合に加入してから統一する」という理論に話が及ぶのではと恐れました。じつは私がいいたかったのは、大陸は、自分が偉いからといって台湾を呑み込めると思ってはならないということです。東ドイツ国家を創建した長老たちには、スターリンの戦車の支援があったといっても、私たちは彼らがヒットラーナチスと命を賭した人々であったということを忘れてはいけません。統一時になって、東ドイツの長老達による、自らの道徳的正当性主張の根拠はゼロに還ってしまいましたが、これは悲劇でなくてなんでしょうか。

問（**夏珍**）　リー・クアンユー氏の国家に対する位置付けは非常に明確ではっきりしています。李登輝氏は台湾では「民主先生《ミスター・デモクラシー》」と見られていますが、国家の位置付けの上では、相当議論があるのでしょうか。

戴国煇　私は彼が「民主先生」だとは認めません。彼は形式的に、口先だけの本土化、台湾化をすれば民主的だと誤って認識しています。しかし彼の行くところに出口はなく、将来の見通しもなく、「族群」の矛盾を引き起こす狭い道で、よくいっても権威主義的体制に圧制されていた人々のエネルギーを部分的に解放したに過ぎません。彼の日本帝国主義と日本植民地統治についての見方は、リー・クァンユー氏とまったく異なっており、彼の誤った認識には、基本的な社会科学の基礎さえまったくありません。これが、私が彼の学術的素養に疑問を持つ主な理由です。

誰でも知っているように、政治は衆人の問題です、最高の境地は「最高の芸術」であり、前立法委員朱高正氏がいっている「最高度の詐術」ではありません。それなら、努力目標を「敵をなくして友とする」ことに設定し、支持者を増加していかなければなりません。「友をなくして敵とする」ことを常の対応形態としてはならないのです。徐々に成熟の方向に向かいつつある政治家の主張には一貫性と、知性(intellectual)の誠実さ(honesty)があり、それが日常言論の上に表われることが必要です。多く語れば、それにつれて失言も多くなり、言行不一致が頻繁に発生し、誠実さと信頼は必然的に失われます。

台湾の民衆がいずれ目を覚ませば、李登輝氏には限界があることが分かるでしょう。台湾の福佬ショービニズム*および「外来政権論」は、李登輝氏の剰余価値となり、もしまた陳水扁氏の背後のマイナス要素と結合すれば、台湾の前途は予測ができません。反共は反中国と同じではなく、反台独は反台湾と同じではありません。宋楚瑜氏陣営にすでに張昭雄氏、劉松藩氏、廖正豪氏、および鐘栄吉氏がいて、選挙過程中には客家人と原住民と閩南人グループの選挙民の支持があったのに、李氏はどうして宋氏の「親民党」*に「外来政権」というレッテルを貼るのでしょうか。李氏がもしこのような言論を発表し続けるなら、彼は一般の民衆から唾棄されることも予想できます。この種の「人種的偏見」の尻尾を持った狭い政治主張を、どうして「民主先生」とよぶことができるのでしょう。

私の主張は非常にはっきりしています。彼に「出エジプト」と「出エジプト記」＊は異なるということを気づかせ、新聞で両者の差異と、モーゼはどうして部族民を連れて荒野を自ら漂流しなければならなかったかという理由を分析しました（戴国煇著『台湾史探微』＊に収録。一三五～一三八、一四一頁）。残念なことに、彼が司馬遼太郎氏と会い、コーネル大学を訪問し、直接選挙で総統に当選してからは、自分を超人だと見なして、次第に人のいうことを聞かなくなり、耳に痛い忠言はもう二度と聞き入れなくなりました。

彼が李遠哲氏に会って帰国させようとした当初、李遠哲氏はもともと帰りたいとは思っていませんでした。なぜなら彼は政治をやりたくない人間で、非常に純潔です。李登輝氏は彼のノーベル賞の威光に頼って気勢を上げようとし、まず始めの一言は「外省人が私をいじめます。帰ってきて助けてください」でした。李遠哲氏はこのいい方に対してそんなことはないと思いました。その後李登輝氏は李遠哲氏に一時間近くＴＭＤ＊について話し、残り一五、六分になってから、主人はやっと李院長にどんな意見があるかを聞いたのです。李遠哲氏は笑って暇を告げました。李総統は我が強いのか「鈍感」なのかもしれません。李遠哲氏はもともとアメリカでは反戦に属し、アメリカがＴＭＤをやるのに反対している科学者です。両李氏は最後に愉快でないことになりましたが、李院長は最後まで李総統の悪口をいったことがなく、品格を保っています。

ここでもう一つ、私がよく知っている、李登輝氏が初めてアメリカのマイクロソフト社の親玉ビル・ゲイツ氏と会見した時の内情を補足しましょう。李氏はビル氏に会うと、一気呵成でコンピュータについてべらべら話し、ゲイツ氏を非常に驚かせました。専門家の前で身のほど知らずもここまで来たか、というほどの奇妙な光景で、ビルはただ頭を振って何もいいませんでした。私は客観的にいいますが、李登輝氏は後期にはもう改革派ではありませんでした。よくいって前期にはまだその気持ちがありましたが。

私の当初の李登輝氏への期待は、彼が世界観のある改革派のリーダーになることでした。だから彼に第二次世界対戦中のイギリスの名将軍モンゴメリ元帥の名著『指導者への道』＊（The Path to Leadership）の日本語訳版を送ったのです。この本のなかの一章は「預言者モーゼ」について論じています。また、私は教会の友人張昭鼎教授の二番目のお嬢さん、現在スタンフォード大学の博士課程に学んでいる張瑛芝氏に頼んで、李氏にマイケル・ウォールゼン（Michel Walzen）が書いた『出エジプトと解放の政治学』＊（Exodus and Revolution）を渡しました。そして彼が大陸を拠点として、両岸の経済交流関係を進展し、国民党の権威主義的な保守封建体質部分に改革を加え、真の自由民主への道を歩み、大陸に対してプラスの刺激となる模範を打ち立てることを期待していました。残念なことに、彼は次第に狭い方向に走り、ついには日本の極右派へと傾いていって戻ることなく、「モーゼが荒野での四十年の自らの放浪中に滅亡を待っていた」媚日派の傲慢と自己喪失を、間接的に鼓舞していたのです。じつに嘆かわしいことです。

王作栄　李登輝氏の背景には、いくつか彼の成長を促した要素があります。まず第一に、幼少の頃、彼の家庭と日本の統治階層は行き来があり、相当深い影響を受け、日本は偉大だと思いました。青年期は日本軍国主義のもっとも高まった時期で、教育上中国人は貶められました。私たち大陸でもそうでしたが、日本人は中国人を一文にも値しないものに貶めました。第二に、彼が二十二歳になるまで、日本の台湾植民政策は相当厳格で（英国植民はずっとましです）、階層の区別がはっきりしており、学校も日本籍と本省籍に分けられ、公務員も差別があり、中上階層はすべて日本人で、本地人には末端の職務の機会のみでした。大企業はすべて日本人の手中に掌握され、台湾は少しばかりの小企業だけがありました。

李登輝氏の性格は非常に我が強く、日本人の高圧的統治は、その性格を表現させませんでした。したがって強烈な劣等感を生じ、激怒しやすく、小さなことですぐに地団駄を踏みます。普通の人の喧嘩では、過ぎたことは過ぎたことなのに、彼はそうではなく、小さなこともよく恨みを覚えています。しかし反対に、彼を持ち上げてはいけません。彼は強烈な優越感を持っており、その矛盾した性格は日本の高圧的統治の賜物でしょう。国府が台湾に遷都し、リーダー階級には省籍への配慮がなく、彼は小さなことにも自分が迫害されたように感じました。後にアメリカに赴き勉強しても、アメリカの民主政治を学ぶ機会はなく、年を取りすぎていたため論文に対応するのにいつも苦労して、彼は現実派に走りました。彼の信教には基督教精神が欠けています。彼は中国語の本を読んでもわからず、少し古い文学的な文章も理解しませんから、中国文化には親しい感情を持たず、嫌っているとさえいえます。

前にいいましたが、彼は師を求めて易経を学んだといっても、学術、文化あるいは哲学思想のためでなく、運勢判断や風水のためです。彼は運勢判断や占いを深く迷信しており、早くに南懐瑾氏と交際したのも、運勢判断のためです。当時台湾の党政府軍の要人はみな南懐瑾氏と付き合っており、彼を師と仰いでいましたが、それは学問のためではなく、相を見、運勢を判断するためで、文化学術の成長は得られませんでした。

このように複雑な性格がない交ぜになって、奇妙な道をたどることになったのです。彼は『アジアの智略』のなかで、中国に対して批評していますが、これは完全に当時の軍国主義者の言葉です。リー・クァンユー氏は中国の儒教文化の影響を深く受けており、幼い時から家伝の奥深い学問を学び、生活習慣も深く中国文化の薫陶を受けていますが、これは重要なことです。大きくなってからまた英国教育を受けたので、比較的開放的で、統治者と被統治者の階層区別についてそんなに厳格ではありません。英国は民主主義の発祥の地です。現代的国家を建設する要件について、彼にははっきり見えています。ですから、政権担当後、西洋国家管理の路線を歩んでいます。彼は民主的政党政治への道を歩んでおり、比較的厳格に管理しているだけで、独裁とまではいえませんし、法治を遵守しています。彼は中国と西洋文化の調和、東西の結合を望んでいます。二人の李氏は非常に異なっているのです。

〔注〕

国是会議　一九九〇年の民主改革を求める学生運動に応えて召集された、民主化プロセスを決めた会議。

国家統一委員会　国家統一についての総統の諮問機関。委員は総統が任命。

独台　「独台」（独立台湾）は「台独」（台湾独立）に対して、中華民国は国名の変更等を行わなくて現状のままで独立状態にあるとする立場。

二国論　二章の注参照。

海南島　南シナ海の島。広東省に属していたが、一九八八年に海南省に昇格し、経済特区となった。省都は海口市。李登輝時代の八〇年代末に中国と台湾の共同開発が提案されたが、結局台湾側が応じなかった。

統一企業　台湾の最大手食品企業グループ。

新疆での事業開拓　統一企業は一九九二年から中国新疆省で食品製造事業の投資を開始した。当初台湾では辺境の投資を危ぶむ声があった。

江八点→八項目提案　一九九五年一月の江沢民による八項目の提案。「一つの中国」の原則のもとで平和的統一交渉を推進する、民間レベルでの対外経済文化活動は容認するが、独立のための政治活動は認めない、台湾同胞ではなく台湾独立勢力に対する武力行使の可能性を堅持する、などの内容からなる。

李六条　「江八点」にこたえて一九九五年四月に発表された李登輝による六項目の提案。現実に立脚した中国統一の追及、平等な立場での両岸指導者の会談、平和方式による紛争解決などを提案した。

「人民の欲するところ常に我が心にあり」という演説　李総統が一九九五年六月にアメリカを非公式に訪問した際母校のコーネル大学で行った演説。経済発展と平和的な民主化に成功した台湾の経験を確認し、台湾の国際的な孤立を打破するための外交政策を続けることを述べた。

文攻武嚇　文書による攻撃と武力による威嚇という意味。総統選挙前に行われた大陸側の台湾海峡に向けたミサイル発射演習と、その前後の大陸側の言動を指している。

ドエチェ・ベレ　→ドイチェ・ベレ　ドイツの公共放送。

中華文化復興運動総会　前身の中華文化復興運動推行委員会をもとに、一九五六年に総統を理事長として設立された、中華文化発展のための社会教育事業団体。

リー・クァンユー氏の政治論　『中国・香港を語る』（田中恭子訳、穂高書店、一九九三年七月）

第一回の辜汪会談　両岸交流の推進団体である「海峡交流基金会」の董事長辜振甫と「海峡両岸関係協会」の会長汪道涵とによる会談。犯罪捜査、漁業紛争処理の協力などを合意し、科学・文化交流促進を定め、両岸の実質的交流の上で重要な意義を持った。

阿扁　陳水扁現総統の愛称で、民衆・メディア等からもこう呼ばれることがある。日本語の「扁ちゃん」に相当。

連邦　アメリカ合衆国のように州の合同である連邦組織。

邦連　国家間の連邦組織。

マレーシア人のマレーシア　リー・クァンユーの率いた人民行動党が民族間の平等を訴えるために唱えた政治スローガン。

『南洋商報』　シンガポール南洋商報社発行。華字の経済専門紙。

曲阜　中国山東省曲阜市。孔子の生地と伝えられ、孔子廟などがある中国有数の景勝地。

新儒学　宋・明代の儒学の革新である「新儒学」を受け継ぎ、儒学と西洋思想との融合やアジアの現代社会における再解釈を行う学問。

四小龍　韓国・香港・台湾・シンガポールを指す。

国家安全局　国家安全保障のための機構である国家安全会議の下部機関。

国際関係センター　大陸情勢分析など、国際関係の研究を目的として一九六七年に政治大学内部に設立された研究機関。

台湾綜合研究院　二章の注参照。

跨党派小組　総統に提言を行なう超党派グループ。

新潮流　民進党内の急進的グループ。

福佬ショービニズム　極端な台湾愛国主義、二章の注参照。

外来政権論　国民党政権はオランダや日本の植民政権同様、外部から来て台湾を支配する政権であると批判的にいう論理。

親民党　二〇〇〇年の総統選挙直後に、選挙に破れた宋楚瑜と支持者が中心になって結成した政党。党主席は宋楚瑜。

「出エジプト」と「出エジプト記」　台湾の民主化の過程はモーゼがエジプトを出る「出エジプト」に例えられるが、『出エジプト記』そのものは強制的に連れ去られた民が故郷での建国を目指す話で、両者は同一視できない。（戴國煇『台湾史探微』等を参照）、二章の注参照。

『台湾史探微』　戴國煇著　台北　南天書局。

ＴＭＤ　戦略ミサイル防衛。

『指導者への道』　山崎高司訳　講談社　一九七二年。

『出エジプトと解放の政治学』　荒井章三訳　新教出版社　一九八七年。

第四章　ビッグパワーを手にした李登輝

権力。権力は必ずしも人を腐敗させるとは限らない。が、権力は必ず人を惑わせる。権力を振るうことの容易さのため、権力者は往々にして不確定要素の存在を忘れ、あるべき慎重さや謙虚さを失いやすい。危機は、そこに生まれるのだ。

〔編者〕 第九代総統に当選後、李登輝氏は憲法を三度修正し、台湾省政府を凍結、行政院長任命に対する立法院の同意権を取消し、さらには「二国論」の憲法明記まで狙った。こうして、かつては李登輝のよき友であった王作栄氏と戴国煇氏は、次第に李登輝氏から離れていった。李登輝支持から、李登輝批判へと。

権力。権力は必ずしも人を腐敗させるとは限らない。が、権力は必ず人を惑わせる。何故ならば権力を振るうことの容易さゆえ、権力者は往々にして、自分一人では制御できない不確定要素の存在を忘れ、あるべき慎重さや謙虚さを失いやすい。そして手にした権力は石を金にするかの如き魔力となって、すべての障害や困難をも消し去ることができると誤信する。危機は、そこに生まれるのだ。

一九九六年三月の李登輝氏が国際的にも国内的にも、名望の頂点にあったことを疑う人はいない。彼は初の台湾人総統であり、直接の民意によって選ばれたリーダーであった。彼の勝利は中国のメディアと武力による恫喝が無効であったことを証明し、台湾人自らが台湾の主役となることへの強い願いを裏付け、過去数年にわたる国民党内部のいわゆる主流派、非主流派間の政争が決着したことを明らかにした。李登輝氏の台湾独立路線に強い疑念を抱いていた林洋港・郝伯村組＊は悄然と敗れ去り、宗教道徳をアピールした陳履安・王清峰組＊に票は入らず、李登輝氏の同輩でありながら、反体制活動出身の彭明敏・謝長廷組＊は受け立つ力に欠けていた。李登輝氏こそ台湾人総統であり、彼こそが台湾そのものだったのだ。

李登輝氏は昂然と将来像を描いていた。第九代総統選挙前、彼は改革への強い意欲を持った、台湾に根差したリーダーであり、彼が嫌っていた国民党は、彼のもとで次第に昔ながらのイメージを払拭してきていた。しかし、末端組織の力を強化するためとはいえ、蔣経国時代には最大限のクリーンさが要求された国民党は、いまや想像を絶する「黒金」＊にまみれていた。けれども、民主主義のもと、国民党の李登輝氏は国民の多数に受け入れられたのである。

当選後、李登輝氏は入念に政治改革の第二段階について考えた。国民党主席を辞し、その名の通り「全民総統（全ての人々のための総統）」となるべきかどうか考えたのである。けれどもこの考えは、いわゆる党内の中堅世代に受け入れられなかった。党と政府における権力を手にし、その権力に慣れた李登輝氏も、彼ら中堅世代の「忠誠」を喜んで受け入れたのである。

李登輝氏はまた、その学術で国際的な名声も高い中央研究院＊の李遠哲院長を招いての組閣を考えた。けれども総統府の話によれば、この考えもまた中堅世代に受け入れられなかった。なぜならば、李登輝氏の先鋒部隊である彼ら党政メンバーは互いにポジションをめぐって競争しており、ノーベル賞に輝いた李遠哲氏が行政の長の座につくことで、ポジション獲得の機会が減ってしまうのを嫌ったからである。けれども、じつのところ李登輝氏本人すら迷い、決めかねていたのである。彼も中堅世代による「学者が政治の道に入った場合、政治の現実に適応できるとは限らない」という分析を受け入れていた。しかし、李登輝氏が胸中に秘めて語らなかったのは、李遠哲氏との間にある両岸関係をめぐる方向性の違いであった。

李登輝氏はほぼ週に一回のペースで中堅世代と会合を持ち、それを「円卓会議」と称していた。このような会合のなかから、李登輝氏は連戦氏を副総統兼行政院長に抜擢することを決め、李連体制はさらに強固なものとなった。けれども円卓会議は中堅世代のポジション争いからわだかまりが生じ、自然解消した。李登輝氏はまた民進党からの入閣も考えていたが、じっさいはかけ声倒れに終わった。民進党支持者の自分に対する支持に報いるためか、あるいはさらに大なたを振るい、改憲によって民選総統の「あるべき職権」の強化を図るためか、この年の十二月、李登輝氏は「国家発展会議」*を召集した。これは李登輝執政前期の「国是会議」*後、台湾の政局の行方に最も大きな影響を与える政党間協議の場であったが、政党間協議の意味合いがより色濃く、学者による提言の機会はほとんどなかったため、統一と独立、双方の立場の学者から「政党による分捕り品の分け前協議」だと評された。

しかし、国民党と民進党は合意に達し、憲法を修正して「凍省」*を行なうことや、行政院長の同意権の取消しなど、重要な憲法改革を決めた。李登輝氏の当選一年目は、このように政局を激烈な争いの渦に陥れたのであった。翌年、国民党が憲法修正法案を通過させるのと時を同じくして、白暁燕さん事件*が起こり、治安が大きく損なわれた。政局は一日とて休む間もなく、最高の支持率を誇っていた李登輝氏は、その高みから滑り落ち始めた。国家発展会議が始まり、第九代総統在任中、李登輝氏は憲法を三度も修正した。はじめは「凍省」と行政院長の同意権の取消し*、二度目は国民大会権限拡張*と任期延長で、それはちょうど李登輝氏が「二国論」を提出した直後であり、李登輝氏はさらに「二国論」の憲法への明記をも図った。また、国民大会代表に合せて総統の任期も延長し、憲法修正の功を自らのものとしようとしたが、結局、世論の圧力のもと果たすことはできなかった。国民大会代表の権限拡大の結果、第十代総統選挙後、国民大会において再び憲法修正を行ない、一挙に国民大会の凍結、撤廃を決め、ここ数年の憲法修正で拡大させてきた国民大会の人事同意権をすべて立法院に移譲させた。

三十年は治国の本となり得ると李登輝氏がいった憲法修正条文は、最後にはまったく以って非なるものになった。そしてこの修正憲法は第十代総統選挙による政権交代後、民進党の少数政府に困難をもたらすことになったのである。この間の過程は、悲哀を感じずには振り返れない。

政治改革の道筋がここまで外れてしまったのは、おそらく李登輝氏の予測するところではなかったのであろう。満身創痍となった修正憲法は、かつて李登輝氏のよき友であった王作栄氏と戴国煇氏を李登輝氏から遠ざけ、支持から、批判へと改めさせた。こうして振り返って見ても、二人には今でも信じ難いものがあった。いったい李登輝氏はなぜこのような道を歩むことになったのだろうか。

非主流あれこれ

戴国煇　一九九六年の総統選前後、李登輝氏支持の声は最高潮に達しました。一九九四年四月三〇日、彼は司馬遼太郎氏のインタビューを受けて、いわゆる「台湾人に生まれた悲哀」という発言をし、これより前の四月八日に、千島湖事件*について中国共産党を「土匪」呼ばわりして、ともに物議をかもしたわけです。あの当時、李総統には中国問題専門家がついており、主に中国内部の権力闘争に関心を持っていて、とりわけ江沢民氏と軍との間の対立から、中国内部における台湾政策の食い違いを読み解こうとしていました。その対立のもと、李登輝氏の訪米に際して、もともと「ＯＫ」だった江沢民派に軍側が従わず、その機に乗じて江沢民氏に打撃を与えようと、あの「文攻武嚇」*が引起こされたんです。

選挙前、私はまだ（立教大学を）退職して台湾に戻っていませんでしたが、台湾に帰るたびに、李登輝氏は私と話をするために私を呼んでくれていました。私は、当時すでに李登輝氏と王院長が意見を異にしていることを知っていました。江八点*の発表（一九九五年一月三〇日）後、王院長は李登輝氏に、過度に中国を刺激せず、タカ派の台頭を避けよと注意を促していらっしゃいましたが、李登輝氏は、王院長はどうしてそんなに中国を怖がるのかと語っていました。また、蔣彦士氏を通じて大陸の農業開発を支援しようとしていることや、大陸の西北地域に核廃棄物を輸送することについて大陸側と協議するつもりがあることなどを私に語りました、これらの計画について、李登輝氏はまだ正式に機密扱いを解いてはいません。
　選挙後それほどしないうち、王院長は考選部から監察院長に異動されました。私の記憶によれば、王院長が部長職にあった頃、非常に重要な案件を処理していらっしゃいます。李煥氏の娘、慶珠さんの国家公務員特別試験論文が剽窃であるとされた事件で、その後李慶珠さんの資格が取消されたほか、考試院は甲等特別試験*の廃止を決めました。これも李登輝、李煥両氏間の政治闘争のおまけでしょう。
王作栄　特別試験廃止と李慶珠さんの事件は無関係です。特別試験廃止は私の考えで、誰からの指示も受けてはいません。李慶珠さんの事件は昔のもので、私のもとで押さえていたのですが、その後、陳水扁氏をはじめ民進党の立法委員がこれを追究し、同時に考試委員への調査も動き出したのです。が、これは考試院の職権であって、私のいた考選部の職権ではありませんでした。私としては、事実を考試院会に報告しただけで、どう処理するかは考試院が決定しなければならないことでした。最終的に院会は彼女の資格取消を決めたのですが、李煥氏の家族はこのことで私を理解してくれなかったんです。じっさい、彼女がもう少し早く僑務委員会*の職務を辞していれば、こんな面倒なことにはならなかったのです。公に物議をかもしてしまえば、たとえ彼女が私の娘であっても助けてあげることはできないのですから。
戴国煇　興味深いのは、李登輝氏が李煥氏に温情を見せている点です。ほかの「政敵」に対するほど酷くない。まるで妥協しているかのようです。たとえば李煥氏が一貫して国民党の中常委員*と総統府資政*の地位にあることもそうですよね。
王作栄　李煥氏は国民党内の実権派です。彼は中央幹部学校*出身なんですが、王昇氏をはじめ、一部の中央幹部学校出身者にはたいへんな権力を持った人々がいます。李煥氏はまた救国団*の創立期からの中心幹部で、その後党務の仕事につき、省党部主委、中央党部秘書長を歴任していますから、李登輝氏も彼に貸しを作っておかなければならなかったのでしょう。

戴国煇　当時、宋楚瑜氏が李煥氏を裏切ったということにはならないのですか。

王作栄　裏切ったとはいえません。ただ当時、宋楚瑜氏の頭のなかは李登輝氏を助けることでいっぱいで、ほかの人は目に入らなかったのだといえるだけです。李登輝氏が李煥氏を辞めさせたのは、つまりは彼の力があまりにも大きく、副総統の座を狙っていたからで、李登輝氏は心穏やかではいられず、結局、発言力のない李元簇氏を副総統に据えたのです。李登輝氏の考え方はシンプルです。力のある相手は事前に牽制しておくというものですね。

戴国煇　李登輝氏には、王昇氏一派の力で李煥氏を牽制するつもりはあったのですか。経国先生が亡くなった時、王昇氏が葬儀に駆けつけるのを阻んだ勢力が李煥氏であったと聞いたのですが。

王作栄　李登輝氏が王昇氏で李煥氏を牽制?　いや、わからないですね。王昇氏は政治作戦系統*にあまりにも大きな力を持っていたので、経国先生が彼を追い出した時、李登輝氏も彼には二度と戻って来てほしくないと思っており、李煥氏が口出しする必要もありませんでした。彼を葬儀に駆けつけさせなかったというのはその通りで、王昇氏はその後かなりたってから、はじめて台湾に戻ることが許されたのです。

李登輝氏は王昇氏をよく知っていました。彼らが初めて顔を合せたのは、私の家のはずです。当時は李登輝氏が政務委員*だった頃で、王昇氏は私に、経国先生は優秀な台湾省籍者を大学の学長に任命しようと考えていると話してくれました。これほど大学があるのに、台湾省籍の学長がいないのはおかしな話だと。そこで私は一席設けて、王昇夫妻、李登輝夫妻、梁國樹夫妻、孫震氏を招きました。許文富氏も招いたのですが、来られませんでした。みなさん、外国で博士号を取得しており、学長の職につく資格は十分ありました。孫震氏が外省籍である以外、他の人はみな台湾省籍でした。私は王昇氏のいるその場で彼らを推薦しました。その後、政府は李登輝氏の意見を求め、彼を中興大学学長に任命しようとしましたが、彼は首を縦に振りませんでした。あるいは李登輝氏は、政務委員を続けた方が政治的前途が開けると思っていたのかもしれません。

台湾青年エリート抜擢政策の成功と失敗

中華民国政府は台湾に移って以来、本省人を養成して大学学長に据えることを考えていました。これは国際的にいい宣伝になるからです。まっ先にその対象に考えられたのは彭明敏氏でした。まず彼に台湾大学の政治学科主任についてもらい、次に教務長になってもらうはずでした。教務長は副学長のようなものですね。招請状も準備し、署名捺印のため銭思亮学長のもとに送られたのですが、銭学長は、教務長を招請するのは厳粛なことであるから、招請状は自ら持って行くというわけです。けれども、今日は時間がないので、明日持って行くということになりました。ところが、その日の午後、政治学部の一部の学生助手が学長を訪ね、学長室で抗議*をしたのです。学生は一人ではありません。これはたいへんなことになったと思っていると、一両日後、今度は学生の親までがやって来ました。当時、学長というのは神聖にして侵すべからずともいうべき並大抵ではない職務で、この件は取り止めにしないかぎり、親御さんたちを納得させることもできず、結局彼から学科主任の職まで取り上げることになってしまったのです。もし、外省籍の教授だったら、当時の社会の雰囲気からいって教授の資格も危うかったと思います。

戴国煇　それについては、私が聞いたのとちょっと違います。彭明敏氏は確かに政府の養成の対象でした。もう一人は劉慶瑞氏で、劉氏の先生が薩孟武氏です。彭明敏氏は胡適の奨学金を得てカナダとフランスに留学し、台湾に帰ったのは三十過ぎだったのですが、帰国後すぐ政治学科主任と国連顧問を兼任することになり、その後、彼に法学部の学部長の座を与えようとしていた頃、事件が起きたと。結局、彭明敏氏は学部長になれず、学科主任と国連顧問の職も解かれてしまったんですね。当時、彭氏はとても落ち込み、政府に対する数々の不満が次第に表面化していったわけです。

そして、彭氏の教え子の謝聰明氏が政治大学の政治研究所*で学んでいて、彼は鄒文海教授の影響もあり、同世代の台湾の若者より政治に対する問題意識が強く、台湾の民主憲政や強権政治を不満にも心配にも思っていたんですね。それで彼は彭明敏氏に相談して、「台湾自救運動宣言」*を起草したんです。謝氏は機転が利くアイディアマンでして、まず宣言の原文にあった「蒋匪」*を「共匪」*と書き換え、それから主人が文盲の印刷所を探し、活字が全部組まれるのを待って、印刷工たちが休みの日曜日にこっそり「共匪」を「蒋匪」に戻したんです。ところが、さあ印刷に取りかかろうという時になって、印刷所の主人がどうにも変だと気づき、密告したため、事が表沙汰になったんです。起草の過程にもちょっとしたエピソードがありました。彭明敏氏も謝聰明氏も北京語があまり達者でなく、同級生だった「反逆児」李敖氏の手を借りようとしたのですが、李氏は外省人で、外省人と本省人の間に信頼感が足りなかった時代でもあり、結局、李敖氏と同じ台湾大学一年生の国文のクラスにいた（当時はレベル別にクラス分けされていた）魏廷朝氏に手を入れてもらったんです。

魏廷朝氏が成功中学の高二*の頃、経国先生は成功中学を整理・改革するために潘振球氏を校長として送り込み、また反共青年救国団を創設させました。それで、学校側が魏廷朝氏に救国団への参加を求めたのですが、魏氏は、救国団はヒトラーの青年組織と同じだといって参加しなかったんです。潘氏は参加しないなら退学だといったのですが、魏氏は気にせず、退学にされた翌年、台湾大学に入学しました。非常に努力家で、気位も高く、入学後は李敖氏と同じ国文クラスになったほどで、なかなか優秀だったため、胡秋原氏が中央研究院の助手に推薦したほどでした。魏氏はまた、外省人だから、本省人だからといった区別をする人ではなく、国民党のファッショ的な部分には反対していましたが、反外省人ではなかったんですね。そして彼は殷海光氏を師として友としてずっとよい関係を続けています。

王作栄　彭明敏氏の私的な問題について、ちょっと聞いたことがあるのですが、まあ、これは学科主任辞職の原因となるほどのことではないのでしょう。第一に、同僚が追究していないし、第二に大人同士のことですから、自分なりにけじめがつけられます。しかし、学生の問題となるとたいへんです。とりわけ学生の親たちが黙っていないわけですから。

当時、もう一人の台湾大学学長候補は陳奇禄氏でした。孫運璿氏が行政院長だった頃、彼を呼び寄せようしたんです。当時、陳奇禄氏は教授兼文学部学部長で、もう少しで彼の学長就任を発表するところでした(孫氏が行政院長時、陳奇禄氏は行政院政務委員であった)。ある外省人が大老を通じて孫運璿氏に学長に就任したい旨を伝えたところ、孫氏はこの大老に「学長はもう決定している。蔣経国さんが陳奇禄をといっているから、どうにもならない」と答えたのですが、発表直前にこれが変更になってしまったんです。というのは、陳奇禄氏が待ちきれずに、学長就任発表前に各学部の学部長人事に手をつけてしまったんです。で、内々にしておけばよかったのですが、ぺらぺら話してしまい、当事者たちの反感を買って大騒ぎになってしまったんです。おかしいのは、彼はすべての学部長に本省人を選んでいたため、台湾独立を企てていると密告されたんです。それで結局、彼の学長就任は成りませんでした。

旧誼と疎遠

戴国煇　総統選挙後、王院長は監察院長になられたわけですが、すぐに手術のため入院されましたよね。それ以来、李総統とは疎遠になられたように見受けるのですが。

王作栄　李登輝氏は三月に当選し、四月に私を官邸の食事に招いてくれました。印象深かったのは、李氏は非常に気分をよくしていて、話もよかったことです。彼は将来の施政の重点は内政改革だと語り、私に就任演説の原稿を書かせました。そして、教育や司法の改革が最重要だ、任期の四年間でできることは少ないが、しかし制度を確立し、後の者の準拠にしなければならないと語っていました。後継者については「後は自由競争をやってもらうつもりだ。私は関わらないよ」といい、私に何人かの人物に対する意見を尋ねました。連戦氏、宋楚瑜氏、呉伯雄氏、許水徳氏、徐立徳氏、それに蕭萬長氏です。

私は自由競争はいいことだと思い、その時、李登輝氏はほんとうに偉い人物だと思いました。第一に中共と毎日敵対することはないわけで、内政優先は正しい。第二に後継者候補を自由競争させるという話は、彼の度量の広さを示すもので、名前の上がった六人中、外省人が二人、本省人が四人というのにも懐の深さを感じました。

就任後、彼は私を監察院長に任命しましたが、正直なところ、私はあまり乗り気ではありませんでした。私としては考試院に（院長として）行きたかった。文官制度を改革できますからね。監察院に行ったら任期の二年はすぐに終わってしまいました。李登輝氏は二年後にまた来たらいいさといっていましたから、彼との仲をぶち壊していなければ、まだ監察院の院長ができたのですが。

監察院に着任してしばらくもしない十月二日、手術のため入院しました。月末に病室で新聞を読んだら、李登輝氏と許信良氏が国家発展会議の協議内容と憲法修正のいくつかの点について決めてしまっていたと書いてありました。憲法修正というのは、総統への権力集中、総統の行政院長の任命について立法院の同意権行使を不要とすること、さらに台湾省の廃止あるいは名目化でした。台湾省政府廃止について、私は反対です。これははっきりとした台湾独立路線で、中華民国の根を断ち切るのに等しいと思うからです。中華民国には台湾省があるのです。それに、省を名目化して別に省長を任命するとしたら、宋楚瑜氏をお飾りにしてしまうに等しく、これは反宋楚瑜のために考え出されたもので、かつて後継者たちに自由競争させるといった理念や主張と相容れません。当時、私はこれについて新聞に意見を書かせてもらいました。

翌年の一月、私は退院し職場復帰しました。すると、記者がインタビューに来たので、こういった話をしたところ、どうも彼の不興を買ってしまったらしいんですね。でもよくよく考えてやはり本人に直接進言した方がいいと思い、李登輝氏のお嫁さんの張月雲さんを通じて、直接会って二人きりで話したい、張月雲さんに記録係をしてもらえば誰もいない状況で話合いができるとの旨を伝えました。私は台湾省廃止と憲法修正問題について話すつもりでした。憲法を変えて総統を皇帝にするようなことをしてはいけないし、また任期中に中国との平和的な対話チャンネルの確立を願う。そうしてこそ歴史に名が残る、と伝えるつもりでした。私が申し込んだ面会時間は一時間でした。一時間を過ぎると身体にこたえたからです。けれども、電話に出た張月雲さんの様子は何か奥歯に物が挟まった感じだったので、これは李総統は私をよく思っていないなと感じました。二日後、張月雲さんから電話があり、正式なルートで総統府に面会を申し入れてくださいと伝えてきました。それはすなわち拒絶ということです。一九九七年三月のことです。それ以来、私は李登輝総統と二度と付き合いや接触を持っていません。

位高く、権重くして異議を容れず

戴国煇　どうして彼は権力を手にしてから、かえって異議を聞き入れなくなったのですか。

王作栄　地位も高く、権重くして挫折を味わったことがないことが、彼を自信過剰にさせたのでしょう。これは私にも責任があると思います。李氏は基本的に私を信用してくれていましたし、私の話に耳を傾けてくれていたのです。でも、私の性格のせいですね。あちらは総統、こちらはその部下なわけで、むこうから聞いてこない限り、私が口を開くことは少なかったのです。ただ一度きりの面会の求めは、結局、断られてしまったし(笑)。私が彼と会ったのはすべて仕事上のことで、私事はまったくなかった。互いの関係がよかった頃は、年に何回も食事に呼ばれましたし、ごくたまには家庭礼拝に呼ばれることもありました。このように私には話をする機会がたくさんあったのですが、ついぞ私は多くを話さなかったんです。

戴国煇　相手が自分に対して異議があると思ったら、もうその人の話を聞かないのが、彼の性格です。そして、相手を遠ざける。簡単にいえば、「昨日の友は今日の敵」となりやすく、自分の世界をどんどん狭くしてしまっているんですね。台湾省主席時代からすでにその傾向がありました。あらゆる段階での人材登用は、その段階なりの考えがあったわけですが、使い終ったらポイです。こんな例は数え切れません。

王作栄　李総統は私を信用してくれていました。これは蒋彦士氏も、蘇志誠氏も知っています。けれども、中国の古典を読みすぎたためか、ついつい自分たちを君臣関係に見なしてしまったんです。「君の問わざるに、臣豈多言ならんや」ってね。

戴国煇　私はとうの昔に、李登輝氏が大統領制をやりたがっていることに気づいていました。表面的には、しばらくはフランス式の双首長制をとるしかないのですが、心からやりたいと思っているのは大統領制、単一国会です。私はかつてこの件について彼と話し合ったことがあります。国民大会代表をこんなに増やしたのだから、彼らに少しは権限を与えなければ収まらないぞ、騒ぎになるぞと。理想をいえば、彼は単一の国会に改革したいのです。このほかに、彼は宋楚瑜氏に対して警戒心を抱いており、行政の効率化を台湾省廃止の理由としていましたが、私は初めからこれに懐疑的です。第三に、彼が蕭萬長氏を手塩にかけて育てていたのは、だいたい見ていてわかりましたが、第一回の総統直接選挙終了後には、時期も情勢も蕭氏に不利だったので、彼の頭には連戦で過渡期を越え、最後には蕭氏に受け継がせるという考えがあったはずです。ただ、全体の政治の流れが、その通りにはさせなかったのです（総統選挙後、連戦氏が副総統兼行政院長に就任し、立法院の抗争と一九九七年憲法修正後、蕭萬長氏はやっと行政院長に就任した）。

国家発展会議の与野党合意はとても唐突で、私は呉伯雄氏に、いったい宋楚瑜氏は李総統が台湾省を廃止しようとしているのを知っているのかと聞いたことがあります。呉氏は「総統府秘書長である私すら知らなかったのだから、宋さんが知っていたはずがないでしょう」と答えました。けれども、彼が単一国会を求めていることは、私はよくわかっています。

王作栄　蕭萬長氏がある期間、後継できなかったのは、ひとえに彼のキャリアが足りなかったからです。私は李氏との話を通して、彼が蕭氏を非常に買っていることを知りました。一九九六年の総統選挙後それほどしないうちに、李氏はメディアに対し、「後継者の第一代はすでに確定しているが、第二代の後継者についてもすでに決めてある」と正式に語っています。私はその時、すぐにそれが蕭萬長氏だと思いました。ですから、二〇〇〇年の総統選挙の時、国民党が総統候補連戦氏のパートナーたる副総統候補の名前が確定しないうちから、私は蕭萬長氏に「あなたですよ」といっていました。

問題なのは、当時、李氏の任期はまだ四年もあり、いずれにせよ権力は彼の手中にあるし、できることは限られているというのに、彼は大統領制にして何をしようというのかという点です。

憲法修正を狙った大統領制と二国論

戴国煇　素直に推測するに、彼は「二つの中国」を実現したいのです。この目的のために、大統領制を法制化しなければならないのです。が、それには時間は足りませんから、任期を延長してこの考えを実現しようと考えたのです。任期延長は選挙ではありません。国民大会代表の任期延長に合せて、任期を延ばすもので、彼自身は総統を退き、連戦氏に総統を代理させて国政を任せるのです。また一方で蕭萬長氏を育て、もう一方で無事に連戦氏に引き継がせれば、李氏は憲法修正が果たせるのです。この手法はきれいで堂々としたものです。

民進党の一部の人々は李氏の基本的な考え方を知っています。どうして銭復氏が慌ただしく監察院院長に転任となり、長らく冷遇されていた蘇南成氏が大喜びで国民大会議長に就任したのかには、みな理由があるんです。蘇氏はその政治人生にもう一花咲かせるため、李氏の憲法修正の企てに全面的に協力してゆくしかなかったのですが、結局は成功しませんでした。「二国論」の憲法明記は李氏が本気で考えていたことで、その後の発言はすべてその辻褄合わせにすぎません。「二国論」の提出*については、事前にアメリカや日本に何らの連絡もしなかったため、両国はどうしようもありませんでした。「二国論」は年輩の親日台湾人たちの慰めにはなりましたが、後継者たちを非常に気まずくさせてしまいました。重荷を背負い込まされ、対応に窮しただけでなく、自らの態度も表明しなければならなくなったのですから。

国家の大事にいい加減なことはいえません。李氏自身は台湾東部で「誰もいえなかったことを私がいったのだから、みなすっきりしているんだ」と誇らしげにいったそうです。今日、進んだ国のまともな政治家のなかに、このような突飛な発言をする元首は見当たりません。私たち小市民の忍耐力がまた試されることになるのです。

王作栄　国家発展会議の一九九七年の憲法修正に溯って考えるに、本当に謎そのものです。一九九六年四月の李氏と私との談話での話は、彼自身がそういっているもので、これははっきりしています。彼が私を欺いたとは信じません。ただ、一九九六年十月の国家発展会議では、まったく話が違ってきてしまいました。たとえ彼が単一国会を望んでいたとしても、これと台湾省廃止とは関係ありません。この半年の間にいったい何があったのでしょうか。彼は許信良氏と会って国家発展会議の召集を話し合ったわけですが、これは突然ひらめいたことではないはずで、当然すでに考えていたことでしょう。ではいったい誰が、どうして彼に影響を与えたのでしょうか。国民党秘書長の呉伯雄氏さえ知らなかったことで、呉氏に影響力があったとは考えにくい。李総統は憲法のことがまったくわかっていないのですから、いったい誰が彼にこれらのことを教えたのでしょう。田弘茂氏の影響力もたかが知れていますし、謝瑞智氏らはただ条文の起草を手伝っただけで、憲法修正の枠組みそのものを考えたわけでも、李氏をこの半年間で台独と独裁に走らせたわけでもありません。

戴国煇　李総統はいつも、呉伯雄氏は歌手のようだといって、朝から晩まで歌ばかり歌っているなと呉氏に伝えるように私にいいました。私がそのことを呉氏に伝えると、彼は「総統選の選挙運動中は、さんざん私に歌を歌わせたのに。とりわけ桃園、新竹、苗栗の客家地区では客家票獲得のため人に歌わせておいて、当選すれば煙たがるんですから」と少々悔しそうにいっていました。

李総統のブレーンのなかで、あるいは蔡英文氏が彼に影響を与えた一人かもしれません。彼女はかつてイギリスをはじめとする欧州各地を、台湾のあるべき形を捜すため歴訪したそうで、聞いた話では、西独のある教授が、彼女の考えを引き出したそうです。

「凍省」は政争か、台湾独立か？

王作栄　総統選の前には立法院の二月政治改革があり、民進党立法委員と国民党と無党派の一部の立法委員が一緒になって立法院の正副院長おろしに走りました。総統選の後には選挙後の行政院長の任命に対し、立法院はこれをよしとせずに脅しの声がやまず、民選総統による行政院長指名のはずなのに、以前より制限を受けることとなり、李総統は非常に腹を立てました。とりわけ一部の立法委員の非常識な要求に、彼はいっそう不愉快になったのです。そこで、李総統は立法院の同意権を廃止してしまいました。台湾省政府組織の廃止は、結局、行政院長任命に対する立法院の同意権廃止についての民進党との話し合いにおけるカードとして切られてしまったのです。この可能性は大きく、国民党が直接台湾省廃止を考えるところまでには至っていなかったでしょう。

戴国煇　ですから、呉伯雄氏が許信良氏を伴って「敵の陣営」たる李総統のもとにやってきたのですが、これはこの二人の客家人がともに利用された感があります。その後すぐ、許信良氏も民進党内部の闘争に敗れてしまいました。当時、唯一妥協しなかったのが施明徳氏でした。李登輝氏のこのやり方はものすごいものです。彼は当選したばかりで、彼を支持する声は高く、中共の「文攻武嚇」はさらに彼を台湾人の英雄に祭り上げてしまいました。選挙での基礎票は五十四パーセントだったのですが、彼はそれを突破しようと、許信良氏（当時は民進党主席）にどれほどの力があるか、ずっとそろばんをはじいていました。許信良氏は知略家です。けれども、得意になりすぎていました。許氏は二〇〇〇年の総統選まではなく、二〇〇四年までの青写真を描いていたのです。美麗島系*の中心メンバーは、陳水扁氏が台北市長選に失敗したらもうチャンスはないと思っていたのですが、思いがけず、民進党は陳水扁氏の総統選挙参選のために、公職参選は四年以内とする党内の条項を廃止してしまいました。謀略も上には上があるものです。

王作栄　彼が「凍省」と行政院長の同意権とを交換したというのは、かなり可能性があることです。しかし、交換するだけで、それがもたらす結果を考えなかったのでしょうか。

戴国煇　一九九六年の年末に憲法を修正し、「凍省」が決まりました。その時、私はちょうど台湾一周の旅行中で、台東の原住民委員会副主席の孫大川氏を訪ねていました。孫氏は台湾大学中文学科出の秀才です。彼はピュマ族で家柄もよく、私は李登輝氏にずっとこの人物を推薦していました。台東で憲法修正、台湾省凍結の決議を見た時、すぐ李登輝氏は宋楚瑜氏を信じていないのだと思いました。その後、江丙坤氏から聞いたのですが、宋氏は省政府で何かにつけ中央政府と連戦氏を悪くいっていたそうで、それが結局台北に伝わっていたのです。ある時期、李登輝氏は私に、副総統と行政院長の候補に中央研究院の李遠哲氏を考えていると二度ばかりいっていました。李遠哲氏は行政院長にはあまり興味がなかったようなのですが、周囲にはいつも彼が行政院長になることを希望している人がいました。李遠哲氏が院長になれば、これらの人々にも政府で仕事する機会が生じるわけで、それを期待した「応援団」が多かったようです。総統選後、李登輝氏が李遠哲氏に行政院長への就任を打診しようとしたところ、もっとも強く反対したのが宋楚瑜氏だったそうです。

王作栄　李登輝氏は、宋楚瑜氏本人が院長になりたがっていたと見ているようですが。李総統はまた、「宋楚瑜に行政院長をさせてたまるか」ともいっていましたね。私は宋楚瑜氏に何らの口添えなどはしていないのですが、なぜか宋氏が台北で私に泣き付いたという人もいました。まったくいい加減な話で、宋氏が我が家に来たことなどありません。

君に伴するは虎に伴するが如し

戴国煇　政界には必ずそういう人がいるんですね。年中小さなデマを飛ばす。どれもこれもニセの情報で、怪文書、中傷、密告と枚挙にいとまがありません。私はもともと政府の仕事をしようとは思っていません。もっともやりたいのは、国際文化会館を創立し、真面目な学術交流の仕事をやることです。李氏は高得票で総統に当選した後は権力を握るのに忙しく、学術交流などをやる気はまったくなかったですね。

私が国家安全会議の諮詢委員に就いた二年目のある日、オフィスにいると突然ノックもせずに誰かが入ってきました。この礼儀知らずは誰だと顔を上げると、背が高い大柄な人物がいました。その人物は李総統で、総統はニヤニヤ笑いながら、会いに来たぞといっていました。彼はまさにそういう人物なのですね。可愛いところがあるんです。けれども私は自分のことを権力者の駒だと思っています。「君に伴するは虎に伴するが如し」なのです。また、私は彼を研究観察のテーマにしてきました。李総統は私のことを、きょうび貴重な人物だといっていました。他の人は権力や地位を要求するのに、私は何も欲しがらないからです。けれども私は、彼の周りの日本と関係ある人たちは私の考えとあまりにも違っていることに、だんだん気がついてきました。彼とは次第に疎遠になってきたのです。

王作栄　一九九六年四月に官邸で会ってから、私は手術のため入院してしまいました。退院後、彼は一度我が家にやって来ました。一時間足らずで、話したのは普通のことばかりで、彼は私の体と病状を心配してくれていました。また新聞に彼に対する反対意見を載せる前に総統府に行った時のことです。一九九七年三月だと思います。どんな場面だったか、会って話した時間は非常に短かったのですが、彼がこういったのを覚えています。「宋楚瑜が行政院長をやりたがっているが、誰がやらせてやるものか」と。この言葉は非常に印象深く、今でも忘れられません。ただ、こういった途端、彼は突然顔色を変えました。何かを警戒しているのが一目でわかりました。帰り際、彼に「総統、他に何かご用は?」と聞くと、彼は暗い顔で「ない」と一言答えました。彼が不愉快になったことに気づいたので、私はすぐに退去したのです。

二〇〇〇年のはじめ、台湾綜合研究院*董事長の羅吉煊氏がやってきて、「王院長、あなたと李総統は長い付き合いなのに、どうして会いに行かないのか」と何気なくいいましたが、私は笑みを浮かべただけでその問には答えませんでした。会おうとしたけれど、むこうが会ってくれないのだなんていえないでしょう？　羅氏の話は彼自身の意見なのか、李総統のメッセージなのかは知りませんが、私は二度とこの件には触れたくありませんでした。好んでつまらぬことをする必要はないでしょう。

ただ、何回か腹を立てたことはありました。少なくとも、監察院長退任時には、李総統は職務上、私に会うべきでした。慣例では院長が退任する時、叙勲があるはずなのですが、彼は私にやりたがらなかったんですね。施啓揚氏（当時の司法院長）までがとばっちりを受けて、叙勲されませんでした。もう一度は国家発展会議がもめた翌年の年明け、旧暦の新年会に李総統は五院の院長と国民党中央評議委員会、中央常務委員会、国民大会代表たちを招きました。私は院長なので、第一テーブルについていたのですが、招待主である李総統は私が座っているのを見ると、あいさつを終えるや否や退席してしまいました。連戦氏が代理となったのですが、これは異常なことです。もしかすると彼は私と同席したくなかったのだなと思いました。それからもう一度は一九九九年の後半、連戦氏の選挙事務所の立ち上げに、私たちがお祝いに行った時のことです。私は前の方に引っ張り出され、前立法院長の梁粛戎氏らと一緒に立っていたところ、李総統が話を終え、前列の人々と握手をしはじめました。最前列は政府の部長レベルの方や大老たちだったのですが、彼は私が反対側にいるのを見ると、踵を返してさっさと行ってしまいました。これはあまりにも露骨すぎますよ。そんな必要がどこにあるんでしょうか。

羅吉煊氏がいくら私に李総統との面会を請えといっても、どう会えというのでしょうか。台湾省も廃止し、台湾独立路線も明確になり、国を亡くしたも同然です。彼はやりたかったことをやりつくしたんですから、会ったからといってどうなるものでもありません。先日、高育仁氏と会って話した時、彼も私も同じ感想を抱いているのを知りました。李総統の話は非常に正直、率直で、聞く方はそれを信じずにはいられません。彼と話をするたびに、私は彼の言葉を信じましたし、彼が私を欺いていると思ったことは一度もありません。

やってくる人、去ってゆく人

戴国煇　彼はすぐにコロコロ変わり、一貫性に欠けるのです。私は殷宗文氏が国家安全会議の秘書長に就いた後、曾永賢氏に一緒に食事をして、私を送ってほしいといいました。そして、殷宗文氏に李総統との面会を手配してくれと頼みました。総統にお礼とお別れはしなければならないでしょう。私はちょうど満三年になる五月十九日の夕方五時の退勤時には、きれいに出て行けるように、ずっと荷物を整理していました。面会の約束はできたのですが、李総統は金門島の視察から戻ってきてから具合が悪くなり、熱も出て、結局約束は取消されました。『台湾の主張』の刊行記念パーティーは、公私のけじめをつけるため、総統府では行なわず、総統官邸の庭で行なう予定だったのですが、前日（十八日）に大雨が降ってしまったので、結局十九日の午後二時から、総統府で行なうことになりました。王栄文氏が出席しようと誘ってくれたところ、蘇志誠氏に「やめておけ」と止められていました。

でも結局、私は出席し、パーティー終了後、総統府の知人たち一人一人にお別れをいっていると、廊下で蘇志誠氏に会いました。私が「蘇主任、この三年間、お世話になりました」といったところ、彼はうんともすんともいいませんでした。その前には曾永賢氏が私に、劉泰英氏に会ってこれからのことを相談するといいといいましたが、私が「これで失礼いたします。ありがたいお話ですが、私は乞食ではありませんので」とだけ答えると、曾氏は「気持ちはわかります」といいました。二〇〇〇年の総統選挙の時、呉伯雄氏はもう少しで宋楚瑜氏に入れるところだったのですが、連戦氏は彼を諭して「私たちはみな『同病相憐れむ』だ。弱みもむこうに握られていることだし。君はやっぱり先に僕の方を助けてくれよ」といったそうです。この頃、呉伯雄氏が語ってくれたことには、私まで諮詢委員の地位から外されてしまいましたが、総統府内のある人は彼に戴国煇のことは彼とは無関係だといったそうです。私も「きっとあなたとは関係ないでしょう。でもわたしたちは結局のところ権力者の駒にしかすぎないということを覚えていた方がいいですよ。」と彼にいいました。

その後、最終的に私は李総統と会いました（六月二日）。彼は開口一番、「日本に帰るのか」と尋ねるので、私は心中、何いってるんだと思いました。私は台北に戻る前に日本の方はすでに退職しており、台北郊外の文化大学に教職を得ていたわけで、国家安全会議の諮詢委員につく前から、学界に帰るつもりだったのです。李氏はさらに「そうそう、君の蔵書は全部新店*の家に運んできたのかい」とも尋ね、最近はどんな研究をしているかとも聞いてきました。「米日新ガイドライン」とナイ（Joseph S.Nye Jr.）を研究していると答えると、「ナイたちは我々にハーバードに九〇〇〇万ドル寄付しろといっていたが、やらなかったよ」といったので、ナイたちはアメリカの対東北アジア政策に深く関与しているので、彼らを研究する必要があるのだと李総統の注意を求めました。

矛盾と反復の李登輝

戴国煇　李登輝の『アジアの知略』の中国語版が発売され、文中には少なからぬ秘話が書かれていました。私は最近、日本へ行ったのですが、その時外務省を定年退職した友人たちに、あなたがたはいったい李登輝のどこが好きなのか、本当に彼を尊敬しているのかと尋ねました。すると彼らは互いに顔を見合わせ、笑いながら「彼は本当にかわいい外国の元首ですよ。何もかも日本語で話してくれるんだから、感謝せずにはいられないでしょう」といいました。この本の日本語版のなかで、李登輝氏は中嶋嶺雄氏に、国民党の非主流派は軍事クーデターを起こして彼と李元簇氏の正副総統を失脚させようとしたとまで語っています。彼は早朝から臨時に軍隊のリーダーたちを召集し、クーデターの芽を摘んだとありました（中国語版ではこの部分は省略されている）。彼が本を出すことはかまわないのですが、何でも話してしまいますし、またそれが真実かどうかもわかりません。中嶋氏は外務省でも学界でもたいして重きをおかれているわけではないのですが、李登輝氏と日本とを結ぶパイプ役なんです。

一九九四年、呉敦義氏が高雄市長に参選した頃、釣魚台*問題が再燃し、呉敦義氏本人が釣魚台に「国土防衛」のために行こうとしたところ、中嶋嶺雄氏から李登輝氏に電話が入り、李総統自らそれを阻止しました。それから、自分の祖父は日本統治時代にアヘンを売っていたと、李登輝氏は中嶋氏に正直にこう語っています。後藤新平は台湾総督府の民政長官として台湾にやって来る前、日本の衛生局長だったのですが、彼はアヘンの日本への影響を心配し、絶対禁止論を採っていました。その後、彼は台湾でアヘンをやっている人間には二種類あるということに気づきました。一つは豊かな有閑階級で、もう一つは底辺の労働者階級です。中産階級はアヘンなどやりませんでした。万一、アヘンを禁止したら、上層社会は抗日的な中産階級とともに抗日統一戦線に参加するでしょうから、抗日の力を押え込み難くなります。だから、台湾ではアヘンは許可制が敷かれたのです。そしてアヘンの販売免許の多くは日本の軍や警察の殉職者の遺族に、一種の福利厚生として与えられました。『台湾四百年史』の作者史明氏の父親もまた厦門で日本人のためにアヘンの仕事をしていたそうで、史明氏が共産党に投じたのも父親を救うためだったそうです。その後日本に渡り、安全が確保されたので、今度は台湾独立の活動を始めたのです。
李登輝氏と日本との関係は、徹底的にはっきりさせていかなければなりません。そうでなければ、日本の人々の台湾に対する認識が偏ったものになってしまいます。司馬遼太郎氏の『台湾紀行』がその例です。李登輝氏はどうしてこんなに親日的なのでしょうか。李登輝氏が初めて共産党に参加した時の紹介者だった呉克泰氏の記憶によると、李登輝氏は高等学校時代にすでに「岩里政男」という日本名に改名していたそうです。なぜなのでしょうか。ここに何かがあるに違いありません。どうしてこれほど早く日本に投降してしまったのでしょうか。彭明敏氏は当時東京大学に学んでいましたが、改名はしていませんし、半分は日本の血が流れている邱永漢氏すら改名していないのです。

王作栄　李登輝氏がどうしてこんなに親日的なのでしょうか。彼の家系から分析するに、彼の祖父はどうして特権であったアヘンの販売に従事できたのか、特権はどこから来たのかという疑問があります。彼の父親は警察ですが、少なくとも祖父の代から日本の統治政権と何らかの関係があったようで、彼の頭のなかはほとんど日本人だったようです。

『アジアの知略』といえば、私は全部読んだのですが、なかに書かれていることの多くが間違いで、問題がたくさんありますよ。適当に例を挙げてみると、まず、彼は蒋夫人の宋美齢女史と話をする時、彼女はいつも英語と上海語を混ぜて話していたが、自分は上海語ができないから、わからない時は彼女に書いてもらって、メモ代わりにしたと書いているのですが、これほどおかしくて失礼なことはないでしょう。夫人と話していてわからないところがあったとしても、丁重かつ婉曲的にもう一度いっていただけるようお願いするのが関の山で、どうして夫人に内容を書かせたりできるものでしょうか。それに、じっさい蒋夫人が談話を発表する時はいつも標準語を使っていましたし、夫人の北京語、上海語、英語はどれも上手で、カンニングペーパーを持ち出すなどということはついぞありませんでした。李登輝氏は本のなかで、もう一つ例をあげています。二月政争の頃、彼は郝伯村氏を国防部長に任命しようとしたところ、郝氏は蒋夫人のメモを彼に見せたそうで、そのメモには一旦台湾海峡でことが起これば、郝伯村がいなくては困ると書いてあったそうです。このメモは誰の手によるものかはわかりませんが。絶対に蒋夫人が手ずから書いたものではないはずです。

第二に、政務委員になった頃、台湾の農村は疲弊しており、米価は安いのに税は重く、米と肥料とがバーター交換をさせられていたので、彼はこの制度は絶対に変えなければならないと考え、政策を起草したところ、経国先生に認められたと書いてありますが、これも問題があります。肥料と米穀のバーター交換については民国五十年（一九六一年）頃にさかんに議論された政策の一つで、当時、農村復興聯合委員会で積極的にこの議論に参加していたのが張憲秋氏でした。アメリカ側の専門家はこの制度を廃止するよう強く主張していましたが、我々の政府はこの制度を維持していくべきだと考えていました。そこで張氏は意見を述べ、行政院の美援運用委員会*も私に制度維持を主張する文を起草させました。

あの嵐の時代、政府がもっとも重視していたのは、まず米価、そして金と米ドルの価格で、万が一にも価格が上昇すればたいへんなことになりました。政府の米穀価格の管理は、一つには物価の安定、もう一つは十分な軍糧の確保のためでした。肥料も政府の手に握られていました。台湾肥料は国営企業で、肥料と穀物との交換比率は、確か一対一・二だったと思います。一の肥料が一・二の米穀と交換されるというのは、肥料価格が高かったからで、アメリカ側も農家の方々もこれに抗議したため、その後、一対一、さらに一対〇・九にまで改められました。当時、農村復興聯合委員会から美援運用委員会に移り、政策意見を研究していた者のなかに、李登輝氏はまだ参加していませんでした。その後、李登輝氏はまた肥料と米穀との交換制度廃止を提案したところ、蔣介石総統に反対されたといっていますが、そんなことはありませんでした。彼が政務委員になったのは、民国六十年代（一九七〇年代）のことで、当時この政策論争自体ありませんでしたし、それに蔣介石総統はその頃ちょうど病気がかなり重くなっていたので、問いかけること自体できませんでした。

戴国煇　確かにそうです。当時、食糧問題は非常に重要で、これはまた糧食局長の李連春氏の方が、農林庁長の徐慶鐘氏より「花形」であったことの理由でもあります。李連春氏といえば、笑い話があるんですよ。当時、李連春氏が日本に穀物を売って肥料を輸入しようとしたのですが、どうしてだかわかりませんが、恐らく彼の計算ミスでしょう、なんと日本に十倍もの穀物を輸出してしまい、米価急騰の騒ぎになってしまったのです。蔣介石総統は非常に立腹し、李連春氏に説明を求めたところ、彼が何のかんのと言い訳をするので、ついに総統は「你槍斃！（チャンビー＝銃殺だ）」と叫びました。執務室を後にする時、李連春氏は驚愕のあまり全身が震えたほどだったのですが、結局、何事もありませんでした。総統がいった言葉は、寧波なまりの「你強弁！（チャンバン＝強弁だ）」だったのです。この話は徐慶鐘氏が教えてくれたのですが、じつにおもしろい話です。

「台湾独立」の幼さ

最近、日本のマスコミの友人から電話があり、二〇〇〇年一一月一五日付けの『読売新聞』に載っていた「李登輝前台湾総統」という記事を読んだかと尋ねられました。普段、私が読んでいるのは『朝日新聞』だったので、読売の河田卓司台湾支局長に頼んで記事を手に入れて読んだところ、なるほど友人が数年前の李登輝氏と司馬遼太郎氏との対談に疑問を抱くわけだと気づきました。

李　彼（蔣経国）が病気になってからは一ヵ月に一度ぐらいしか会わないこともあったけれど、そのとき話したことを書きつけておいたノートがあるんです。いまはまだとても発表できませんが。しかし、蔣経国さんが私を彼の後継者にしたかったどうかははっきりしない。

司馬　なるほど。

李　彼はあれだけの病気でいながらも、自分がここで終わるとは考えてなかった。だから、臨終の親が息子にいろいろなことばを残していくような言葉は出なかった。

司馬　曖昧だったんだ。

李　曖昧です。あの政治状況のなかで、もし蔣経国さんがおくびにでも出せば、おそらく私はたたきつぶされていたかもしれない。私だって、だれを次の総統にするかなどということは言わない。

（『台湾紀行』四九九～五〇〇頁）

この部分と、『読売新聞』のインタビューでの発言がまったく違うのです。いったいどうなっているのでしょうか。この日本のマスコミの友人は、政治家が「不言」なのはかまわないが、不正直であってはいけないとして、「嘘をつけば国民の信頼を失い、さらには国際的な信用も失います。何事にも敏感なミスター民主主義の李登輝氏に、こんな当たり前のことがわからないのでしょうか？」といっていました。

私は答えるすべもなく、ただうなずくだけでした。『読売新聞』にはこのように書いてあります。

李氏は「これは家内以外には話したことはない」と前置きし、「あの瞬間」について語り出した。八四年二月十五日朝。国民党政権の要人が台北郊外に一堂に集まっていた。国民党の第十二期中央委員会第二次全体会議（二中全会）。李氏は当時、台湾省主席。党の中央常務委員の一人として最前列に座って開会を待っていた。

開会二十分前、蔣経国総統（当時）の秘書が「総統からお話があります」と告げた。李氏は何だろうと思いながら、蔣氏の控室に入った。体調不良でベッドで休んでいた蔣氏がおもむろに言った。

「今度の総統・副総統選挙で、あんたを副総統に指名する」

あるいは、退任を目前に控え、一時的な「開放感」を感じたのか、総統官邸で、李総統はまた「日本教」の教徒の代表たる蔡焜燦氏に、自身の秘密を漏らしています。『台湾の主張』の著者名のローマ字表記を、北京語発音の「Lee Tung-hui」から、台湾語発音の「Lee Teng-hui」に直したというのです。そして、この書き換えの意味するところは中華人民共和国と中華民国を「二つの国」に分けるための一種の別れのしるしにほかならないといっています（日本教文社『台湾人と日本精神』一九九九年七月一五日二二〇頁）。

これはおかしな話です。私は、『中華民国名人録』（Who's Who in ROC）などの英文の人名録を調べたのですが、「二国論」発表以前、さらには司馬遼太郎氏との対談より前に、李氏は自分の名を「Teng-hui Lee」或いは「Lee Teng-hui」と表記していたのです。それどころか、曾文惠夫人が夫の李氏の還暦祝いに製作した『台湾農業経済論文集』(Agriculture & Economic Development in Taiwan Volume 1,2 一九八三年一一月)の三冊中、二冊の著者の英文名は「Lee Teng-hui」か「Teng-hui Lee」になっています。蔡氏のいう「秘話」とはいったいどこから出たものなのでしょうか。「台独」を画策したいとしても、ここまで子供っぽい方法じゃなくてもいいいんじゃないでしょうか。

〔注〕

林洋港・郝伯村組　元国民党非主流派の総統、副総統候補(選挙選では無所属)。

陳履安・王清峰組　無党派の総統、副総統候補。

彭明敏・謝長廷組　民進党の総統、副総統候補。

黒金　暴力組織と癒着した金権。

中央研究院　国立の学術研究機関、一章の注参照。

国家発展会議　一九九六年十二月に開催。民主化後の台湾の政治改革のコンセンサス作りのため李総統が召集。国民党、民進党、新党の代表と無党派代表、行政官僚、学識経験者ら一六九名が憲政体制と政党政治、両岸関係、経済発展の三つの分科会で討議し、一九二項目のコンセンサスが得られた。

国是会議　一九九〇年の民主改革を求める学生運動に応えて召集された、民主化プロセスを決めた会議、三章の注参照。

凍省　台湾省政府組織の凍結~解体。「凍」は凍結の意。台湾の地方行政組織は台北市と高雄市の両直轄市と、両市以外を管轄する台湾省(省政府所在地は南投)に分かれていたが、うち台湾省政府を解体し、行政事務全般を一段階下の行政機関(各県政府、市政府)に委譲したこと。現在、台湾省政府はなく、台湾省長は内政部長が兼任している。

白暁燕さん事件　人気タレント白冰冰さんの一人娘暁燕さん（一七歳）が誘拐され、多額の身代金を要求された上、殺害された残虐な事件。暁燕さんの父親は劇画作家の故梶原一騎氏。

行政院長任命の同意権の取消し　行政院長は総統が指名し、立法院の同意を得て任命されることになっていたが、立法院の行政院長への同意権を取消した。

国民大会権限拡張　歳費を含めた予算や組織、職権行使などを自己審査のみで（外部の機関のチェックなしに）承認できるようにとしたもの。が、反対する世論に押し切られ、結局通らなかった。

千島湖事件　中国浙江省の観光名所千島湖を訪れた台湾観光客二十四人が、遊覧船のなかで強盗に惨殺された事件。中国当局は当初船上火災事件扱いし、台湾人遺族や記者の現地入りを認めないなどの対応をとったため、台湾側の不信感が募った。

文攻武嚇　文書による攻撃と武力による威嚇という意味。総統選挙前に行なわれた大陸側の台湾海峡に向けたミサイル発射演習と、その前後の大陸側の言動を指している。三章の注参照。

江八点　江沢民による八項目の提案。・「一つの中国」原則に違反するものに断固反対・民間レベルでの対外経済・文化関係は容認、国際政治における活動は反対・「一つの中国」原則に基づく政治的交　渉（談判）の推進・台湾同胞ではなく台湾独立勢力に向けられた武力行使の可能性堅持などからなる。三章の注参照。

甲等特別試験　政府高官の子弟が多く受験した特別高級公務員試験。

僑務委員会　行政院所属の委員会。華僑に関する行政事務を管掌。

中常委員　中央委員会常務委員。国民党中央委員会は①党務の処理、②党の全国代表大会決議の執行、③各級党部の組織と指揮、④党幹部の養成と管理、⑤党経費の調達や分配、⑥党紀律の執行などをその任務とし、対外的には党を代表する。常務委員は中央委員の互選により選出され中央委員会総会の会期終了後、具体的にその職務を執行し、中央委員会に対して責任を負う。

総統府資政　最高顧問に相当。

中央幹部学校　蔣経国によって重慶に設立された国民党の軍政治幹部養成の機関。その後、中央政治学校と合併して現在の国立政治大学となった。

救国団　中国青年反共救国団。青少年の動員を目的として一九五二年に設立された国民党の外角団体。かつては高校や大学で軍事教練を担当していたが、その後、文化、体育、レクリエーションに重点を移動。

政治作戦系統　軍における政治工作体系。主な任務は中国大陸への政治作戦、部隊内での政治教育、防諜活動、宣伝活動、人事への参与など。

政務委員　国務大臣に相当。

抗議　彭明敏の女性関係が問題視された。

政治研究所　「研究所」は大学院。

台湾自救運動宣言　国民党政権打倒を呼びかけた宣言。一九六四年九月に台湾大学法学部教授だった彭明敏が教え子の謝聡敏と魏廷朝とともに作成、配布しようとしたが、印刷所の主人に密告され、三人は逮捕、投獄された。その後、在日の台湾独立運動雑誌『台湾青年』に掲載され、海外在住の独立派の人々に流布した。

蒋匪　蒋介石を「匪賊」（盗賊）と揶揄した造語。

共匪　国民党政権の共産党に対する蔑称。

成功中学の高二　「中学」は「初級中学」と「高級中学」からなり、前者は中学校に、後者は高校に相当。

「二国論」の提出　一九九九年七月九日、ドイツ対外公共放送「ドイチェ・ベレ」のインタビューのなかで初めて語った。二章の注参照。

美麗島系　民進党内の派閥。

台湾綜合研究院　民間のシンクタンク。二章の注参照。

新店　台北郊外の地名。

釣魚台　日本では「尖閣諸島」。北京、台湾、日本がそれぞれ領有権を主張している。

美援運用委員会　「美援」は「アメリカによる援助」の意味。一九四八年に設立。行政院長と若干の閣僚から構成され、米国援助計画業務の実施を担当した。

第五章　新政権を望んで

二〇〇〇年三月一八日、全世界が見つめるなか、結党十三年の民進党が政権を奪取した。「ミスター民主主義」李登輝氏の夢―政権交代―がついに実現したのだ。けれども、満身創痍の憲政体制と八方ふさがりの大陸政策、これらは陳水扁氏にとって痛苦に満ちた重荷となり、影となった。そしてそれが新政権成立後の政治、経済の混乱をもたらし、市場の危機を生み出そうとしている。

戴国煇氏と王作栄氏は財政経済、とりわけ李登輝時代の「黒金」が生み出した後遺症に焦点を絞り、新政権がいかに対処してゆくべきかを語った。

［編者］二〇〇〇年三月一八日は台湾にとって特別な意味を持った一日となった。全世界が見つめるなか、「ミスター民主主義」李登輝氏の夢―政権交代―がついに実現したのだ。この日、結党十三年の民進党が政権を奪取し、李登輝氏はその十二年の政権にピリオドを打ったのである。

李登輝氏は国民党の人々の怒りの声のなか、党主席辞任を宣言し、連戦氏は政治家人生の大きな谷間で国民党主席の座についた。宋楚瑜氏は国家発展会議を経て、辛く苦しい政争の渦のなか、高得票ながら次点に泣き、新党「親民党」の結成を宣言した。そして、陳水扁氏、この五〇歳にもならない新世代のリーダーは、支持者の熱狂的な歓声のなか、政権を奪取して、世紀を越えた、国のリーダーとなったのである。

好むと好まざるとに関わらず、これは蒋経国政権の末期から民主主義を急速に進めた成果である。この結果に対し、李登輝氏は『アジアの知略』のなかで、こう述べている。「民進党で台湾人を代表する野党の候補・陳水扁氏が四百九十七万票を獲得して、国民党の連戦候補に二百五万票の大差をつけて当選した。また『外来政権』を代表する候補に小差で勝利したことは、まさに危機一髪の天意によるものであった」（光文社『アジアの知略』二三八頁）

李登輝氏は何らはばかることなく、国民党員のわずかばかり残った彼に対する信頼を徹底的に粉砕した。李登輝氏の定義において、入党三十年の彼にとっての国民党はいまだ「外来政権」なのである。それでいながら、彼みずからが選んだ「後継者」は結局「台湾人の代表」とはいえない候補者であった。かつて彼が権力を固めるのを助け、先頭をきって闘っていた宋楚瑜氏も、結局は「外来政権」（国民党）のしっぽである。李登輝氏は真実の告白において、彼に栄誉と権力を与えてくれた国民党を否定し、連戦氏が党の正統を受け継ぐことも否定した。

彼は邱永漢氏との対談中、さらにこう語っている。国民党に対して自分は、すでにいかなる任務も存在しない、自分にとってこの巨大な政治マシーンはすでに必要ではなくなったのだと（『中央公論』二〇〇〇年十月号）。

李登輝氏は国民党と徹底的に一線を画した。彼の国民党との絶縁は、連戦氏が選挙戦を通じて背負い続けた重荷を、その肩から下ろしてやることになった。そして、彼のお気に入りである陳水扁氏は、好むと好まざるとに関わらず、かつて連戦氏を苦しめた重荷と影を引き受けることになったのである。

第一に、満身創痍の憲政体制がある。十二年の李登輝政権における六回の憲法修正は中華民国憲法の姿を根底から変えてしまった。国民大会と台湾省政府は有名無実となり、民進党は台湾省政府組織の凍結・廃止を行政院長の同意権取消しと交換するという政治取り引きをした。省政府廃止の理由は行政の効率化だとしながら、効率はアップするどころか、一九九九年の台湾大地震後の復興は遅々として進んでいない。陳水扁氏の新総統就任後、国民党の前国防部長の唐飛氏を行政院長に任命して組閣させたが、八掌渓事件*が発生し、政府の緊急事態システムはまったくの無政府状態であることが露呈した。陳水扁氏が副院長の游錫堃氏を更迭することで、唐飛氏は一時的にはその座を守ることになったが、これが陳氏と唐氏の間にしこりを残すこととなった。そして民進党の張俊雄氏が行政院長に任命された後も、被災地の学校再建案は相変らず宙に浮いたままで、張俊雄氏を激しく怒らせた。また職場を失った数千人の台湾省政府職員の異動先はまだ未定で、彼らの苦しみがさらに長く続くこともいうまでもない。

行政効率自体は小さなことだが、憲政体制の停滞は大事である。国民大会を凍結・廃止し、数度にわたる憲法修正で行政院以外の各院の人事同意権を国民大会に与えながら、今度はそれをすべて立法院に移譲し、行政院長の同意権も取消し、総統が国会を解散する権利もなくなった。憲法修正当時、かつて民進党は「このような憲政体制のもと、国会の多数党による組閣を行なわないのは愚か者だけだ」といったが、陳水扁氏の得票は過半数に届かず、民進党は国会における少数与党となり、国民党との協調内閣を組閣しなければ、陳唐（陳水扁・唐飛）体制のもとでの「全民政府」は通らない。唐飛氏辞任後、陳張（陳水扁・張俊雄）体制のもとでの「少数与党政府」は、さらににっちもさっちもいかないようになり、張俊雄氏が原子力発電所第四プラント建設中止を発表すると、野党は反陳の同盟を結成し、政局は危うい局面を迎えることになった。野党が倒閣しなくても、民進党は打つ手を見出しかねていた。李登輝氏が得意満面で「三、四十年はいける」と語った新憲法体制は、まったく試練に耐えることなく、わずか半年にして再び民進党政府による憲法修正の声を招いたのである。

第二は大陸政策である。李登輝氏は退任後のインタビューで、みずからの提出した「特殊な国と国との関係」は、国際社会における「一つの中国」が中華人民共和国を指すのだという思い込みを打破し、さらに「台湾は中国大陸を離反した一省であるという考えに『ノー』を示すのだ。我々が強調したいのは、我々はすでに憲法を修正したということである。台湾省はすでに存在しないのだ」ということを表明するためのものであったと語り、台湾省の凍結・廃止は行政効率のアップのためという嘘を、みずから暴いて見せた。李登輝氏の青写真において、新憲政体制は、中華民国が台湾において独立して存在しているという主権の事実を補強するものであり、「体制を『新共和』とすれば、台湾の民主化はすぐに実現できる」とも語っている。彼の論理が正しいのかどうかはひとまず置くとして、直接選挙による総統選挙は、直接民主主義の政治改革を台湾に実らせたが、これと台湾省凍結・廃止とは何ら関係ない。さらにおかしいのは、国民党主席であり中華民国総統でもある李登輝氏が、台湾独立論者の「台湾地位未定論」を受け入れていることである。邱永漢氏との会談によると、彼の考え方はこうである。「(上海での辜振甫氏と汪道涵氏の二回目の会談で)辜氏は『ポツダム宣言』と『カイロ宣言』に言及し、日本がこの二つを受け入れ、サンフランシスコ条約で台湾を放棄したが、台湾がどこに返されたのかは明言していない。このことについて、台湾の人々は台湾の主権がどこに属するのか確定していないと解釈している」（李登輝・邱永漢対談）。李登輝時代が終わる前に、彼は両岸関係のあり方を「固定」させようとしているが、これは陳水扁政権の大陸政策の困難度を深めさせるものにほかならない。

すなわち、第一に、国際的な圧力が高まる点である。そのため陳水扁氏は選挙戦前から就任演説に至るまで、アメリカの支持を取り付けるため明確な態度をとらされた。しかし陳水扁氏が圧力を受けていることが、李登輝氏には経験不足に見え、彼はその軟弱さを嫌った。第二に、李登輝氏が陳水扁氏に残した大陸政策ブレーンは、イデオロギー的に李氏に近く、陳水扁氏が国家統一委員会*を再開しようとした時、大きな抵抗力になり、また与野党の「九二年共通認識」*の有無や、国家統一委員会と跨党派小組*との役割分担をいかに見直してゆくべきかについても議論がやまない。二〇〇一年元旦に発表された年頭あいさつのなかで、陳水扁氏は、両岸は善意を基調にするべきだと述べ、国家統一委員会と跨党派小組の提言に対して、前向きに応えてゆくと語った。また同時に「小三通」*の実施に引続いて、李登輝政権下の「戒急用忍政策」*を見直して両岸の経済貿易関係をより進めることを表明し、状況はやや緩和されたのである。

けれども、その半年で政局は混乱し、政治経済は悪化の一途をたどった。株価はたびたび下落し、台湾ドルも下がって、政府の四大基金*は損失が続いた。そして国家安定基金*の介入も功を奏さず、株価指数は八〇〇〇ポイントから四〇〇〇ポイントへと大きく下がり、一九九六年の総裁選前後の、大陸のミサイル演習による株式急落時より悪化した。国民資産は目減りし、それがさらに民進党政権に対する信頼感にも影響して、陳水扁総統の支持率は四割にまで低下した。陳水扁氏にとって、みずからのリーダーシップを打ち出すことは、きわめて大変なことになってきている。対談の時間には限りがあり、先に李登輝氏から陳水扁氏にかけての大陸政策についていろいろ述べたので、本章では焦点を財政経済問題に絞り、とりわけ李登輝政権時代の「黒金」横行による後遺症を取り上げて。陳水扁氏がいかにこの問題に対応していくべきかを語る。

バブル経済

王作栄　現在、二つの経済問題があります。一つはバブル経済であり、もう一つは産業構造の転換です。バブルはどこから来たのでしょうか。これまでの台湾経済は順調に発展を続け、各業界は繁栄して、人々は豊かになりました。豊かになって銀行預金以外に投資や投機で財テクをしてきたわけで、その投資対象は株式か不動産です。投資が人の性ならば、投機は人の習い。それによって互いに繁栄してゆくのです。

けれども、両者はともに、借りてきた金を運用して利益を上げるもので、銀行に対して信用超過状態を引き起こしました。土地取引で利益を上げている者には、正しい経営規模を守っていない輩も多く、暴力団と関わりがある者も少なくありません。これがいわゆる「黒金問題」の存在や政治と企業の癒着を生んだ理由であり、国民党の少なからぬ幹部はこれで大金もうけをしたのです。これらの人物が「黒い金」をもうけ、選挙を経て国会議員となり、国会の議事に関われば、政府予算の運用も彼らとの関わりを否定するわけにはいきません。

李総統の最大の問題は、これらの状況をよくわかっていない点です。総統本人が不動産投機をすると は限りませんが、彼が禁止をしないために、状況はさらに悪化しています。不動産投機をしている財閥 には総統の友人が少なくありません。こうして国民党は「利益共生体」となり、バブルが膨れ上がっ て、いつはじけてもおかしくない状況に来ています。不動産価格の高騰に、市場が適正な機能を果たせ ずにいたら、最後は破滅的状況になるでしょう。株価も同様です。株価指数が八〇〇〇ポイント、ある いは一万ポイントに上昇しようとしていますが、これも適性価ではなく、膨れあがったバブルにほかな りません。

経国先生は政府幹部と財界が接近することを絶対禁止にしていましたし、食事も一緒にさせませんで した。いまや財閥の不動産は売るに売れない状態だし、一般の市民もわけがわからないまま株式市場に 引きずられ、やはり売るに売れない状態になってしまいました。さらにひどいのは政治と企業の癒着 で、彼らは民営銀行設立の規制緩和後、やたらと銀行をこしらえて、自分の金が底をつくと銀行を引っ 張り込んで来る。こうなると今度は降りるに降りられなくなるわけで、新政権発足後もこの問題はすぐ には解決できないでしょう。今では上は銀行や保険会社が財閥の金庫になり、下は農会*信用部や信用 合作社*などが暴力団の金庫に成り下がっていて、まったくめちゃくちゃです。

産業構造の転換も大きな問題です。かつての伝統産業、つまり紡織、機械、プラスチックなどは、こ れまで非常に順調に発展してきましたが、経済構造の転換という世界的な趨勢を避けることは難しく、 科学技術、電子、情報産業が登場するや、自然に斜陽化してしまいました。高度科学技術の発展はよい ことですが、その過程では産みの苦しみに耐える必要もあります。伝統産業は休停業を余儀なくされま すが、なかには台湾プラスチックのように一部を大陸市場に進出させたりして、経営改善や規模拡大にシフトするところもありますし、食品や小型紡織などもまだまだやっていけるでしょうが、国内にも国外にも市場がないものは、もう経営を止める以外だめでしょう。失業率も上昇します。とくに中高年の失業率が高まりますが、彼らが労働スキルを構造転換に合せるのは難しく、労働市場において陶汰され、構造転換の犠牲者となるしかないでしょう。

この二つの問題は、ある意味、よいことでもあります。バブル経済は経済の高度な発展があったからこそのもので、日本と同じなわけです。一九九七年の東南アジアの通貨危機もバブルでした。それも爆発的なバブルで、ほとんど壊滅状態となりましたが、現在はゆっくりと回復しつつあります。日本は「爆発」しませんでした。一九九〇年から始まり、爆発も好転もせず、問題は先送りにされ続け、日本経済は死亡も蘇生もせずに昏睡状態といったところです。というのは、日本政府は経済を何とか救おうと、問題を爆発もさせなければ、徹底解決もさせなかったんですね。台湾は日本の道を歩んでいます。爆発も、徹底解決もしない。けれどもこれはかえってよくありません。日本を反面教師として、爆発はさせないが、何とかして徹底解決をはかるべきで、問題を先送りにしてはいけません。とくに暴力団との関わりがあるもの、急激に発生したものに関しては、陶汰させてしまうべきです。

戴国煇　日本がバブル経済の頂点にあった頃の株価指数と現在の指数とを対比させたり、あるいは対照させたりして、台湾の株式市場の適切な基礎指数を計算してみたらいいのではないでしょうか。日本経済は完全な自由競争ではなく、適度に管理されています。大企業と大企業は互いに株式を持ち合っており、アメリカはこのような状況を変えよと強く要求しています。将来的にはEU市場もアメリカに対する圧力となるでしょうが、現段階では、アメリカは日本経済と大陸の経済が結びつくことを心配しています。彼らはアメリカの価値観が世界的な価値観となることを望んでおり、西側社会とリンクするなら、資本主義市場のルールに合せなければならないと考えているのです。

日本は当時、ほかに投入する先がないため、確かに資金は株と土地に流れ込んだのですが、株や土地には付加価値はなく、それによってバブルが生じたのです。これは一九九六年に何度かいったことですが、李総統が大陸経済は不安定で、人民元は必ず切り下げられるといい続けるので、私は大陸当局は絶対に人民元切り下げをしないといったのです。切り下げの有無に対して、二つの意見があるわけですが、大陸の指導者が切り下げを行なわない理由も考えてみなければならないのに、我々はこちら側でマイナス面ばかりに目が行ってしまう。が、それは間違っていますよ。

それからもう一つ。台湾の領土には限りがあり市場規模も小さいのに、どうしてこんなにたくさんの銀行が存在しうるのでしょうか。新銀行設立ができるようになりましたが、規制が少なく、問題はますます大きくなってきています。また、台湾の株式は国際的に見ると上場基準を満たしているとはいえません。が、台湾の人々はおかまいなしで、株式市場に群がっています。この点、李政権は責任を負うべきです。自由市場である株式市場で、株価上昇はいいが、下落は許されないなどという文明国家がどこにありますか。国家安定基金は、建前上、大陸の「文攻武嚇」のためと称していますが、本当は政治と企業の癒着に利するガードとなっているのです。

政治と企業の密接な関係

王作栄　李総統は国内のことにはあまり興味がないようで、唯一興味があるのは選挙に勝つことぐらいで、対外的には大陸とやり合うことにエネルギーを使っています。財政経済関連の高官が財閥の利益の邪魔をすれば、直接李総統にいいつけるだけで、事実の如何にかかわらず李総統は政務官の方を叱責するのですから、財閥は大喜びですよ。王建煊、郭婉容、林振国氏ら、ここ数年の財政部長はみなこうして辞めたわけで、財政経済の専門性は尊重されるべきです。李総統がリーダーしてこのようなやり方をするのですから、後継者は誰も財閥に物申すことはできません。彼はこの責任を負わなければなりません。李総統は相手がまっとうな経営者であろうとなかろうとおかまいなしに、財閥と仲良くしすぎです。

戴国煇　日本の三井グループが訪台した時、私もレセプションに招待されたのですが、台湾側はほかにも辜振甫氏、劉泰英氏、高島屋と国瑞自動車の代表も来ていました。その時、三井の社長が辜振甫氏にこんなことを言いました。「あなたがたは不振の産業を中国大陸に移すことができて、じつにうらやましい。我々はどうしようもありませんよ」。これは大陸市場に進出したくても、まだまだ難しいという意味です。退職後台湾に帰ってきた時、李総統が海南島＊開発への参加を考えていることを知り、私は海南島に行ってきました。すると、向こうのホテルに滞在しているのはみな台湾人ビジネスマンばかりで、海口市のあたりには空家もたくさんありました。ほとんどが国民党の民意代表＊が銀行から資金を借りて建てたが買手が見つからなかった物件ばかりです。三井がうらやましがっているのは、台湾人ビジネスマンは大陸では「入って而して自得せざるはなし（無入而不自得・君子はどんな境遇にあっても安んじていられる）」という点で、日本は自分で何とかしなければならないんですね。

王作栄　一番ひどいのは国民党の政治と企業との癒着構造です。とりわけ党営事業がひどい。すべては李総統に自覚がなく、禁止していないからです。財閥は蒋介石元総統には近づくこともできなかった。蒋経国元総統もこの癒着を非常に嫌っていて、みずからが企業家に近づかなかっただけでなく、部下たちにもおかしな関係になるなと禁止していました。平均すると、以前の政務官たちの方がずっとクリーンでしたね。

戴国煇　公平に見て、政権交代の後の経済問題について、すべて新政権が責任をとるべきだとはいえません。何といっても彼らは政権についたばかりなのですから、問題の多くはすべて李登輝政権の置き土産です。新政権が責任を持つべきは、その解決に向けての方法を見つけることですが、それがまだできていません。ただ、陳水扁総統にもそう多くの処方箋はありません。財政部長も国民党政権時代からの人物で、陳総統も信頼しきっているわけではありません。結局台湾プラスチックの王永慶会長に登場を請い、財界人による朝食会を召集してもらって新政権の財政経済に対する提言を集めました。これは非常に興味深い進展です。

旧政権下、王永慶氏と辜氏一族は基本的に対立的立場にいました。けれども辜振甫氏は体調も思わしくなく、民進党との関係も王永慶氏には及ばなかったため、新政権においてはその主導権を失い、その後に王永慶氏が登場してきたわけです。その理由のひとつは善意であり、もう一つは自社の発展のためです。李登輝時代の「戒急用忍政策」はいろいろな意味で、台湾プラスチックを制する形で出てきたものなのです。台湾と大陸との競争では、経済以外に台湾が優勢なものはないのですから、王氏としてはその強みで「戒急用忍政策」見直しの影響を望んでいるのでしょう。

カギとなる課題―両岸政策

経済から大陸政策まで見てきましたが、これはともに李登輝氏が残した問題でもあります。ただ、陳水扁総統はどう考えているのでしょうか。今現在、まだわかりません。が、李登輝氏の「二国論」は完全に破綻しています。中国はこれを受け入れませんし、アメリカもこれにより李登輝氏をトラブルメーカーと見るようになりました。二十一世紀の世界的潮流を展望するに、日本、朝鮮半島、中国は定期的な話し合いのメカニズムを形成しており、マレーシアのマハティール首相は欧亜鉄道敷設を提唱しています。中華経済圏に東南アジア市場を加えたこの大規模なアジア太平洋市場の発展に際し、もし台湾が機会を失したとしたら、競争に参加する持ち駒がないのと同じです。民進党が「時」というものは台湾の側を流れていると思っていたら大間違いでしょう。アメリカは、政権交代後も引続き「一つの中国」という政策の柱には変化はありません。二〇〇一年には両岸は同時に、あるいは前後してWTOに加盟*する運びとなりそうで、この枠組みのもと、台湾は世界競争に参加するためのカードを握り続けていかなければなりません。そのため、大陸政策は二〇〇一年の春までには明らかになっていなければならず、この大きな方向について、国の指導者たる陳水扁氏はしっかり見定めていかなければならないでしょう。

米中台の三者関係は建前の論理に過ぎず、本当のところではアメリカは東北アジアの管理者を自認しており、台米関係は対等なものではないのですから、どんな「関係」がありえようというのでしょうか。陳水扁新政権のブレーンには国際政治の現実がまだよく見えていないようです。彼は自らが中国人であることを認めず、自身を華人であると言っていますが、台湾人は華僑ではないのですから、どうして華人などといえるのでしょうか。民進党の謝長廷主席は中華民国憲法のなかの「一つの中国」の枠組みに立ち戻るべきだと主張してますが、李登輝氏の「二国論」が憲法に明記されなかったのは幸いでした。でなければ、「憲法中の『一つの中国』の枠組みに立ち戻」りようがありません。万一、本当に憲法に明記されてしまっていたら、台湾海峡はとっくに火の海になっていたでしょう。この点において、絶対に中国を甘く見てはいけません。ミサイルが飛んできたら、台湾の株価は激落し、企業は台湾から撤退するでしょうから、あまり多くの代償を払うことなく台湾を惨状に陥れることができるのです。王永慶氏ら財界人が「戒急用忍」の見直しを要求していますから、「三通」も実現するでしょうが、「三通」後にどう現状を維持してゆくつもりなのでしょうか。あるいは中華民国憲法に立ち戻るのが唯一残された道なのかもしれません。

私はかつてこのような主張を書いてきました。中華民国の民選総統は、絶対多数の支持を得て当選しなければならないと。それがまたアメリカが受け入れられる政権でもあります。わずかの差による相対多数の権力基盤は安定しません。現在の状況を見るに、私のこの予想は残念ながら的中してしまったようです。

李登輝氏はかつて、心から単一国会を備えた総統制を目指そうとしていましたが、人の考えには限りがあるもので、今では憲法修正が山ほどの問題を残してしまいました。

李登輝氏が当時、国家統一委員会を設立したのは、善意からのものだったと思います。これは主に「動員戡乱時期臨時条款」＊の廃止に対応するもので、これによって中国政府に対して善意を表明することで、中国の前向きな反応が得られることを希望していたのです。ただ、中国政府はそこのところをわかってくれなかった。あの時アメリカが第七艦隊を出動させなければとっくに台湾を解放していたのに、というのが中国の考え方なんですね。このほかにも、中国大陸の人々の西側帝国主義に対する嫌悪は李登輝氏の理解を超えており、彼らの民族主義的な感情という要素について、李登輝氏は予測していなかったのです。日本は中国に対して過度な遠慮をする必要はないし、中国侵略に対する中国側の謝罪要求にかまう必要はないと李登輝氏がいうたびに、中国の人々の気持ちは深く傷つけられているのですが。

王作栄　王永慶氏はたしかに国民党政権に好感を持っていなかった。それは蔣経国氏存命の頃からすでにそうで、彼は国民党も経国氏も嫌いかつ怖れていたのです。李登輝時代になって少しよくなりました。恐くはなくなったと。でも好感はもっていない。李登輝氏は王永慶氏が好きじゃないし、王永慶氏も李登輝氏が好きじゃないんですね。私は王氏がこういっているのを聞いたことがあります。「李総統と会うといつも向こうが一方的に喋るばかりで、私は口を開くこともできないんです。ある時などは、石油化学工業をいかに発展させるべきかについて長広舌をふるわれましてね。私は何もいえず、心のなかであんたと私と石油化学工場に詳しいのはどっちなんだいと思いましたよ」って。

劉泰英氏によると、李登輝氏が第九代の総統選挙に出馬した時、王永慶氏は一銭も出さなかったそうです。二〇〇〇年の選挙で、彼が連戦氏を援助したかどうかは知らないのですが、陳水扁氏の方に援助をしたのは確かです。彼はもともと「外来政権」たる国民党に対して不満があることを隠していませんでした。とりわけ、国民党が台湾接収後、一千余りもの事業をすべて国営としてしまい、民間企業が生き残る機会を奪ってしまったことについて、これは本当によくないことだったといっています。陳水扁氏の路線に対しては満足しているようですが。

李登輝氏が残した両岸政策の重荷について語りましたが、あの時、李総統が国家統一委員会を設立したのは、経国先生の遺志を誠心誠意継承し、両岸のこじれた関係を解きほどくためのものであったと私は信じています。李登輝氏は中国が台湾を統一することは望んでいないが、少なくとも反発しあうことはなくしたいと思っていたはずで、この気持ちは疑う余地はないでしょう。彼自身、自分は台湾独立派ではないといっています。ただ、その後次第に極端になってきているんです。そこには何か理由があるはずで、もしかしたらこれは政治ミステリーになりますよ。

陳水扁は自分の道を行くべし

陳水扁氏が後任の総統になりましたが、これには李登輝氏の少なからぬ助力があります。陳水扁氏は彼に相当感謝しないといけません。陳氏は自分が少数与党の総統であることを知っており、まだまだ李氏の政治力の助けが必要です。李氏側もまた喜んで彼を助けるでしょうから、両者は非常にマッチした関係といえるでしょう。李登輝政権後期の台湾独立指向のスタッフは、陳水扁路線にも合うため、両者の協力には無理がありません。双方のイデオロギーが近いわけですからね。新政権の大陸政策ですが、カギは陳水扁その人でしょう。陳氏の戦術は非常に実際的です。が、適当なお題目を唱えながらも、その核となる思想は台湾独立指向です。中国に妥協するようなことは絶対にないでしょう。現在の民進党の主流派は基本教義を指向しています。このような政治勢力の結合は、権力さえあれば、形についての変更はあっても、その方向自体が変わることはないでしょう。たとえば「一つの中国」について若干の妥協を示すことがあるでしょうし、自分を中国人だと認めるかについては、早晩立場を表明しなければならないでしょうが、この点でも妥協することはできるでしょう。「三通」開放への圧力は増しており、実現は必至です。この流れを止めることはできませんし、企業だってそうそう言うことを聞かないでしょう。

戴国煇　大企業の経営者と権力者との関係について少々補充します。王永慶氏は辛振甫氏に対して心中不満をもっていますが、それについて明かしたことはありません。彼らの経歴はあまりにも違います。辜振甫氏は日本の東京帝国大学に留学し、学問があり、名家出身です。王永慶氏は学歴こそありませんが、無一物から今日の身代を築いた、いわば台湾の松下幸之助です。創業者というのはじつにずば抜けた人物であり、非常に強い個性の持ち主でもあります。辜振甫氏は国民党や李登輝氏と密接な関係を持っていますが、王永慶氏の台湾プラスチックは何といっても堅実な製造業です。王永慶氏の李登輝氏に対する見方ですが、おそらく彼は李氏を政界のラッキー・ボーイだと見ているのでしょう。彼らの世代は互いに複雑な思いを持っているのです。

もう一人、特筆されるべき人物がいます。張栄発氏です。李登輝氏が張栄発氏と一時たいへん親しかったことは確かです。その後、二人は次第に疎遠になったのですが。李氏は任期後期に中南米のパナマを訪問しましたが、張栄発氏は同行しませんでした。張栄発氏は昔、海運業で成功しましたが、これは経国先生が李登輝氏を通じて彼にこの事業を託したからです。李、張両氏は非常に意気投合していましたが、李氏が第九代総統に選出されると、張氏は李氏に対してあまりいい感情を抱かなくなってきたんです。このもつれを、陳水扁新総統がいかに解いていくかですね。

［注］

八掌渓事件　豪雨による増水で河川敷の男女作業員四人が鉄砲水に襲われ、中州に取り残されたが、警察や軍隊の官僚主義的対応により、救助ヘリも来ないまま力尽きて流され、全員死亡した事件。三時間余も流されまいと互いに腕を組んだ四人と、川越しに多くの人が取り囲み励ます様子を、テレビカメラが撮影、放映したことから、大きな社会問題となった。

国家統一委員会　総統直属の諮問機関だが、李登輝政権中から「休眠」状態となっていた。

九二年共通認識　「海峡両岸がともに一つの中国の原則を堅持する」とそれぞれが口頭で表明するという海峡両岸関係協会（大陸側）と海峡交流基金会（台湾側）の一九九二年の共通認識。

跨党派小組　総統に提言を行なう超党派グループ。三章の注参照。

小三通　金門島・馬祖島地区に限定した「三通（通商・通航・通信）」。

戒急用忍政策　対大陸投資に対する抑制政策。「戒急用忍」は「急がず忍耐強く」という意味。

四大基金　公務員退職基金、労働者退職基金、労働者保険基金、郵政貯蓄。

国家安定基金　台湾経済が国際的に重大な衝撃を受けることを避けるため一九九七年七月に設立された基金。台湾はＩＭＦや世界銀行の会員国でないため、金融面での緊急事態発生などに際して国際機構からの支援を受けることができないなどの理由から設立された。基金規模は五千億元余りで、うち三千億元は郵政貯金、郵政生命保険積立金、労働者保険基金、労働者退職基金、公務員退職基金の五大基金から構成されている。

農会　農協に相当。

信用合作社　信用金庫に相当。

海南島　南シナ海の島。以前は広東省に属していたが、一九八八年に海南省に昇格し、経済特区となる。省都は海口市。三章の注参照。

民意代表　立法委員や国民大会代表など民意で選ばれた代表を指す。

ＷＴＯに加盟　二〇〇一年十一月に行われたＷＴＯ（世界貿易機関）の閣僚級会議で、台湾と中国のＷＴＯへの加盟申請が認められ、二〇〇二年一月一日より正式にＷＴＯの加盟国となった。

動員戡乱時期臨時条款　大陸との「臨戦態勢」に対応するための戦時条項。直訳すれば「動員叛乱平定時期臨時条項」で、超憲法的な法律であった。

第六章　知識人の選択

政治力があらゆる所に浸透している環境において、知識人が一つの姿勢を選択するのは困難なことだが、中国の知識人の場合はことにそうである。

李登輝氏と王作栄氏、戴国煇氏三人の関係は親密から疎遠になったが、社会でそのことについていろいろ議論があることを、王・戴両氏はよく承知している。それに対し戴国煇氏は、「たとえ恨まれても譏られても言わざるをえない」といい、王作栄氏は、「知識人は理念に忠実でなければならない、彼を信じていたからこそ支持したのであり、支持しなくなったのは彼を認識したからであって、別に悔いはない」といっている。

〔編者〕 政治力があらゆる所に浸透している環境において、知識人が一つの姿勢を選択するのは困難なことだが、中国の知識人の場合はことにそうである。中国の知識階級には「学びて優なれば即ち仕う」*という伝統があり、普段、天下は己が背負うべきであると自負しているが、封建時代においては、彼らは往々にして権力者の将棋の駒にすぎず、はなはだしい時は統治者の手段にしかすぎなかった。民主開放の時代には、知識人は充分な個人の空間を持つべきではあるが、不可避的に時の政治に関心を寄せ、政治の渦に巻きこまれ、進退窮まることになる。

中国大陸は百年の苦難を経ているので、知識人の境遇はいうまでもなく、惨酷な殺戮のなかで故なく命を落とした者は数えきれず、逃亡（もしくは流浪）は彼らの最良の状況であった。そして台湾の知識階級も同じような悲しい運命を背負わされていた。日本の統治時代、植民地政府の人心収攬政策のため、すぐには知識人に生命の危険はなかったが、学術の世界では制限を受け、植民者への卑屈と祖国を思う心の谷間で苦しみ、解放後、国民党政府が台湾に来たあとは、夢の幻滅を皮切りに、権力者が政権を固めることを専らとするもとで、独立的に物事を考えられる知識人は、暗闇のなか第一線で犠牲となった。三分の一世紀のあいだ、台湾は政治的発言を厳格に禁じられた特殊な地帯であった。

知識人の選択肢は多くなく、いいたいことをいって牢に繋がれるか、あるいはおとなしく服従して権力者の意志を呑み込むか、もしくは、時には批評はするが「体制内の批評」の忠誠をつくすか、さもなければ、台湾を離れて根なし草のように遠く海外に流れ、台湾島内の一挙一動に注意をはらうが、感情を抑制して、世を憤ったり自暴自棄に陥らないように注意しなければならなかった。

柏楊氏はその典型である。彼は火焼島*に長年拘束されたが、老年になってその島に再び戻って、涙をこらえつつ人権記念碑を建てた。それにもかかわらず、彼は権力者に妥協して、人権を記念することだけが許され、涙をこぼすのを我慢しなければならなかった。

彭明敏氏もその典型である。彼は日本の兵役を逃れて米軍の爆撃で片手をなくし、やがて政治的スターにされようとする矢先に、政治的理念によってそそくさと台湾を離れ、数十年間国に帰れなかった。同様に、歳月は人を許さない時期を経て、彼は権力者の上座の客とはなったが、彼の時代は過ぎて永遠に過去のものとなった。

　李登輝氏もその典型である。彼は若い時は中国に憧れる左翼傾向の進歩的青年であり、日本の統治時代、家庭の事情から植民地政権には悪感情を持たず、日本名に改め、日本に留学し従軍した。彼はかつて時局を憂う熱血の青年であったが、政治的圧力によって沈黙し、小心翼々として自分の考えを隠し、「傲骨」*をおくびにも顔には出さなかった。彼は二度も共産党に入ったり出たりしたので、白色テロの時代にはかなり脅威にさらされたが、難を乗り切り、体制内に入って服従者となり、たとえ批判しても、忠誠をよそおった。

　多くの選ばれた台湾青年エリートと同じように、李登輝氏は服従を学び、権力者の意志をおのれの意志とし、権力を握ってから、はじめてその本心を現わした。権力を持っているがゆえに恐れることはなく、その権力が強固になればなるほど、たとえ若い時に隠していた考え方が国家の指導者たる資格に合わなくても、彼は心に隠していた本当の考えを隠さないようになった。

　李登輝氏が権力の座につく過程において、王作栄氏は疑いもなく功労者の一人であった。王作栄という人間がいたからこそ、李登輝氏は農復会からさらに広い世界に足を踏み入れ、鬱々としておもしろくない日々を過ごしていた失意の学者から、一躍政界のスターとなり、白色テロのブラックリストから抜け出して国民党に入党し、「批判はするが叛乱はおこさない」一員となったのであった。王作栄氏は、李登輝氏が彼の理想を実現したと思っており、半世紀にわたる友誼によって、王作栄氏は、口数が多すぎて重用されなかった境遇から、官吏を監督する監察院長に就任した。

　李登輝氏の古い友人として、戴国煇氏は別の選択を行なった。彼はほかの多くの日本統治時代の青年と同じく、学術の道を歩むべく日本に留学し、政局の変化を静観して、中国大陸に大きな希望を寄せた。彼は文化革命後はとても失望していたが、改革開放が始まってからは信念を回復した。台湾の国民党政権とはかつて疎遠になっていたが、台湾がだんだん成長するにつれ、新たに正確な評価を下すようになった。

政治に関しては、ヨーロッパの知識人に似て、関心は持つが巻きこまれることはなかった。日本にいて、日本の台湾における植民地政権を憚ることなく批判した。二・二八事件を研究していたが、陳儀については公平な評価を下しており、「選ばれた台湾青年の時代」にブラックリストに載せられたとはいえ、蔣経国氏は何度か人を介して*、彼に国に帰って仕事をするようにすすめたが、彼は婉曲にそれを断っている。

台湾に関心を持っていたため、戴国煇氏は農業経済の領域（博士論文は『中国甘蔗糖業の展開』）から、台湾史の大家に転身したのであった。そして李登輝氏が政務委員になってから、彼ははじめて故郷に帰った。李登輝氏が小心翼々としてゆっくりと仕官の道を歩んでいた時、彼は李登輝氏の「秘密の友人」の一人であったし、李登輝氏は副総統に就任した後、数回にわたって戴国煇氏に帰国するよう要請し、ともに日本や台湾の政局について語らい、戴氏は李登輝氏のために多くの日本語の資料や叢書を求めた。李登輝氏が民選総統に当選した後、戴国煇氏氏はついに「官途につかない」例を破って、総統府国家安全会議の諮詢委員（閣僚ポストに相当）に就任した。彼自身には「官僚には見えなかった」この官僚は、総統府に入っても、学者の本領を失わなかった。

王・戴両氏とのつきあいからみて、李登輝氏は古い友情を大切にする人間であるとはいえる。王・戴両氏の李登輝時代前期に対する支持は、古き友誼をはるかに権力者へのサービスを越えており、政治的立場の選択は、王作栄氏が率直に述べているように、公的立場では上司と部下の関係であり、私的立場においては多年の友人であるから、支持しない道理はない。しかし、政治理念に亀裂が生じた時、私誼はとうてい政見の争いに勝つことはできず、「政見の争いは必ずしも敵になる」とは限らないが、王・戴両氏は、李登輝施政の後期の政治路線に対しては厳しく批判した。

彼らからすれば、彼ら自身は変っておらず、変ったのは李登輝氏であるが、他方李登輝氏から見れば、変ったのは彼ら二人であった。それで李登輝氏は『台湾の主張』の新刊発表会には戴国煇氏を呼ばず、王作栄氏が退任した時、李登輝氏はまったく彼を相手にせず、慣習によって行なわれる叙勲も省いた。王・戴両氏は政治路線では李登輝氏と袂を分ったが、同様に相当の代償をはらっている。王作栄氏が李登輝氏を支持するのを潔しとしない外省出身の長老たちは、それでも王作栄氏に強くあたり、「今日あるを早く知っていればこんなことはなかった」と責められ、戴国煇氏は主流派連中から「官を求めて果たせなかった」と悪口をいわれた。

王・戴両氏はともに、外でのさまざまな議論についてよく承知しているが、戴国煇氏は、「讒言を恐れていわない訳にはいかない」といい、王作栄氏は、「知識人は理念に忠実であるべきで、李登輝氏を支持したのは彼を信じていたからであり、彼を支持しないのは彼の真実を認識したからであって、別に悔いはない。権力者から離れるのはさびしさを選ぶことであり、さびしさのなかでは自己に忠実に徹することができる」という。

李遠哲氏の場合もその典型の一つである。彼はアメリカに永年留学し、ノーベル化学賞を受賞した後、李登輝氏の鶴の一声で、アメリカにおけるいくたの研究成果を放棄し、帰国して中央研究院院長に就任した。彼は時の政治について関心を持ちかつ批判してきたが、割合と当を得ているので権力者と対立することもなかった。しかし、後期に至って李登輝路線には同調していない。

第十代総統選挙の際、李遠哲氏は「黒金」（暴力組織と癒着した金権）体制は改めなければならないとし、決然として陳水扁陣営に歩み寄り、陳水扁氏当選の大きな力となり、大変な反響をよびおこした。李氏の支持者は、彼が知識人の良心に従って支持すべき人間を支持したとし、反対者は、彼は学術の中立の清浄な殿堂を破壊し、ノーベル賞の権威を乱用し、政治屋の手段を弄んだと避難したが、李遠哲氏はそれに対し沈黙を通した。

王作栄氏は李遠哲氏の選択を厳しく批判した。というのは、王作栄氏からすれば、陳水扁路線は李登輝路線とあまり変らないからである。しかし戴国煇氏は、李遠哲氏については別の見方をしており、陳水扁路線と李登輝路線の差はともあれ、李遠哲氏には自らの信念と選択があって、李遠哲氏は懸命に陳水扁氏を歩むべき道に「引き戻す」であろう。だから李遠哲氏の選択は、将来の歴史の検証を待つ必要があるという。

王作栄の戴国煇への影響

戴国煇　院長と初めてお会いしたのは、李登輝氏とご一緒に東京に視察に来られた時でした。李登輝氏は私の蔵書のなかに『自由中国』誌が全部揃っているのを見て、「これはいい雑誌だ」といいました。これはある意味で、彼の自由主義的立場を表わしています。食事の時、もっとも印象が深かったのは、院長の以下のような言葉でした。抗日戦勝利の後、国民政府が陳儀氏を台湾接収に派遣したと聞いて大変喜んだ、何故なら陳儀氏は能吏で金銭に潔白であるからというのです。これらの言葉は、私が後に二・二八事件を研究するのに大きな影響を与えました。

陳儀氏はその後銃殺されましたが、それは二・二八事件の責任を負わされたもので、ある意味では政局を安定させるための犠牲者であり、外省の友人のなかで陳儀氏に公平な論述と評価を与えたのは、私の知る限り、院長が最初の方です。李登輝氏が王院長の前で率直に『自由中国』がいい雑誌だといい、王院長が李氏の前で遠慮なく陳儀氏を評価したのは、王・李両氏は互いに信頼しているからだと私は判断しました。よって私は、孫文主義者にも右左の区別があり、知識人が台湾において中立かつ客観的な批判的立場を保ち、政治に巻きこまれないことがいかに大切であるかを知ったのでした。その時の食事は、私にとってとても意義深いものでした。

王作栄　戴教授のおほめのお言葉、恐れ入ります。私は、李登輝氏は根本的には誠実かつ正直な人間であり、友人を裏切ることなどないと信頼していました。

批判すれど造反せず

私の分析では、第一に、私は族群観念のない人間であり、台湾を愛しています。第二に、私には強い国家民族の意識があり、中華民国には非常に忠誠心を持っています。第三に、組織への高度な忠誠心があって、参加したからには規則を守ります。国民党の権威的統治に好感は持っていなくても、絶対に造反はせず、漸進的改革を主張するゆえんです。中国大陸でたくさん経験して来たことですが、造反・革命・戦争で被害を蒙るのはもっぱら人民であり、大陸時代、両派の軍隊が前線で戦争をしているのに、後方では両派の軍閥が一緒にマージャンをやっていたという出鱈目ぶりでした。第四に、私は政治学科の出身なので、自由主義に傾き、蒋介石総統の独裁統治には一貫して賛成せず、蒋総統万歳のスローガンを叫ぶことはなく、権威というものを信じません。第五に、私の考え方では、人民は地域の別なく、すべてわが国土わが国民であり、政権は本土化の必要はあるが、本土化は外省人を排斥するものではなく、人口の構造を政権の構造に充分反映させることであって、私は李総統が主権在民を確実にし、総統の直接民選を推進したのも、これによるものだと信じていました。

私が李総統を支持したのは、以上のような考え方からでした。さらに李総統は本省人（台湾人）であり、高等知識人であって、この政権のなかで頭角を現わすのは当然で、埋没してはならない、そう考えて私は早くから彼を支援したし、同様に、私は漸進的改革を支持したがゆえに、私は彼の国民党入党を紹介し、体制内に入らせて改革を進めさせたのでした。

私個人、国民党内で志を得ず、蔣経国氏が私を用いなかったのは、主として私は率直にものをいい、それを内に抑えず隠さなかったからでしたが、私は造反はしませんでした。彼は私の話すことを喜んで聞きはせず、容認はしたが私を用いませんでした。しかし私はそれにはかまわず、ずっと大学で教鞭をとっていましたが、六十五歳になったころ、教職がしんどく感じられ、読書や原稿書きも大部遅くなり、新しい知識を取り入れて学術の進歩に追いつくどころの騒ぎではなくなりました。このまま教職を続ければ名声を落とすのは必定なので、考試委員の職を求め、考試委員を生活の糧とし、六年間つとめて七十の時に隠退したのです。これは大変よかったと思います。

李総統が台湾省政府主席、副総統の段階では、私は彼に就職の依頼をしたことはなく、私たちは単なる友人関係にありました。彼が台北市長の時、自発的に私を台北市銀行の会長にしようとし、曾文恵女史が妻范馨香にその旨を告げたのですが、兪国華氏（当時の中央銀行総裁）と張継正氏（財政部長すなわち大蔵大臣）が同意しなかったため、実現しませんでした。また彼が台湾省政府主席のころ、私を省営の金融機関に入れようとしましたが、それも反対されておじゃんになりました。もっとも彼はそのことを私に話したことはなく、外の人から聞いた話ではあります。そして彼が副総統の時は、その職務はただのお飾りなので、私の仕事の心配などできるはずがありませんでした。

一九九〇年、考試委員の任期が切れ、私も七十一歳になったので、喜んで隠退しようとしていた時、彼は再び自発的に私の仕事を考え、邱創煥氏を院長に、私を副院長にする積りでしたが、邱創煥氏が頭をタテに振らなかったため、私の副院長もだめになり、孔徳成院長と林金生副院長が続投することになりました。それで彼は私を国史館の館長に据えようとしましたが、国史館ではひますぎるので、私を考選部長にしました。この人事は私の意外とする所で、恐らく総統府国策顧問をあてがわれるのが関の山で、収入さえあればいいと私は思っていました。部長を一、二年つとめたあと、李氏は私を考試院長にしようとしましたが、考試委員の反対にあい、お流れになりました。これは事後に他人から聞いたことですが、彼はかつて私を司法院長および監察院長にしようとしたことがあったそうで、彼は私にとてもよくしてくれました。

私的には、私たちの家族間のつきあいは深く、公的には、私は政府部署の長であり、党や政府においては彼の部下であって、たんなる大学教授ではありません。ですから彼を支持するのはあたりまえのことで、非主流派とともに彼に反対する理由はなく、それに私はまったく造反のできる人間ではありません。今日、私はたとえ李総統の路線と異なった意見を持っていても、非主流派とは手を組みません。率直にいって、彼らが私が李総統を支持しているのを罵倒しているのはまったく理にもとります。立派に務めをはたし、合法的な総統でありさえすれば、本省人と外省人に何の差がありましょう。李総統はその初期、立派であったたし、私の意見は彼に影響を与えていましたが、私には一つの基本的な原則があります。それは絶対に人事に口を出さない、いかなる人間も推薦しないということであり、彼が聞けば答え、聞かなければ私は絶対にくちばしをはさみません。顧みれば、友人として、また部下として、私は責任をはたしたとはいいがたく、もし私がいくつかの政策について直言し強くいましめていれば、あるいは今日のような状況になっていなかったかも知れません。

彼が第九代総統の選挙に出馬した時は、私たちの関係はまだ非常によく、当選後は私を官邸の食事に招き、あの人やこの人のことなどについて質問し、「ともに内政をよくし、台湾の近代化をはかろう」とさえいいましたが、これもまた私の理想でした。しかし、後に彼は私を監察院長に任命はしましたが、その時私は情況が変ったことを悟りました。監察院は腐敗しきった機関で、何で近代化を進めることができましょう。なぜこのような変化がおこったのか、私には知るすべもありませんが、いずれにしても、監察院長の職をくれたのは、私に対する報いのしるしで、院長の地位は高く、私にはこれといった要求もなく、七十幾つの人間が、そして二人の七十数歳の老人が、何で近代化を推進することができましょう(笑)。もちろんこれは若い人々に任せるべきです。

私には彼がとくに外省人を排斥しているとは思われませんが、大変恐ろしい人間であるように思います。彼の度量は狭く、怒りっぽくて、対決のさいにはほとんど余地を残しません。もっとも、中国史上、闘争は常にあったことですが。また、彼はいつも中国と対抗していますが、私はこれにはあまり賛成できず、機会あるごとにいましめ、内政に力をつくすようすすめて来ました。これはなかなかむずかしいことで、権力を長く握っていれば、おのずから独裁的になるものなのです。

台湾省を凍結した後遺症

彼が国家発展会議を召集し、第一に台湾省を廃止（縮小）したことは、私には容認しかねます。中華民国には台湾省があって、台湾省は中華民国の根であり、台湾省を廃止することは中華民国の根を切りすてることに外ならず、中華民国の看板をおろすことは、台湾独立でなくして何でありましょう。第二に、総統選挙の後、彼はまた憲法の改正を行ない、民選総統の権力を皇帝のように改め、権力を握っても責任は負わず、行政院長を好き放題に任命しても立法院はどうすることもできない、これは何という制度でしょうか。中国の皇帝は政権を握り、宰相は治権を掌握していたので、宰相は皇帝をチェックすることができましたが、憲法改正後、総統の権力はチェックできなくなりました。第三に、これは省の廃止と関係がありますが、彼は宋楚瑜氏をたたきつぶしました。私は宋楚瑜氏に対しては好感も悪感情もなく、もとよりつきあいもありませんが、しかし省を廃し宋氏をつぶすことは、明らかに外省人排斥の意図が見られます。権力の継承は自然に行なうべきであり、連戦氏がよければそれで行き、宋楚瑜氏がよければ宋楚瑜氏に任せ、陳水扁氏がよければ彼を総統にするという具合にやり、けっして総統の権力で特定の人を抑え、特定の人間をもりたててはいけません。

私はマスコミの取材に対し、おじけることなくこの三つの反対意見を淡々と述べ、その新聞記事を読んで李総統は恨み骨ずいに徹し、基本的な礼儀をさえも顧みないようになりました。前にも述べたように、私が院長を退任した時、彼は私には会わず、意見をきくこともなく、勲章もくれなかったし、新年の院長の宴席で、私がメインテーブルにいるのを見て、話を終えたらさっさと帰ってしまいました。それで、退任した後、彼が総統府資政（最高顧問）を食事によんだ時、私は行きませんでした。彼に迷惑をかけたくなかったからです。一九九九年の初め、宋楚瑜氏がアメリカから帰って、ちょっとした旋風がおきました。宋氏はすべての長老と現職・退任の院長を表敬訪問しましたが、私だけをオミットしました。それは、宋楚瑜氏には李登輝氏に和を求めようという魂胆があって、私を訪問すれば李登輝氏の諒解が得られないと判断したからだと思います。また連戦氏が国民党の主席に当選した時、同様にすべての長老を表敬訪問していますが、私だけを省いたのは、李登輝氏に遠慮したからでしょう。

それにもかかわらず、李総統が入院して心臓導管手術を行なった時（二〇〇〇年十一月）、私は友情から彼を見舞いに行きました。彼は私には会わないと承知してはいましたが、私はサインでもして気持の一端を示そうとしたのでした。入口で国民党の元秘書長黄昆輝氏に出会い、彼は好意で一緒に行こうといってくれました。理論的には、李登輝氏は黄昆輝氏に会わないはずはないのですが、私がいたため、護衛が戸の隙間からのぞき、報告の後、戸は開けられず、暫く待ちましたが、ついに黄昆輝氏まで李氏に会えずじまいになりました。私の考え方では、政見が違うことと友人付き合いは別個の問題で、李総統がこんな大きな手術をしたのですから、心配するのがあたりまえで、ちょっとした病気なら私は気にしません。彼はサイン帳さえ出しませんでした。

私は公私を非常にわきまえる人間で、私が時には彼を支持し、時には彼に反対していることについて、他人はとやかくいいたがりますが、これは私の性格と信念を知らないからです。台湾は民主化し、本土化すべきですが、特定の族群を圧迫してはならず、自分が中国人ではないといってはなりません。台湾独立を推進すべきでなく、たとえ独立するとしても、中華民国を捨ててはなりません。考えてごらんなさい、私が彼を紹介して国民党に入党し、ともに党の改造を進めるつもりでいたのが、かえって国民党を目茶苦茶にしてしまいました（笑）。

忘れられた自由主義

戴国煇　李総統の背景については、三つの問題を挙げることができるでしょう。第一は、彼は中国の伝統が嫌いだということです。しかし伝統にはカスもあれば、精華もあり、彼はその精華を見ていないのです。問題なのは、彼は中国に対する排斥を、族群に対する反感に凝結させ、それによって彼の格調に限界が生じたことです。第二に、彼の日本統治に対する名状しがたい懐旧の情によって、彼は国際情勢を的確に認識できなくなりました。第三に、彼は懐旧と同時に拒旧の情を持ち、旧情には善意をもつが、報われなければ対抗します。彼はリー・クァンユー氏に対してもそうですが、これによって彼は公私をわきまえることができなくなっています。

その昔、彼が王院長の前で雑誌『自由中国』をほめたたえたのは、彼と王院長のつきあいが並のものではないことを示しており、お互いに信頼しあい、自由主義について一定程度の認識を持っていることのあかしでもあります。遺憾なのは、彼が総統に就任した最後の二、三年は、自由主義を忘れていたらしいことです。権力のもとで、政治人物が時代を超越するのは、たしかにとてもむずかしいことです。権力の前では、すべての人間は一つの駒であり、権力のために彼は理念を曲げることをおぼえ、これによって彼の政治理念は一貫性を欠くことになったのです。

前に私たちは「出エジプト記」にふれましたが、そのモーゼとはいったい誰でしょうか。道理からいえばそれは蒋介石総統であり、彼は共産党独裁に反対する人たちを中国大陸から台湾に連れて来て、この美しい島で新しい家庭を作ったのですから、族群を分けるべきではありません。しかし李氏の考え方はそうではなく、相変らず国民党を「外来政権」といっています。彼はしょっちゅう「出エジプト記」を口にしていますが、正確には「出エジプト」です。「出エジプト記」は旧約聖書のストーリーで、「出エジプト」は思想史の問題であり、一種の革命の原型であって、その中心概念は、奴隷から脱出して自由に向かう過程であります。この概念について、私はとくに日本から資料を持ち帰って彼に渡しています。しかし彼は私に、日本で彼について余計な注釈をしないよう求めています。

李登輝氏の退任後、『読売新聞』は彼を取材しています。そのなかで彼は、蔣経国氏は三月十四日に彼を副総統にすることを決めたといっていますが、それより早い時期に司馬遼太郎氏の取材に応じた時、蔣経国氏は彼を副総統にするかどうか分からなかったと述べており、これも彼のいうことに矛盾がある一つの例です。

モーゼの出エジプトは四十年もかかっていますが、それはなぜでしょう。私の解釈によれば、モーゼはエジプトの奴隷の身分で出て来たので、精神的にまだ確立しておらず、荒原で四十年間流浪しつつ、年老いた人々が死去し新しい時代の人間が出て初めて新しい主体ができあがり、自由自主の新しい身分を獲得することができるのです。彼がコーネル大学で「民の欲するところ、いつもわが胸に」を講演した時の「民」は変るもので、彼がみた民は日本統治時代から来た「民」であり、新しい民は目には入らず、この「新しい民」は、陳水扁氏を代表とするものであれ、「新台湾人」でもかまいませんが、しかし彼のいう「新台湾人」は選挙策略に満ちていて、思想的な本当の「新台湾人」ではありません。

李登輝氏は日本の右翼的保守主義に肯定的な態度をとっていますが、これには人々は否定的です。彼が国民党の権威的統治の部分に反対するのはいいけれども、日本の植民地統治の悪をも正確に評価すべきであり、批判があって初めてそれを越えることができ、新しく生まれ変ります。彼は国民党のすべての悪をおぼえていますが、日本の植民地統治の悪には口を固く閉ざしているばかりでなく、それは正しかったとまでいい切っており、これはまったく中華民国の元首の名にもとります。

では、日本人は彼をどのようにみているでしょうか。日本の政界学界の友人は率直に、「世界の指導者のなかで、私たちの言葉を使って植民地統治をほめている者はなく、彼はその唯一の人間であり、可愛い指導者ではあるが、尊敬できる政治家ではない」といっており、この論評は、一言のもとに李登輝氏を喝破しています。

彼とのつきあいのなかで、はじめは、私たちのものの考え方はかなり近かったのですが、後には徐々にその違いが出てきました。彼は私の帰国を促しましたが、それはみな周囲の人を通してであり、彼の身辺には人がいないというのです。私は「そんなことはないでしょう」と答えていました。日本にいた間、私は政治に巻きこまれないように気をつけていて、学術の道を歩むことを堅持し、社会科学的批判を仕事に選んだのです。ある時、私は李登輝氏に、「あなたにはいいアイデアが多く、たくさんの本を読んでいるから、外で私のために、関係ある人物や書物に注意してほしい」といわれ、また、彼が副総統の時代には、「台湾に帰ったら是非連絡するように」といわれました。それで一九八五年以後、蒋経国氏が亡くなってからは、彼のために日本からたくさんの本と資料を持ち帰りました。そして私は、立教大学で二十年間勤務し年金ももらえるようになったので、隠退して帰国したわけです。

李総統はきわめて負けずぎらいで、二人で会うたびに一、二時間話しこみましたが、私はその内容を発表したことはありません。そして彼が直接民選総統選挙に出馬するころ、私は彼に、来年(一九九六年初め)定年で帰国すると告げたところ、あなたは何か希望するポストはないかと聞くから、私は何も望みはない、書斎にこもって自分の好きなことをしたいと答えたら、李総統は笑いながら、「そんな楽はさせない」といい、さしあたって私を国家統一委員会の研究委員に任命しました。当時の外交部長（外相）は銭復氏で、李総統は銭氏に対日工作小委員会を組織させ、私にも参加するよう命じ、私は何度か会議に出席し、日本語で報告を書き、まずそれを総統に見せました。私は一年あまり同研究委員を務めましたが、国家統一委員会というのは飾りものであることが分りました。その間に、私は彼のために報告を書きましたが、それは江沢民氏の「和平八項目」に対する日本の見解に関するもので、その時、彼は私に、王院長はとても中国をこわがっているといいました。

国家統一委員会の仕事が一年終った後、彼はまた私と会い、中央研究院の友人たちに会わせるべく晩餐会を催し、私が主賓で、他に李遠哲氏、張光直氏、李亦園氏、杜正勝氏などが出席していました。宴席で、私は初めて杜正勝氏に会い、杜氏の中国語はなかなかのもので、李総統に代って時たま文章を書いていることを知りました。私の記憶では、当日、香港『亜州週刊』の表紙が、李総統が共産党に参加した記事を紹介していました。そのころ、私が中央研究院台湾研究所の責任者になるという噂が盛に喧伝され、それによって台湾独立論者の反発を買い、李遠哲院長もそれを知っていましたが、私はその利害関係をよくわきまえていたので、ずっと黙っていました。当時、中正大学の林清江学長は私を同大学歴史学研究所長に、中山大学の曾志朗氏は私を同大学歴史学研究所所長に据えたがっていました。ある人が私に話したところによれば、李総統はそのことを聞いてさっそく曾志朗氏に、「戴国煇は台北におらせる」といったそうです。たしかに、李総統は私に対する旧情を大切にしていました。

過去を思い万感胸に迫る

晩餐の席上では、李登輝氏は多くを語らず、簡単に「この方が戴国煇教授です。みなさんご存じでしょう」と紹介しました。私は傍に坐っていた張光直氏に、「私たちはいまどこにいるか知っていますか」と聞くと、彼は変な顔をしていました。その日、私は呉伯雄氏にお願いして、范姜群生氏（呉伯雄が総統府秘書長の時の、公共事務室主任）に車で総統府官邸に送ってもらったもので、私はわけの分らないままに真闇な重慶南路の官邸に入ったのですが、まったく方向が分らず、入って初めて官邸は公売局の傍にあって、その隣が建国中学（昔の台北一中）であり、そこはまさしく二・二八事件の時、私たちが石を投げた所だったのです。二・二八事件が勃発した後、建国中学の陳文彬校長は事故があるといけないというので、杖を持って校門に立ち、学生たちが外に出るのを阻止していたため、私たちは塀を越えて石を投げたのでした。

時はすぐさま昔に戻り、本当に趣深いものがあります。張光直氏は私とは同年同月同日の生まれで、彼は北京帰りなので中国語がうまいのですが、私たちは日本語から頭の回転をしなければならず、注音符号（日本語のかなに相当）を学ぶのにも大変苦労していたので、中国の歴史がいかに重荷であるかはいうまでもありません。私たちは蔣緯国戦車兵の部下で、張君は私に中国語を教えたりしました。私たちは一緒に留学試験を受け、彼にはちょっとした「過去」があったので、出国できないことを恐れ、非常に心配していました。兵役の期間中、彼は昼寝もせず、最後は預備軍官（士官）訓練班で首席をとった、抜群の秀才でした。

その席では私と張光直氏、李総統だけが、この過程について共同の経験を持っています。食事の時、張光直氏は単刀直入に、「李総統、『亜州週刊』はあなたが共産党に参加したことがあると報道していますが、本当かうそか、はっきりさせたらどうでしょう」と尋ねました。私は事情を知っているので、傍で笑っていましたが、李総統は顔色もかえず、「北京にはたくさんの友人がいる」と語り、「どういうわけか、李敖氏はいつも私を罵倒している」とつけ加えましたが、李遠哲氏たちには何のことだかまったく分らず、私たち三人だけがその内容を知っていたのでした。

食事中、李総統は相変らず私の蔵書のことが忘れられず話題になりました。私は、李総統が退任された後、記念館などを作らないでケネディのように図書館を作れば、私は六万冊前後の蔵書をその図書館に寄付する用意があるといいました。私は翁松燃氏、許遠東氏もたくさんの蔵書があって、置く所に困っていることを知っています。李総統は、「図書館は私を記念するのではなく、戴国煇の蔵書を記念するものである」と述べ、同時にその故郷淡水三芝に図書館を建てて、それを学術交流の拠点にしたいと語っていました。私はかつて三百万円を費し、十八トンのコンテナで、すべての蔵書を台湾に持ち帰ってきました。

私と李総統との対話の話題は大変はば広く、金融の為替問題や、国民党の財産問題などにもふれています。ある時、彼は「もっと若ければ、自分の政党を作りたい」と感慨深く語ったことがあります。彼は国民党の問題に気がついていたのです。なぜ私が国民党の財産にふれたのでしょうか。それは二・二八事件を研究している間に、国民党および国家の財産に関するいろいろな問題を知ったからであり、李総統はこの「荷物」を背負いたくないけれども、それをも捨てきれないからです。

一九九六年三月二十三日、総統選挙が行なわれた日に、私は家内とともに帰国し、新しい住居を手にしたばかりで、私たちはスリーピング・バッグで一夜を過ごしました。選挙期間中、中国はミサイルを発射するなどしていましたが、私は劉華清氏がアメリカに行ったことに注目し、情勢が落ち着いてきたという文章を書きました。総統選挙後、私は正式に隠退して台湾に帰りましたが、丁懋時氏が訪ねて来て、総統が私を国家安全会議の諮詢（諮問）委員に任命したいといい、そして鄭重に、「あなたは二重国籍ですか」と二度も聞きました。二度目に聞かれた時、私は怒り心頭に発し、ほとんど彼とケンカになりそうになり、あなたは国民党の心で私の腹を探るつもりか、私は日本に多年いるが、中華民国のパスポート一冊しか持っていないと告げ、丁氏はそれで黙ってしまいました。

李総統はこの職位についてとくに、「このポストはとても高い」といいましたが、私にとって高い低いは問題ではありません。友人と雑談をかわしながら、最初に反対したのは南方朔氏で、日本の友人たちも大半が反対でした。日本では学界と政界がはっきりと分れているからです。李総統は好意でこの挙に出たもので、私に日本研究をさせたかったのでしょう。後に中嶋嶺雄氏は李氏のために「アジア・オープン・フォーラム」を組織し、私は第一回を除いて、毎年参加しています。李総統はその後再三にわたって憲法を改正して権力を強め、台湾省を廃止したため、彼の政権に問題があるのを見て、私もマスコミで批判し、彼の不興を買い、最後の「アジア・オープン・フォーラム」（二〇〇〇年十月松本で開催）には私は招かれませんでしたが、ビデオを送ってくれました。

総じていえば、私的には、彼と私はかつて深いつきあいがあり、公的には、李登輝氏は私の研究の対象であったし、この点、私はよくわきまえているつもりです。

過去をかえりみると、私は正直にいいますが、抗日戦争後、蒋介石時代の国民党政権に対して、日本は冷淡であったし、バカにしており、かえって毛沢東政権を評価していました。しかし一九五七年の中国大陸における大躍進運動、反右派闘争、文化大革命の後、日本ははじめて中共政権に失望し、改めて台湾にある中華民国の努力と業績に関心を払うようになり、国会議員がぞくぞくと観光や投資にやって来たのです。日本政府は、中国大陸を恐れ、中国が強くなって対抗できず、北東アジアの脅威になることを心配していましたが、さりとて中共政権への畏怖の念をおおやけに現わすわけにも行かず、そこで暗に台湾独立を支持していました。

しかしここ七、八年、ことに中曾根康弘時代には、新保守主義が抬頭し、ソ連は崩壊し、アメリカのレーガン時代も新保守主義の路線をとり、アメリカの後の経済復興の基礎を固めました。けれども、日本の新保守主義はアメリカの新保守主義とは異なり、日本では右翼が抬頭し、経済大国から政治大国になり、国連の常任理事国になって国連の構造を変えることを望んでおり、こうした情況のもとで、自分たちの民族主義を新たにアイデンティファイしようとしているものです。

私は一九五五年から日本で勉学し、教鞭をとりましたが、明哲保身につとめ、意識的に政治に巻きこまれないように心がけていました。そのうえ、台湾と大陸の分裂の現実が華僑社会をより複雑にし、私は華僑界とも一定の距離を保ち、いかなる党派とも関係を持ちませんでした。このようであったから、私は学習院大学で十三年間も非常勤講師をつとめることができたのです。私は、日本の皇族の学校で専門の学問（歴史学）を教える唯一の中国人でありました。日本人は、台湾人である私がなぜ台湾に帰らないのか不思議に思っていましたし、左翼の人たちは、私がどうして北京に行かないのかと尋ねました。私は独立の思考を保ちたいため、どちらにも行かなかったのです。

知識人の定義

中国の知識人には、学優にして則ち仕える伝統がありますが、しかし歴史の特殊な時間的空間的産物と概念を、永遠にあてはめることはできません。現代の知識人と伝統的文化の定義する知識人とは異なり、前者は資本主義生産方式のもとで形成された市民新階級であると定義できるでしょう。その過程において、政治的には市民国家が形成され、経済的には市民経済と大学が出現します。大学の卒業生は基本的には知識人といえますが、大衆化大学が現われてからは、学歴が大学専門学校に及んだからといって、必ずしもそのまま知識人であるとはいえず、学歴は学問の実力とは同じではないのです。中国大陸の文盲の割合はとても高く、そのうえ、文化大革命にはなお反智傾向があるので、大陸では大学卒業生すなわち知識人という考え方があるようですが、これは先進国家では、台湾を含めて、通用しません。

このほか、近代化された社会であればあるほど、学術の分類はより細かくなり、知識人は、自分の専門を除いて、一般的普遍的な文明もしくは社会科学の問題にも関心をもち、かつ普通の人間より深い評論ができ、またそれを好むことによって、はじめて正しい知識人たりうるのです。より民主化された社会では、このタイプの知識人の一部は、官界に身を投じるか、あるいは積極的に政界に進出していきます。書生が政治にたずさわることは、ヨーロッパではやや風刺的意味に解され、学界の知的エリートとも異なりますが、いずれにしても、理想の知識人が政治家になった場合は、理想的抱負を追求、政治を最高の芸術と心得ていますが、この標準からすると、台湾はまだまだです。

知識人には大体二つの極端な傾向があって、一つは直接権力派に参加して権力者もしくは与党に奉仕したり、あるいは野党の立場に立って、実際の政治に知的貢献をします。さもなければ、絶対に政党とは関係をもたず、与党や野党とは距離を保ち、批判的あるいは建設的な意見を出します。

私は日本でこんな経験をしたことがあります。歴代の首相は大てい、知識人を集めて委員会を作り、諮問に供します。一九七五年ごろ、田中角栄氏に代って登板した三木武夫首相は、権力の基盤が弱かったため、非国会議員の永井道雄氏を文部大臣にあてましたが、永井氏はアメリカ留学をした開明的学者で、彼の父親（永井柳太郎）はかつて日本の台湾統治を批判したことがあります。その時永井氏は私を委員に入れたのですが、彼によると、私は委員に招かれた唯一のアジア人でした。

この文明懇談会は、月に一回ぐらい会合をもち、日本のすべてのノーベル賞受賞者が網羅され、ソニーグループの創立者井深大氏もそのメンバーでした。同委員会は後に二冊の本『歴史と文明の探求』を出していますが、私も「和魂と和才」という論文を書いています。日本は唐の時代から留学生を唐に派遣して学ばせていましたが、それを「和魂漢才」といい、また中国から直接日本に、あるいは朝鮮を経て日本に行っていました。明治維新前後からは、一転して「和魂漢・洋才」となりました。それは、すなわち中国の人才だけでは間にあわず、欧米の人才をも導入しなければならないということにほかならず、明治維新が成功し、台湾を占領するに至って、中国の清朝を根本的にバカにして、そこでそのスローガンはついに「和魂洋才」に変りました。私の論文は、日本の発展の趨勢について、日本は「和魂和才」の段階に入ったとしましたが、私の本意は、日本はもう経済大国になったのだから、責任をもって日本人の精神と才能で世界のゲームに参加すべきであるというもので、暗に日本はアジアの侵略行為に責任を持たなければならないという意味でしたが、日本の友人たちは私の真意を理解できなかったようでした（笑）。

初めのころ、私はこの委員会は花瓶かあるいは一種の道具かと疑問を持ちましたが、結局それは「道具」でした。三木政権の基盤が不安定だったので、知識人を使って表を飾ろうとしたのです。その時、外務省は私に百万円くれて、台湾の政治情勢について書くよう依頼しましたが、私はそれを断りました。その形でこの金をもらえば、日本の特務になりかねないからです。その代りに私は台湾農業経済発展に関する研究と華僑論の本を三冊編集しました。あの時分、東南アジアで華僑排斥の事件がおこり、私の周囲の学者はほとんど、華僑が現地の経済資源を独占しているから、それによって華僑が排斥され、殺されても無理はないという観点でしたが、私はこれに同調できず、それで研究に没頭し、華僑が形成される原因を明らかにしようとしました。実際、アヘン戦争以後、華南の農村構造は急激な変化をとげ、大量の人口が海外に移住し、アメリカや東南アジアで、帝国主義国家の労働者になりました。その後西洋人は東南アジアを離れましたが、華僑は離れるすべがなく、一所懸命に経営し、ついにかなりの財をなし、それがかえって経済壟断の罪をきせられたのです。華僑を研究していたため、華僑主体性の構築問題を提起し、アイデンティティの理論でその解決を試みました。私の理論は、彼らの故郷である中国大陸が赤化されたので帰ることができず、華僑は「華人」となり、現地で根をおろし、その国籍をとって、再び差別されることを避けなければならないというものです。

それから、私は「霧社事件」をも研究しました。私がこれらの問題を研究したのは、人道的観点からであって、政治とは関係ありません。帝国主義、植民地統治、封建統治などに対して、私は反対です。二・二八事件の勃発は、当時の国民党政権の近代化が足りなかったからであり、ファシスト、すなわち封建的要素をたずさえて台湾を接収した高官が、台湾人民に愛情を持っていないからであって、それがついに民族の病変となり、その傷あとは今に至るまで、完全に癒されてはいません。私は心して三十年間、二・二八事件に関する資料を集め、「中国結《コンプレックス》と台湾結《コンプレックス》」の「睾丸理論」を提起しました。それはすなわち、台湾の自立はいいが、独立してはいけない、そして中国大陸で充分な条件がそろわない限りは、統一すべきではなく、統一は台湾の活力を失なわせるということであります。

私の研究はすべて人道にもとづくもので、政治にもとづくものではなく、台湾海峡で戦争がおこることを望みません。中国人は両岸の問題を解決できる知恵を持っているはずで、帰国後の国家安全会議における私の研究もこれに重点をおいていましたが、徐々に李登輝路線に問題があるのを発見し、王院長とも自分の進退問題について深く語りあい、院長はできるだけのことをすればよいと私を慰めてくださいました。私は権力者の花瓶や道具にされるのを潔しとしない人間です。他人は私がきれいごとを並べているというかもしれませんが、それはそれでいいとして、いずれにしても、知識人は自発的に権力と距離を保つべきであります。

李遠哲氏に望むこと

私はかつて李遠哲院長に『アインシュタイン晩年文集』を贈ろうとしたことがありました。アインシュタインは同書で、ヒトラーがユダヤ人を虐殺し、広島に原爆を投じたことについて深刻に反省し、かつ批判しています。科学は人類の文明に益をもたらすと同時に、害をもたらす面を持っており、アインシュタインは意識的に象牙の塔を出て、良心的な言葉を吐いているのです。私はなぜこの本を李遠哲氏に贈ろうとしたのでしょうか。私は彼がＴＭＤ＊について多く発言することを期待していたのです。彼のバークレー時代、アメリカのもっとも良心的な科学者たちはＴＭＤに反対していましたが、李総統の後期に、台湾と中国大陸との関係が緊張を増し、日本でさえ台湾が金を出してＴＭＤに参加することを望んでいるほどでしたが、李院長の反対意見はあまり強烈ではありませんでした。自然科学の知識人として、人類の普遍的な問題について専門的な立場から良心的な発言をなすべきであり、私は彼がこうした役割をはたすことを切に期待しています。

王作栄　勉強ができるから、あるいは高い学位を持っていて、大学で教えているからという、それだけで知識人だとはいえません。知識人は社会のエリート、すなわち中国伝統のいわゆる「士」であって、それには二つの要件を必ず具備していなくてはなりません。一つは充分な知識であり、もう一つは高い道徳的情操です。そのうちの一つを欠いてもいけません。この種の人間は社会全体の利益を代表しており、それは社会の良心であり、国家・社会の長い趨勢の発展について、一定の見解と責任感を持つものなのです。

知識人の見解と責任感は、二つのタイプで表現されます。一つは官僚になり、それによって権力を有することです。もっとも抱負の発揮できる所は政治で、これは知識人が貢献をなす主要な道であり、中国知識人の伝統でもあります。孔子は生涯官につきたがっていましたが、官になってもなかなかうまくいかず、とうとう退きました。彼は退きぎわが立派だったといえましょう。第二の道は官につかず、野にあって著述し、理念を宣揚したり団体を作ったりすることで、古代の「東林社」などがそうで、これは教育の道を歩むものです。朝野を問わず、すべて知識の基礎と道徳的情操が必要であり、社会の良心となり、天下の興亡は己の責務であるとし、個人の栄達を己の目標にしてはいけません。この標準で計れば、こんにち知識人と呼べる人は、あまりにも少なすぎます。中央研究院院長についていえば、胡適氏には充分その資格がありました。中央研究院院長は官職とはいえないし、彼は官になれたのに、それにはなりませんでした。呉大猷氏も官職にはつかず、勇気をもって発言し、政府の施策が悪い時は警告を与え、表向き力は大きくないが、権力者にとって憚らなければならない所があり、その発言が潮流や思想となって、社会大衆に影響を与えることができました。

また、大官のうち、蔣廷黻氏と翁文灝氏もそうです。この二人は学問もよくできたし、道徳や品行もすばらしかった。官職についてからは、学術的地位を放りだし、蔣氏はもはや歴史学の専門家ではなく、もっぱら大使になり、翁氏は地質学の専門家でなくなり、心を一つにして政府の仕事にはげみ、経済部長（通産省に相当）、行政院長（首相に相当）になり、国家社会のために責任をつくして社会の良心を発揮した二人は、やはり知識人でした。

もう一つのタイプは銭穆氏で、彼は国家民族に対してきわめて高い責任感をもっており、官界に足を入れたことはなく、懸命に文章を書き、著作し学説を立て、その知識と見解で社会に影響を及ぼしました。丁文江氏はもう一つのタイプで、彼は国際的に有名な地質学の専門家であり、国家の存亡危急の際には、全国を遊説してまわり、政府に革新を呼びかけ、救亡と生存の道を探りました。彼には官職につく気持がまったくなく、中国大陸にいたころ、国民政府に官職につくよう何度も請われましたが、彼は断固拒否しています。彼は、政界に入れば影響力が弱まり、在野の知識人として活躍したほうが、社会の人心により大きい影響を与えることができると考えていたのです。

上に述べた数種類の知識人には、おのおのその抱負を実現する方法を持っており、体制に入って官職につかず、あるいは政府に入り、もしくは完全に政府と関係を持たなかったけれども、みんなとても偉かった。

李遠哲氏に至っては、彼が帰国して中央研究院院長に就任したころ、時事問題についてよく意見を発表していましたが、私は大変敬服していたし、公然とほめたこともあります。しかし、彼が陳水扁氏の総統選挙を応援するようになってからは、私の考え方は変りました。私は連戦、宋楚瑜、陳水扁の三氏が、かつて彼を相棒にしようとして全部断られたことを知っており、彼のこの態度を私はとても敬服してやまず、在野の身で、よりよく知識人としての批判の立場を堅持しておりました。

その後宋楚瑜氏、陳水扁氏対決の態勢となり、宋氏がやや優勢をしめ、たとえ興票案*が発生しても、宋氏の優勢に変りはなかったのですが、この時李遠哲氏が出て来て、自発的に国政顧問団を作り、自分で電話をかけて人を探し廻りました。国政顧問団のリストをはたして陳水扁氏が彼に渡したのかどうか私は知りませんが、もしそうでないとすれば、問題はより深刻です。なぜなら、彼らのほとんどが陳水扁支持者で台湾独立に傾いており、それは李氏が日ごろこの人々と連絡をとっている証拠であり、だからこそ短時間にこれだけの陳水扁支持者を集められたのであって、これは権謀の色合いがあり、政治手段そのものです。

そして陳水扁氏の総統就任後、李遠哲氏が跨党派小組の責任者になったことについては、私にはまた異なった見方があります。知識人は社会的良心にもとづいて発言すべきで、中国の統一あるいは台湾の独立を主張するにしても、公明正大になすべきであって、何も権力者の道具になる必要はありません。彼が陳水扁氏を応援し、その道具になったことによって、私の彼に対する評価はぐんと落ちました。

李遠哲氏は陳水扁氏のために両岸の対話の橋をかけようとしていますが、私はそれは無理だと思います。私の見方では、中国はここ数年の間に必ず台湾問題を解決するでしょう。三～五年待って、彼らの武器がアメリカと対抗できるようになった時、中国は手を出します。陳水扁氏と李遠哲氏はこの現実を知るべきです。彼が陳水扁氏の跨党派小組の責任者になった最初のころ、中国は猛烈に反発していました。というのは、彼は北京のある科学研究機関で一年あまり働いたことがあり、中国政府は彼を「愛国分子」として扱ってましいたが、今では台湾独立路線の道具になりさがってしまったからです。もし中国が最初から最後まで彼を拒絶すれば、彼は道具としての功用を発揮できないでしょう。彼のいくつかの論法、たとえば五十年すれば両岸は必然的に統一されるなどは、中国の信用をかちとろうとするものであり、これに対して中国当局は適当にあしらい、対決の時機を待ちます。このような意味で、中国は彼を利用するでしょうが、信用することはまずないでしょう。

戴国煇　李遠哲氏の役割と作用について、私は院長とは見方を異にします。私の見方は王院長のように悲観的ではありません。李遠哲氏は基本的に政治には深入りしておらず、あまり理解もしておらず、官界のゲーム・ルールの状況外にあるのですが、青年時期には社会主義思想を持っており、彼はこのことを隠したりしてはいません。私たちには共通の友人があり、前にも述べた張昭鼎氏はその一人です。しかし彼の身辺には常に多くの彼に好かれたい人間がいて、彼らは李氏の七光に浴したがっており、李登輝氏はかつて彼をランニング・メートにしようとしたことがあったし、その後彼に組閣を要請しましたが、彼にはそのような興味はなく、かえって身辺の人々が盛に色気を示していました。彼は、自分は「本の虫」であるから、行政院長になれないことをよく承知しており、彼が甘んじて権力者の傀儡にならない限り、彼は行政院長になることはないでしょう。

彼が李登輝氏の要請を断った後、私は彼と会いましたが、私の得た印象は、李遠哲氏はほんとうに単純な人間で、国家の未来の方向、あるいはその使命感などは、みな彼の善意と真心から出たものであると私は思っています。彼は台湾独立を主張する人間ではありませんが、ただ身辺にいくたの台湾独立に傾いている人々がいることは事実です。

彼が跨党派小組の責任者のポストを受け入れたのは、彼の青年時代の社会主義思想とは関係があり、彼は台湾優先には賛成しますが、絶対に「台独」の基本教義者ではありません。リー・クァンユー氏が中国の独裁政権に反対し、中国人の潜在能力を評価しているのに似ているといえます。

［注］

学びて優なれば即ち仕う　学問をして余力があれば官職につく（『論語』第十巻、「学而優則仕」）。

火焼島　火焼島は戦後緑島と名称が改められた。台湾本島の東部にあって、思想犯・政治犯を収容していた。

傲骨　硬骨と同義語。

人を介して　徐慶鐘と蒋彦士を指す。

ＴＭＤ　戦域ミサイル防衛。

興票案　宋楚瑜の金融疑惑事件。

後記

夏珍

戴先生と知り合ったのは、かなり以前のことである。その年、私は学校を出て新聞社に就職し、生まれたてのひよっことして、一所懸命に国家建設会議場の内外をかけまわり、名刺をつてに取材したが、何を書いたのか書かなかったのか、いまではまったく憶えていない。当時、戴先生の学術的研究については、ほとんど認識がなかった。

しかし、戴先生の『愛憎二・二八』『台湾総体相』『台湾結《コンプレックス》与中国結《コンプレックス》』が台湾で続けざまに出版されたのを機に、私はそれらを夢中になって読んだ。その頃、政府がちょうど二・二八事件について結論を出す姿勢をうち出しており、威力と権勢の時期に封じられていた冤罪やにせ案件のたぐいが、続々と姿を現わしていた。歴史は一夜のうちにニュースとなり、台湾史は一躍流行学問となって、いまだかつて感じたことのなかった「族群アイデンティティー」は、生活と切っても切れない議論の話題となった。

戴先生の著作は私の学生時代の空白を埋めてくださり、また仕事のうえで必要な参考書となった。戴先生は台湾の政治・経済・社会の発展に非常に関心を持ち、学術的に台湾の政治および社会現象を掘り下げ分析していた。毎度議論の沸騰する、「台湾人に生まれた悲哀」「出エジプト記」「新台湾人主義」「静かなる革命」「国民党は外来政権」「特殊な国と国との関係」等の李登輝総統による発言、および二〇〇〇年総統選挙の結果としての政権交代など、すべて戴先生の研究の課題であった。

たとえこのようなきわめて扱いにくいテーマであっても、戴先生は時流におもねることはなかった。たとえば李登輝氏が共産党に参加したか否かについて、みんなが異なったことを語っている最中、戴先生は日本でのインタビューで、率直に元自衛隊陸将補松村劭氏の『中国の内戦』から引用して、「多くの台湾住民は、国民党に対する反抗を日本統治時代の郷愁に転化し、一部分の青年は共産主義に急接近した。戦争が終結するまで京都大学に在学していた李登輝もその一人であり、彼はこの時期に共産党に加入した」と語っており、権力者から喜ばれないのはあたりまえである。

日本に長く滞在していた関係上、戴先生は台湾国内の学界とのつきあいはあまり密接ではなかったらしく、また日本にいたので史料の引用はより自由自在であった。彼は、「自分は左派を研究しているが左派ではない」と述べ、「李登輝も私の研究の対象である」といっていた。しかし彼の研究は、台湾の学術界ではさびしいものがあった。たとえば戴先生のよく売れた著作『台湾』(岩波新書、一九八八年。台湾版は遠流出版社より、魏廷朝訳『台湾総体相』というタイトルで出版されている)は、両陣営から批評されている。『蔣介石秘録』の作者古屋奎二氏は、「国民党統治の積極面をないがしろにしている」といい、当時台湾独立建国連盟主席の許世楷氏は、「同書は至る所で蔣経国をほめ、台湾人が民主化運動で果たした自主的闘争をおろそかにしている」とこきおろしている。戴先生は台湾の政界・学界において、統一派でなければ独立派であり、独立派でなければ統一派であるという陋習を遺憾に思ってはいたが、それをまったく意に介さず、それによっていささかでもその独立して学問する風格を変えることはなかった。

総統選挙の前、友人の招きである食事会に参加した。戴先生も同席していらしたので、過去のことを雑談し始めた。すると先生は顔をこちらに向けて「夏さん、あなたは僕のことを覚えていますか」と聞かれるので、私はいぶかって「もちろんです」と答えた。十数年間、数えるほどしかないが、たまに電話でインタビューしたことがあり、戴先生の著作はほとんど集めていて、戴先生についてますます認識を深くしている感じがしていた。私が意外に思ったのは、十数年前初めて社会に出た名もない新聞記者を戴先生が覚えていらっしゃることである。食事の席には師友が多かったので、私は戴先生とこみ入ったことは話せず、改めて再会を約束することにした。

　それから間もなく、戴先生から電話があって、天母にある小さなフランス精進料理のレストランでお目にかかった。窓の外は午後の冬の太陽が暖かく降り注ぎ、私たちの話題は激動する政局、ことに李登輝氏と国民党に集中した。その頃、故行政院副院長徐慶鐘氏の子息徐淵濤氏が李登輝批判の本を出し、李登輝氏が共産党に参加したいきさつを述べているが、総統府は当然のことながらそれはデタラメてあると一蹴した。戴先生はあたかも資料庫《データバンク》のごとく、いちいち資料をあげ、過去のいろいろなことを語り始め、私は宝物を拾うように、懸命にペンを走らせた。食事後、戴先生は私のポンコツ車で中国文化大学の授業にいらっしゃったが、二人の話がつきなかったので、あらためて再会を約した。

　このようにして、総統選挙の前後約一年間、間をおいて私たちは会食し、大半の時間を台湾大学附近のタイ国料理店ですごし、簡単な食事ではあったが、話は盛りだくさんであった。私がなぜこれらのものを整理しないのかと伺ったら、戴先生は笑いながらご自身の大計画を語られた。それは四冊の大部な台湾史の本で、植民地時代から李登輝時代に及ぶものである。最も大切なのは、彼が歴史的な視点から李登輝時代に総結論を出すことであり、それは李氏の民主化を推進する努力と心意気を肯定し、李氏の間違った歴史観と、族群の対立を激化させたことを批判することであった。

四十歳に満たない私は、いつも、先輩の経験された苦難の歳月について理解すべきであると思っており、歴史の悲劇がもたらしたジェネレーション・ギャップになんら余計なことは言えないと思っていたが、戴先生は私の考え方に同意されなかった。先生は、理解するのはいいが、それを正さなければならない。畢竟李登輝時代はすぎ去り、次の世代の人間は生きていかなければならないのだ、とおっしゃった。戴先生の厳しい言葉に私は沈黙し、旧来の思考方式と逃避の態度を改め、台湾内部の統一と台湾の歴史解釈の大きな違いに目を向けるべきではないかと反省するようになった。歴史は間断なく続くもので、切断することのできないものなのである。節目節目の事実は故意に歪曲されてはならないのだ。

何度かの対話ののち、戴先生は王作栄院長のことを持ち出し、彼と一緒に本を出したいと言われた。なぜなら、彼ら二人の出身は、戦乱時代の二つの族群を代表しており、何かの因縁で、李登輝氏はかつて彼らの共通の友人であり、彼らの経歴から、あるいはあの大時代の背景から、李登輝氏と李登輝氏の政策路線の起源と、その是非を理解することができるかもしれないというのである。私はそれを聞いて大きな拍手を送った。戴先生はすかさず「夏さん、それを手伝ってくれるか」と聞き返し、私は躊躇することなく、頭をたてに振った。

戴先生はアイディアを出すのが早く、私も幾つかの項目を列挙したが、一向に進展がなかった。総統選挙ののち政権が交代し、政局が大きく変ったので、戴先生は今が潮時だと合図を出された。さっそく王院長と連絡をとり、院長も同様に考えることなく同意された。戴先生はより詳しい項目を設けて、対談の参考にされた。

対談は二〇〇〇年七月上旬から十一月の下旬まで、院長のご自宅で行われ、お二人は思う存分に語らい、私は一生懸命筆記した。通常、午前九時半から十二時頃まで対談し、その後一緒に一階の店で簡単な食事をすませ、語り終らなかった話題を続けた。真面目に李登輝氏を語り、陳水扁氏を雑談し、とても楽しかった。普段私の新聞の仕事は繁雑で、また夜遅く寝るため、朝記録にでかける時は、いつも疲れて腰と背中が痛かったが、おふた方は元気にしていて、過去のことや新しい政局を縦横無尽に語り、私はいつも背をなで腰をのばしていたので、おふたりに笑われたものだった。そんな時、院長は自発的に休憩し、私たちに茶菓をすすめられた。

戴先生は大病にかかり、手術の病歴を持っているので、話すたびごとにいつも自分の体はもうもたないと嘆き、院長は同じく大きな手術をしたことがあるので、つねに戴先生にあまり無理をしないよう促し、もっと休養することをすすめていらした。私は私で、自分の腰にばかりに気を配り、戴先生のおっしゃることをさほど気にしなかった。

対談が終った後は、原稿の整理であり、院長と戴先生は多くの時間を割いて校正や添削をなさった。二〇〇一年になった一月の初め、戴先生は前四章を修正したのち、電話で後の二章を早く届けるよう催促してこられた。私は二日後にそれを速達で送ったが、五日の午後突然同僚から電話が来ていうには、戴先生の奥様が急いで私を探していらっしゃるとのことで、それで私は戴先生が昏迷状態で台湾大学附属病院のICU病室にいらっしゃることを初めて知った。四日後、戴先生はついに亡くなられた。全部の原稿を読み終えることもなく、みずから書こうとされていた「李登輝とリー・クァンユー――あとがきに代えて」も書けずに………。

一巻の悲吟墨の跡なお新しく、当時の恩讐いまだ塵とならず。私は戴先生の李登輝時代についての評価を整理しつつ、戴先生との対話を思い出していた。対談の初め頃、戴先生は相手をけなす言葉使いにはかなり躊躇していらした。それに対して私は「何か憚ることでもあるのですか」と問い返したものである。しかし草稿ができあがった頃、戴先生はまったく憚ることなく何でもおっしゃるようになり、かえって私が躊躇しだした。そして「先生は本当にこうおっしゃいますか」と聞き返したら、戴先生は「新聞記者というのはそんなに権力者が怖いのか」と私を笑われた。原稿がまとまり、出版社に送ったその夜、戴先生が亡くなられた。私は悲しくて言うべき言葉を知らなかった。戴先生が生前、自分の一言一句にかくも慎重であったのに対し、そそっかしい私はまことに恥ずかしく遺憾の極みである。

追悼・戴国煇——解説に代えて

横浜市立大学教授　矢吹　晋

初めての出会い

私は一九六七年一〇月にアジア経済研究所に入所した。大学を出てから五年半勤めた東洋経済新報社の記者生活を終えて、研究者としての生活を始めた。現代中国の研究を志したからには、なによりもまず中国語の学習からスタートしなければならない。机に本を広げて黙読しつつ、発音を確かめていた。そこには「請脱大衣吧」と書かれていた。私の本を覗き込み、傍らの鉛筆をとりあげて、「大」のところに「内」と書き込む男がいた。これによって「コートを脱ぎなさい」というなにげない中国語は、いきなり「下着を脱いでよ」というポルノまがいの一文に変身する。私は中国語の面白さにいまさらながら驚くとともに、それを書き込んだ男の顔をまじまじと見つめた。それが戴国煇との出会いであった。

戴国煇は一九五五年に来日し、東大農学部農業経済学科を経て大学院に進学し、六六年に農学博士の学位を得た。学位論文は『中国甘蔗糖業の展開』(アジア経済研究所刊、一九六七年)である。五〇年代後半から六〇年代前半までの約一〇年を戴国煇は東大のなかで暮らした。私は一九五八年に入学し、六二年に卒業した。時期的には重なるが、私は当時は面識がなかった。ただ私の二学年先輩の星野元男兄は文学部の大学院で同じ講義を受けたことがある由だ。研究所に入ってから、経済学部関係では矢内原忠雄教授の『帝国主義下の台湾』の話や、張漢裕教授の話などはしばしば出たが、私は駒場の俗称「矢内原門」を想起するのみであった。

さて博士号を得た戴国煇は農学部の恩師東畑精一教授の縁で同教授が所長・会長を務めたアジア経済研究所に就職した。一九六六年のことである。当時、半官半民の特殊法人が外国籍の職員を採用するのは珍しく、ここには東畑さんの強いリーダーシップがあったはずだ。私は戴国煇よりも一年半遅れて研究所職員となった。入所まもなく研究所には、新人の語学研修のためにいくつかの制度が用意されていることを知った。その一つは、ありがたいことに、中国語学習のために家庭教師を雇う費用を出してくれる制度さえあった。戴国煇に相談して見ると、戴夫人林彩美女史の弟で当時東大大学院で建築を学んでいた林登居氏を紹介してくれた。

アジア経済研究所調査研究部東アジア研究室がわれわれ中国班と韓国朝鮮班の大部屋であり、その隣が調査研究部長室、そしてその一角に戴国煇がいた。東アジア研究室の仲間は、尾上悦三、徳田教之、川村嘉夫、小島麗逸、小林文男、小林弘二の諸氏が先輩であり、年若い組には中兼和津次、加賀美光行、田近一浩がいた。これらは戴国煇といつも昼飯を食うグループ、時には食うグループ、食わないグループの三者に、いつのまにか分かれた。戴国煇を「アクの強い男」、「ずるい男」としか受け取らない向きは、アジ研内外に少なくなかった。あとで知るようになるが、事情は台湾でも同じであった。戴国煇は強い性格をもっており、そこから戴国煇に惹かれる者は惹かれ、逆に反発する者も少なくなかった。

研究所時代の思い出

まず竹内好の主宰する「中国の会」に連れていかれた。私の手元には創刊号以来終巻までの雑誌がある。戴国煇は竹内をひどく尊敬していた。批判と自己批判の論理と倫理などは彼から教わったのではないかと私は思う。たとえば昼休みに連れ立って神田の古本屋に出かけ、ゆっくり昼飯をくい、喫茶店でおしゃべりをするのは日常茶飯事であった。特に、古本市には誘い合って必ず出かけた。さらになにかにかこつけては、中華料理を食う会も頻繁であった。高価なシリーズ本などが出版されると共同購入の奉加帳が回された。仲間の注文をとり、出版社から本を受取り、代金を出版社に支払う。そうした面倒な仕事を彼はみずから買って出て、仲間から重宝がられた。この「世話好き戴さん」のイメージは、かなり印象深い。彼の周りにはいつも内外の客人が絶えなかった。その人脈を通じて、彼は異境にありながら故国やアメリカ、そして中国の最新情勢を学んでいたようだ。

アジ研の仲間との雑談を通じて少しずつ研究者の世界が見え始めた。研究所に入って二年目の秋、私は「現地調査」の機会を与えられた。いろいろ旅行先などを検討しているとき、所長の東畑精一さんの部屋に呼ばれた。「君は戴君と一緒に台湾へ行ってくれるそうだが、まあ何かあったら私に電話をしなさい」。正直のところ、私は当時、旅行を許されないが、報道を通じて知るだけの文化大革命に興味を抱いていたので、台湾行きにはそれほど乗り気ではなかった。とはいえ、兄貴分の戴さんが道案内をしてくれる台湾の旅は魅力的に思えたので、喜んでこれに応じた。東畑さんの所長室に呼ばれたのはこれが初めてではない。私は経済学部時代の恩師大内力先生の紹介状をもって研究所を受験したのであり、東畑先生は当初から私の名を覚えておられ、私の書いたものにまで目を通され、中身について質問されたこともある。そして私が明治期の訳語について関心をもっているたとを知ると、わざわざ明治初期の古い英和辞書を見せてくれさえした。それは中国語の「的」が日本語の「テキ」に変身する過程についての愚説に興味を感じていただいたためであった。

台湾訪問

佐藤栄作首相が沖縄返還交渉に旅立つ日、羽田空港は騒然としていた。われわれは同じ日に台北松山空港に飛んだ。ブラックリストに名のある戴国煇の安全のために、われわれは「アジア経済研究所台湾訪問団」なる代表団をデッチ挙げていた。戴国煇団長、矢吹秘書長、そして団員は図書室の内田君、さらに当時台北で語学研修をやっていた中兼和津次海外派遣員が加わるという、総勢四人の即席「代表団」であった。行政院秘書長蒋彦士や農復会沈宗瀚などを訪問したときの緊張はいまも忘れない。李登輝はコーネル大学で博士号を得て帰国したばかり。「技正」の地位でしかなかった。当然彼は一介のエコノミスト、時間はふんだんにあり、われわれにほとんどフル・アテンドに近い接待ぶりであった。当時の李登輝の言葉で私の記憶に鮮明なのは、『Formosa Betrayed（裏切られた台湾）』（George H. Kerr）をぜひ読んでほしいという言葉であった。私は一九五八年二月二七日、四谷主婦会館で開かれた二・二八記念一一周年集会で廖文毅「臨時総統」の演説を聞いており、二・二八事件について、少しは知識があったので、ではいずれそのうちに、と答えることができた。

台北での表敬訪問ののち、われわれは中壢の生家に向かった。戴国煇は一九五五年に日本に留学して以来、一九六九年秋の初の里帰りまであしかけ一五年ぶりの帰国である。親戚が一同に会して、戴国煇博士帰国歓迎会が開かれた。彼はそこでおよそ四〇分の大演説をした。それまで中国語を話す戴の姿を見ないわけではなかったが、この演説を聞いて私は初めてこの男は紛れもない中国人だと痛感したことを覚えている（ほとんど笑い話だが、アジア経済研究所に入所したばかりの戴国煇に対して、「君は台湾人だから中国語（北京語）を知らないだろう。教えてやろうか」、と優越感をひけらかした日本人の中国研究者がいた由。親しくなってからのある日戴は、はきすてるように私に述懐した)。

それから三〇年を経た一九九九年一一月、戴国煇は『台湾史探微』を出版した。グラビアの最後に五人の写った写真があり、「真ん中が筆者、留学満一三年後の一九六九年初めて中壢の家門に帰る」と説明がある。右から二人目が若き日の矢吹である。

それから台湾人ご自慢の鉄道「光華号」に乗り、高雄、屏東に向かった。屏東では砂糖キビ畑と製糖工場を訪問したことを覚えている。二週間(?)の台湾一周を経て、われわれは香港に向かった。銅鑼湾のアルバー・ホテルに宿をとった。香港大学では羅香林教授を訪問し、客家研究についての教示を受けた。そのときの三名の記念写真を戴国煇は『台湾結与中国結』(一九九四年)のグラビアに収めている。「一九六九年深秋、作者(左二)が香港大学教授羅香林(右二、『客家研究導論』の著者)を訪問」という説明がある。この写真の左側が矢吹である。

香港で戴国煇と分かれて私はバンコクへ飛び、その後クワラルンプールを経て、シンガポールでふたたび戴と合流した。タイ政府の入国ビザの取得が困難であったためか、それともシンガポール滞在を長くするためであったか、記憶にない。シンガポールで再会すると、李光耀の演説を聞いたと興奮気味に話していた。それから復帰前夜の沖縄を経て帰国した。那覇では戴の東大における「留学生仲間」尚女史の歓待を受けた。パイナップルの缶詰工場では台湾からの移民労働者が働いており、本土とは異なる雇用事情に驚いた。琉球日報社長池宮城氏の著書『沖縄戦記』も頂戴した。那覇から東京へ向かうノースウエスト機では買い込んだ書籍が重すぎて超過料金をとられ、乏しい外貨がすっかり消えた。

一九七〇年一一月、三島由紀夫が割腹自殺した市ヶ谷本部は私の研究室のすぐ隣であり、ヘリコプターの騒音のなかで本を読んだ。

「随園の会」

故松本重治の追悼文集（国際文化会館編、一九九〇年）に私は求められて、次のような駄文を寄せている。「松本重治著『上海時代』（下巻）は一九七五年春に出た。その「あとがき」に「多くの友人知人」への謝意が記されているが、その末筆に光栄なことに私の名が見える。アジア経済研究所の同僚とともに、「随園の会」に加えて頂いたのは、たしか私が香港留学から帰ってまもなくのことではなかったかと思う。この会は若手（当時は）の中国研究者が松本先生を囲んで、中国料理をつつきながら、よもやま話をする楽しい会であった。新宿御苑前の随園別館に集まることが多かったので、いつとはなしにこの名がついた。（以下略）」この随園の会での談話あるいはヒアリングがもとになって松本の体験が回想録としてまとめられるのだが、そのプロモーターは戴国煇その人であった。戴は深い同時代的関心から松本の西安事件スクープを讃えつつ、その背景を熱心にインタビューした。

一九七五年深秋だと思うが、戴国煇の著作が後藤均平教授のお眼鏡にかない、立教大学文学部史学科教授に招かれることが決定した。同じ頃、横浜市立大学の佐藤経明教授がアジア経済研究所を根拠地として続けていた社会主義経済研究会で知り合った矢吹に誰か「中国語と中国経済の教員」を探しているから紹介してほしいという話を持ち出した。あれこれ話しているうちに、佐藤教授がニヤリとした。「なんなら君が来てくれたらありがたいのですがね」という。そこで友人たちに相談してみると、「公立大学なら、いい話ではないか」との声が多かった。そこでその旨、佐藤教授に伝えて、七六年春から移ることになった。

七六年三月、戴国煇と私がいよいよアジア経済研究所を去る準備をしていたさなかに、研究所を揺るがすような大きな騒動がもちあがった。

「アジア経済研究所〝放逐〟事件」

三月二日旧社会党中国派の雑誌と見られる『しんろ』(七六年三月号)が発売され、そのなかにアジア経済研究所動向分析部職員SIの書いた「ソ連社会帝国主義の助演者たち」と題する中傷記事が掲載された。同時に研究所二階に設けられた掲示板に「ア研労組日中交流委員会声明」なるものが貼りだされた。「戴国煇、矢吹晋のアジ研放逐にあたって」と題するビラにはこう書かれていた。「一〇年前有力台湾ロビーのひきで、公開入所試験を経ることなく、隠び《ママ》な型《ママ》でアジ研にもぐりこみ、時に「反日」や「親中」を装い、進歩的にもみせかけてきた両名は、ひそかに渡「台」、蒋経国と会ったり、『毛沢東思想万歳』なる台湾特務文献の流布に大いに走りまわり、陰に陽に、この政府関係機関において、日中離間策動に狂奔してきた。我々が一九七四年一二月二六日声明いらい指弾してきたとおりである。彼らは知らなかったであろうが、彼ら二人の正体については、すでに学界、マスコミ、学生、日中関係機関をはじめ広汎な人士が熟知したうえで、一斉総監視の体制をとってきた。現在彼らには、意を通じた「特定」のルート以外、拾いあげてくれる者はいない。一九七五年一二月中旬東畑、小倉元前会長らは、二人をよびつけ、「何ゆえの転身か」と叱責さえしたことは広く知られているとおりである。今「アジ研を去るにあたって」、いかに美辞を吐こうとも、アジ研放逐の真の事実はすでに周知のところとなっているのである。入り方、去り方ともに人目をはばかるではないか。すでに彼らは矢もタテもたまらず、くだんの「龍渓書舎」(中国側文献を(辞海など)秘かに入手しては無断でズサンな翻訳をし、最近はソ連の代理店であった刀江書院の後身から資金ルートをもち、大出版攻勢をかけてきている)に根城をかまえ世を偽れる限り「親中」の看板のもとに資本づくりに励んでいるわけである。我々は彼らが身は池袋（立大）、六浦（横浜市大）と離れようとも意図を通じあい屠刀をとぐことを知っている。今春以来、中国側と研究大交流の幕開けを迎えた我々は、アジ研において彼らが復活の望みをかけその一味徒党が策動することを決して許さない」。

オソロシイ文面だが、これはいったい何か。戴国煇も私もまるで狐につままれた気分であった。「ア研労組」なるものがアジア経済研究所の第二組合であることは、うすうす承知していたが、「日中交流委」なるものは初耳であり、そのメンバーはＩＥ、ＨＫ、ＳＩ、この三人だけであった。労働組合を隠れ蓑にして、私利私欲を図る徒党グループによる理不尽ないいがかりであった。中国の文化大革命の模倣熱、あるいは戯画がそこにあった。

立場上、戴国煇はこの動きを黙殺するほかなかったが、私は次のように反駁した。「ア研労組某委声明」について、一九七六年三月六日矢吹晋。「一、私は一九六七年一〇月に入所したが、これは公開入所試験を通じてである。二、私は蒋某なる人物と会ったことはない。三、アジ研の元・前会長が私をよびつけた事実もなければ、叱責した事実もない。四、私が本年三月末をもってアジ研を辞し、横浜市大に移るのは、大学当局の要請に応ずるためである」。これに以下の「所感」を付記した。「一、『毛沢東思想万歳』は現代中国研究にとって不可欠の重要文献である、と私は判断する。それゆえ私は翻訳・研究を行ってきたし、今後もそれを続けていく覚悟である。二、私は、私の中国研究が〝日中離間策動〟なるものとは、およそ正反対のものであり、日中友好の一助となりうるものと考えている。三、事実と論理を重んずべき研究所において「組合活動」の名においてかかる暴挙を行うことが許されるならば、自主・民主・公開の原則は危殆に瀕するであろう。研究の自由を守るために私は闘う」。

三月三一日矢吹と戴国煇はアジア経済研究所を退職し、このトラブルはひとまず終わった。退職前後のある日、当時の小倉武一会長が戴国煇と矢吹などをホテル・ニューオータニの鉄板焼きに誘い、ごちそうして下さったのも懐かしい思い出である。

[追記]小倉武一氏は二〇〇二年二月一四日逝去された。享年九一歳。なお小倉氏は台北における戴国煇告別式の葬儀委員も務められた。東京の「偲ぶ会」がもし昼間に開かれたならば、出席されたはずであった。

戴家「梅苑」サロン

毛沢東の死去(一九七六年九月九日)を契機として、四人組が逮捕され(一〇月六日)、中国の文化大革命が幕を閉じた。文化大革命期の最末期に隣国では、そのカリカチュアにも似た騒動が起こっていたわけだ。いま思うに、戴国煇と私の友情は、このトラブルを契機にいっそう深まったように感じられる。実はこの退職を契機として戴家「梅苑」サロンが始まったのである。これは戴式無尽講であった。退職を機に戴国煇は西荻窪に自宅を新築した。建築資金の不足分を友人からの無尽でまかなった。メンバーは無利子で××万円を融資すること。利子の代わりに月一回、戴家で中華料理のフルコースを用意したパーティに招く、これが条件である。十数人のレギュラーメンバーによる「梅苑」サロンでは、さまざまの話題がとびかい、時にはゲストのスピーチを交えて、たいへん楽しい夕べであった。ちなみに「梅」は広東省梅県を指す。すなわち戴国煇の原籍あるいはルーツである。草風館の内川千裕と矢吹が幹事役を勤めた。当時のメンバーは小倉芳彦、後藤均平、林一など多士済々、戴家客間のスペースの許す限り、ゲストも入れ代わり、立ち代わりの豪華なサロンが毎月続いた。そこで懇意にさせていただいた方々は少なくない。当時のメモが欠けているのが惜しいが、これはまさに戴流「友達の輪」であった。

一九七九年春、矢吹は香港総領事館の特別研究員の身分で香港に赴任した。これを契機に出資金を返済してもらい、サロンから脱退した。まもなくサロン自体も幕を閉じた由。戴国煇は無事に借金を返済し終えた。当時は高度成長期であり、返済は予想外に容易になったとは後日の子息のコメントであった。

霧社事件研究のこと

戴国煇編『台湾霧社蜂起事件』（社会思想社、一九八一年）の「序」に戴国煇はこう記している。「思い出すのに、グループの体らしきものが、形つくられたのが一九七〇年の夏休みだった。本書の若い方の執筆者である宇野利玄、松永正義、河原功の三君がなお学生の頃である。執筆陣にこそ加わらなかったが、研究会活動の諸側面で貢献してくれた若林正丈君が、某日、宇野、松永両君と相携えてアジア経済研究所に私をたずねて来た。台湾を研究したいと言う。コーヒーを共にしながら私は、止めた方がよいと答えた。その理由として、「台湾研究では飯が食えない」、「台湾研究をすると否でも応でもあらぬ政治的レッテルをはられる羽目になって不利だ」の二つをあげた」（一ページ）。

戴国煇は前の文に続けて、台湾をタブー視する風潮を慨嘆している。「その頃、実に奇妙な雰囲気のなかで日本の中国関係学界は「一つの中国論」を主調音にしていた。そして人びとはただ口先でそれを唱えるだけだった。はじめから「一中一台」論を主張する保守系は論外としよう。だが「一つの中国論」者らが、一方で「台湾は中国の一部である」を既定の前提にしながら、他方で、台湾を研究対象に選ぶことも、台湾への訪問をもタブー視する風潮を自ずから瀰漫させ、政治に名を借りたもっとも不毛な非政治的形式論理で自らの「頭」を金縛りにしていた。そのぶざまさは、「奇怪」を通り越して実に痛々しかった。それらの人びとのうち、なかんずくイデオロギー過剰派の一部の人は、いとも単純に台湾からの留学生をば、機械的にそしてアプリオリに「国府支持者」、「国民党の特務」、はたまた分離主義者グループたる「台湾独立派」と決めつけるお粗末な所業すら平然と行う有り様だった。否、今なおその種の人がいるとも伝え聞く。彼らはこの種の非分析的「怠け者」の「論理」で、自らの「一つの中国論」（内実を著しく欠如させた空疎な代物でしかないのが一般だった）を繕い、「安心立命」して、与えられた「日中友好」の「温泉」にナルシストよろしく遊泳してはばからない。そして自ら不毛の環境を研究の場で無意識につくり上げるのでもあった。私には若林、宇野、松永三君は、ぬるま湯的「大池」に「遊ぶ」気がない人びとと見えた」（序二ページ）。台湾訪問や台湾研究そのものをタブー視する風潮のなかで、時には「国民党の特務」と罵倒され、時には正反対の「台湾独立派」と誤解された戴国煇の嘆きを私は早くから耳にしていたおかげで、自称「日中友好派」と距離をおくことができたのは、大いなる幸運であった。

この霧社事件研究には私は直接は参加していない。一九七九〜八〇年、私は香港総領事館で居候していたことも一因である。ただ、この霧社事件に取り組む戴国煇の姿勢に感動したことだけを記しておきたい。それは漢民族自身の自己批判である。霧社事件が日本帝国主義による台湾の少数民族に対する虐殺事件であることはいうまでもない。問題はこの少数民族抑圧の過程においては、漢民族にもまた陰に陽に抑圧体制に参加した責任があるという自己認識である。日本帝国主義を批判するのは誰でもやることだ。問題は何を根拠として何を批判するかだ。戴国煇が日本帝国主義を批判する時、その批判の刃は同時に抑圧体制に加担したみずからの同胞、族群にも向けられる。つまり、戴国煇はみずからの胸に手をあてつつ、批判の言葉がただちにみずからに跳ね返ることを自覚しつつ、言葉を発しているのに気づく。私が戴国煇から学んだ最良の経験は、この一カ条だと信じている。この論理をより一般化すると、侵略や抑圧を考えるときに、侵略者の責任と同時に侵略を受ける者の、侵略を許した責任をも合わせて検討せよという歴史観につながる。清朝政府の腐敗、民国政府の腐敗こそが侵略を許したもう一つの大きな要因だから、そこにメスを入れることなく、単に日本帝国主義を批判するだけでは、真の批判にならない。戴国煇はこのような歴史観をしばしば私に語った。

台湾寧丸理論

一九八九年一〇月、私は戴国煇夫妻、小島麗逸とともに台湾を訪問した。『中国時報』のシンポジウム「中国民主前途研討會」に招かれたものである。おそらくこれは戴国煇が小島と私を推薦したものである。このシンポジウムには王作栄も出席しており、私は初めてこの人物と会った。

一九九〇年秋、戴国煇は『台湾、いずこへ行く　診断と予見』と題した評論集を出版した。数え年なら還暦の戴国煇に大きな心境の変化がみられると私は思う。一九八八年、立教大学国際センター長としての公務で戴国煇は初めて大陸の土を踏んだ。文字通り「走馬看花」には違いないが、大陸の貧しさや官僚主義などに強い衝撃を受けたように思われる。そのイメージをさらに増幅させたのは八九年の天安門事件であった。一方で共産党下の大陸の政治をよりリアルに認識するようになり、他方では九〇年五月二〇日の李登輝総統就任演説から台湾の未来に明るい展望を感じるようになった。この意味で八八～九〇年は戴国煇の人生にとって大きな転機となったように見受けられる。

「李総統には台独も独台のいずれの気もない（ように私には見える）」（六三ページ）。「ゴマすりに有頂天になり、慢心が生じた権力者は、いずれ自滅するのが古今東西の史例だ」（六六ページ）。前者は李登輝への期待である。後者は李登輝への警告である。

一方で大陸をみずから観察し、他方で台湾の行方に対して具体的な希望を感ずることによって、彼は「睾丸の理論」を構想した。「香港・マカオと台湾対大陸の関係は、まさに睾丸と本体（身体）の比喩的関係が成立する。」「睾丸を体内に吸い込めば精子が死亡し、機能しなくなる」「香港・マカオと台湾が、中国大陸と不即不離の有機的関連性を保つことはむしろ双方にとって望ましい事態といってよいだろう」「伝統的な統一論以外に、邦聯（国家聯合）、聯邦（アメリカ合衆国が一つの例）、それに台湾独立の可能性と空想性、有利性と危険性の諸側面をもあわせて議論されることが、中華民族の若い世代に、大きな理想と夢を与えることにつながってゆくと信じ、かつ希望するものである」（七四〜五ページ）。

戴国煇はその後一九九四年に『台湾結与中国結――睾丸理論与自立・共生的構図』を出版し、睾丸理論を発展させた。私が『巨大国家・中国のゆくえ』を出版したのは、九六年六月だが、この原稿は九四年ごろ書かれた。戴国煇の「自立・共生」論と私の考え方は発想も論理も異なるが、重なる部分が少なくない。大陸で計画経済を放棄し、市場経済に転換したのは、香港や台湾の経済から教訓を得たものだと私は繰り返し語ってきた。戴国煇は同じような認識を別の言葉で語っているように私には感じられてならない。

李登輝会見（一九九五年秋）

一九九五年一〇月、私は再び戴国煇夫妻と台湾を訪問した。これは台湾大学法学院の許介鱗教授の主催したシンポジウムで「ポスト鄧小平期の海峡両岸関係」について報告するためである。このときは、シンポジウム終了後に、李登輝総統の接見を受けた。その席で、まさに戴国煇は「出エジプトと出エジプト記」の違いを論じた。王作栄も同席した。『王作栄が李登輝を語る』を頂戴した。

一九九七年夏休み、私は台湾大学法学院の許介鱗院長に身元を引き受けてもらい、台湾で一カ月を過ごした。再選された李登輝は台湾をどこへ導くのか、戴国煇はどのようなアドバイスをするのかを観察するためであった。戴国煇と李登輝の間が離れつつあることを強く印象づけられた。そのとき、戴国煇は陳映真や藍博洲に会うよう勧めてくれたので私はこの二人と会った。藍博洲は戴国煇の「総統府入り」にかなり批判的であり、酒席であるとはいえ、「戴国煇もついに閣僚級のポストに目がくらんだ俗物か」、という趣旨の発言さえした。私は妙な立場に立たされたが(一方では、アジ研の先輩滝川勉さんの口真似をして「政治に首などつっこむとロクなことはないよ」と一方で揶揄しながら、他方では敢えて政治に飛び込む旧友の心情を思いつつ)、「まあ、戴国煇には彼なりの計算があるはず。静かに見守るべきだ」と藍博洲に釈明した。

突然の死去

二〇〇一年一月、戴国煇の死去をインターネットの『中国時報』で知り、ひどく驚いた。友人知人に知らせるとともに、矢吹のホームページに台湾各紙に登場した追悼記事などを掲げた。二月一〇日台北で追悼会に出席し、そこでしめし合わせた『聯合報』王震邦記者、『中国時報』夏珍記者、そして映画「悲情城市」の原作たる『幌馬車の歌』の著者藍博洲と昼食をともにしながら、戴国煇の生と死について語り合った。テレビ朝日台北支局長の高橋政陽記者がアレンジしてくれたものだ。私は彼らから、李登輝総統の顧問として「総統府入りしたあとの戴国煇」について、とりわけ「辞任したあとの戴国煇」、そして夏珍記者の手により『愛憎李登輝・戴国煇と王作栄の対話録』が本になるまで、精魂を込めて最後の本を校正した裏話を聞いた。私自身が彼らに説明したのは、滞日四二年の戴国煇の素描と私との交友史である。

旧知の王震邦、そして初対面だが話のはずむ夏珍との会話を聞くばかりで、ずっと沈黙を守っていた藍博洲がいきなり「戴国煇気死了」と叫んだ。「彼は李登輝の行為を支持できず、痛苦を感じていたからだ」と早口に語った。その通りだと私は同意した。東京で訃報に接して、「憤死」の言い方がふさわしいと感じて台北に来たが、いま皆さんとお話をしていて、むしろ「諫死」とさえ言ってよい気がする、と応じた。

私は三年前に藍博洲が戴国煇をきびしく批判したことを想起していたし、藍博洲自身もみずからそれをかみしめているように思われた。口ではいわなかったが「やはり老戴はわれわれの仲間であった」と三年前の発言を悔いているように思われた。

翌一一日付『中国時報』に夏珍記者はこう書いた。「戴国煇の同学・横浜市立大学教授矢吹晋は追悼会に際してこう表明した。戴国煇は四年前、李登輝に対する満腔の期待を込めて、李登輝ならば両岸問題を解決できるものと信じて顧問となった。しかし、李登輝のその後の言論は、戴国煇にとってますます受け入れがたいものとなった。司馬遼太郎の『台湾紀行』の出版後、戴国煇は憤りをこめてこう表明した。「司馬は小説をもって読者の感情を騙すやり方で台湾についての誤った観点をとりだし、日本人を騙した」。そこで戴国煇は四篇の長文を書いて、司馬遼太郎に対抗しようとした。矢吹晋が考えるには、戴国煇の李登輝に対する期待は失望に変わり、最後は鬱屈して憤死した。いや死を以て諫したとさえいってよい。戴国煇の厳粛公正な史観はやがて歴史によって証明されるであろう。」

戴国煇の判断ミスとその訂正の仕方

戴国煇は李登輝の「台独」あるいは「独台」を頭から決めつけることをせず、顧問として時宜を得たアドバイスを提起するならば、李登輝は望ましい両岸政策を採用できるとその可能性を信じた。一九九六年彼は満腔の期待を込めて立教大学を定年一年前に辞して、総統府国家安全会議諮詢委員の椅子に就いた。身近にみる李登輝は、日本から遥望する李登輝と異なっていた。戴国煇の違和感は日に日につのり、ついに顧問就任満三年を経た五月一九日辞表を提出した。「君に伴うは、虎に伴うごとし」(『愛憎』一七九ページ)。虎に食われる前に、戴国煇は虎口を逃れた。

君主が虎たることをなぜ事前に見抜けなかったのか、という非難・批判は当然甘受しなければならない。これに対する戴国煇の「交代」(説明)は、以下のごとくである。第一に李登輝は司馬遼太郎の甘言以後舞い上がったのであり、その前後を区別しなければならない。第二にもし李登輝の顧問として肉声の聞こえる位置まで近づくことがなければ、権力者としての李登輝を十分に知ることができず、それゆえ的確な批判が不可能である。外在的な批判たらざるをえない。戴国煇にとってはおよそ二つの弁明が可能であり、二点ともそれなりの説得力はある。だが、「台独」(台湾独立)なり「独台」(中華民国の独立)に傾斜しつつある李登輝を正道に戻すことが可能だと信じた彼の判断が大きなところで誤ったことは覆いがたい。そこから彼の痛苦に満ちた反省が始まり、その深刻な悩みこそが彼を死に導いた。戴国煇の志とは異なって、「出エジプト」の新解釈も権力者の花瓶にされてしまったわけだ。「批判はするが造反はしない」、これが王作栄の権力に対する基本的な態度であり、王作栄の李登輝に対するスタンスも同じである。戴国煇は王作栄のこのスタンスを理解しつつ、一歩踏み出して、李登輝神話の破壊に全力を傾注する。その神話の形成にみずからもなにがしかの責任をもつがゆえに、神話の破壊に努める彼の努力は必死である。彼はこうして誤謬の訂正に死力を尽くした。進行する肉体の病いと戦いながら、これに打ち込む戴国煇の決意は悲壮である。

もしここまで李登輝にコミットすることがなければ、そこまで必死に神話の破壊に取り組む必要はなく、安楽椅子に座する歴史家として生涯を終える道もあり得たはずだ。ただ、戴国煇は敢えて虎口にとびこみ、権力という虎と果敢に闘った。藍博洲が「気死了」と叫び、私が「憤死」と応じたのは、この意味である。しかし戴国煇よ、李登輝の影響力は日々衰え、流れは静かに変わりつつある。安らかに眠れ。

人物略伝

（配列は日本語読みの五十音順）

【あ】

・郁英彪（一九二六～）浙江省出身。浙江大学卒。ミシガン州立大学修士。台湾糖業総経理。

・尹衍樑（一九五〇～）山東省出身。企業家、潤泰公司董事長。

・殷海光（一九一九～六九）湖北省出身。四十年代に『中央日報』を主筆し、五、六十年代には台湾を代表する思想家となる。台湾大学で論理学を教え、『自由中国』の編集に参加するが、次第に国民党批判に傾き、大学での授業差し止めや著書発禁などの処分に遭う。

・殷祺（一九五五～）浙江省平陽出身。米カリフォルニア大学経済学部卒。台北之音社長等を経て、台湾高速鉄路公司社長、台湾合成プラスチック公司社長。二〇〇〇年より総統府国策顧問。

・殷章甫（一九二四～）台湾出身。東京大学博士（農業経済学）。政治大学教授、監察委員を歴任。現在監察院高級顧問、中国土地改革協会理事長。

・尹仲容（一九〇三～六三）湖南省出身。上海南洋大学電機工程卒。行政院秘書処参事、行政院工程計画団長、中国建設銀公司常務董事等を歴任。のち台湾に移り、台湾区生産事業管理管理委員副主任委員、中央信託局長、経済部長、行政院美援員会副主任委員、台湾銀行董事長等を歴任。

・于宗先（一九三〇～）山東省出身。台湾大学卒、米インディアナ大学博士。台湾大学教授、中央研究院所長、中華経済研究院院長、中国経済企業研究院董事長等を歴任。

・袁世凱（一八五九～一九一六）河南省出身。日清戦争後、新陸軍の建設にあたり、辛亥革命後の一九一二年に臨時大総統、翌年大総統となり、帝制復活を画策。

・王育徳（一九二二～八三）台湾台南出身。東京大学文学博士。明治大学教授。日本で留学生を集め、雑誌『台湾青年』を発刊して新台独運動を主導する。

・王育霖（一九一九～四六）台湾台南出身。台北高等学校、東京帝国大学法科卒。司法官試験に合格し、検察官として京都に派遣される。戦後台湾に戻り、建国中学の英文教師。新竹地方法院検事。四六年、二・二八事件の際暗殺される。

・王永慶（一九一七～）台湾新店出身。実業家。貧し

い農家に生まれ、小学校卒業後、十五歳で米屋に丁稚奉公し、一年後に独立。その後、時流に合わせ事業を拡大し、一代で台湾を代表する大企業の台湾プラスチック・グループを築き上げる。

・王栄文（一九四九〜） 台湾嘉義出身。政治大学教育学部卒。遠流出版事業公司の経営責任者兼董事長。

・王益滔（一八九七〜一九九八） 浙江省出身。台湾大学農学部農業経済学科教授、農学部長を歴任。李登輝の師。

・王建煊（一九三八〜） 安徽省出身。財政テクノクラートで、国民党中央委員、経済部財務次長、財政部長等を歴任。九三年に立法委員に当選。同年八月、李登輝路線に反発した外省人第二世代を中心に新党が結成された時の中核メンバーで、結党後は党首に相当する役職や秘書長を歴任。

・王昇（一九一七〜） 江西省出身。陸軍軍官学校、中央幹部学校、国防研究院卒。江西省党書記長、国防部総政治部組長、政工幹部学校長、国防研究院、政治大学教授、大将、党中常務委員、駐パラグアイ大使、総統府国策顧問等を歴任。

・翁松燃（一九三四〜） 台湾彰化出身。台湾大学法律学部卒。米ウィスコンシン大学政治学博士。香港中文大学教授を経て総統府国策顧問、台湾大学、暨南国際大学教授。

・王清峰（一九五二〜） 台湾台南出身。女性弁護士。女性問題、近年は慰安婦問題に精力的に取り組んでいる。

・汪道涵（一九一五〜） 安徽省嘉山県出身。交通大学卒業。国家対外経済連絡委員会副主任、対外経済連絡省次官などを経て八一年より上海市長。八五年に市長更迭後、党中央顧問委員会委員。台湾との交流団体である海峡両岸関係協会会長を九一年の設立以来務める。

・翁文灝（一八八九〜一九七一） 浙江省出身。ベルギー・ルーバン大学卒。中央研究院地質研究所長、教育部長、行政院副院長・院長等を歴任。

・王友釗（一九二五〜） 福建省出身。台湾大学農業経済学科卒、米アイオワ大学修士、哲学博士。革命実践研究院卒。台湾大学教授、農復会農経組長、企画処長、秘書長。農業発展委員会主任委員、行政院政務委員、総統府国策顧問等を歴任。

【か】

・郭婉容（一九三〇〜）台湾台南県出身。神戸大学経済博士。台湾大学教授、中央銀行副総裁、財政部長、アジア開発銀行理事等を歴任。一九八九年に北京で開かれたアジア開発銀行総会に団長として出席。

・郭澄（一九〇七～八〇）　山西省出身。北京中国大学政治学部にて学習。三民主義青年団山西支部幹事長、国民党中央委員、中央執行委員、台湾省党部主任委員、省政府委員兼秘書長、国民大会会議主席団、秘書長等を歴任。

・郝柏村（一九一九～）　江蘇省出身。国防部長など軍の重職を歴任。九〇年軍籍を離脱して李登輝政権の行政院長に就任。九五年の立法委員選挙で新党候補を公然と応援して国民党を除籍される。

・郭茂林（一九二一～）　台湾台北市出身。台北工業専門学校建築科卒業後、東京大学に学ぶ。東京大学助手を経て三井不動産顧問KMG建設事務所設立。霞ヶ関ビル、世界貿易センタービル、新宿三井ビル、池袋サンシャインビル、台湾の台湾電力本社ビル、新光人寿保険ビル等の建築設計を手がける。

・魏火曜（一九〇八～）　台湾台北市出身。東京帝国大学医学部卒。医学博士。戦後台湾大学医学院教授になり、台湾大学付属病院院長、台湾大学医学院長、中央研究院院士、台湾医学会理事長等を歴任。

・魏廷朝（一九三一～九九）　台湾桃園出身。台湾自救運動宣言にかかわり入獄。中学教員から国防部情報次長室研究員、中央研究院助理。美麗島事件で再入獄する。

・邱永漢（一九二一～）　本名炳南。台湾台南出身。東京大学経済学部卒。台湾に戻り、二・二八事件ののち香港に行き、さらに日本に入国、小説を書き、廖文毅の独立運動に関係する。のちに独立運動から離れ、台湾、中国大陸と自在に往来して商売にも励む。

・邱義仁（一九五〇～）　台湾台南出身。米シカゴ大学政治学修士。民進党副秘書長、秘書長、駐米代表等を経て二〇〇〇年より行政院秘書長。

・邱創煥（一九二五～）　台湾彰化県出身。政治大学卒。国民党中央委員会副秘書長、内政部長、党中央常務委員、台湾省政府主席、考試院長、総統府資政、国民党副主席等を歴任。

・丘念台（一八九四～一九六七）　台湾苗栗出身。父は丘逢甲。中卒後日本に赴き、東京帝国大学で鉱冶を学ぶ。帰国後地質探査に参加、広東大学教授、中山大学教授、広東工専科学校長を歴任。満州事変後、遼寧に行き義勇軍を助け、抗日戦争勃発後は抗日戦に参加する。のち監察委員兼台湾省党部委員、総統府資政、国民党常務委員、中央評議委員等を歴任。

・丘逢甲（一八六四～一九一二）　台湾苗栗出身。一八九九年科挙進士。馬関条約締結後、台湾割譲に抵抗する

ため、「台湾民主」の成立を提唱、みずから副総統兼大将軍になり、失敗後広東嘉応州に定住して教育に従事。辛亥革命成功後の一九一二年南京臨時政府臨時参議院議員、同年二月南京にて病死。
・丘宏達（一九三六〜）　福建省出身。台湾大学法律学部卒。米ハーバード大学法学博士。台湾政治大学教授、ハーバード大学法律学院研究員等歴任、一九九五年国統会委員。現在米メリーランド大学教授。
・喬石（一九二四〜）　上海市出身。華東連合大学卒業。党対外連絡部長、中央弁公庁主任、組織部長、政治局常務委員兼中央規律検査委員会書記、人民代表大会常務委員長などの要職を歴任。
・許遠東（一九二七〜九九）　台湾出身。台湾大学政治学科卒。土地銀行総経理、第一商業銀行総経理、土地銀行董事長、中央銀行総裁等を歴任。
・許寿裳（一八八三〜一九四八）　浙江省紹興出身。陳儀と台湾に来た進歩的学者の一人。台湾大学校長の候補者だったが当時の教育部長陳立夫に反対され、国立編訳館に行く。自宅で暗殺される。
・許信良（一九四一〜）　台湾桃園出身。民進党美麗島派のリーダー。蔣経国の台湾青年エリート抜擢政策により国民党中央党部に抜擢され、省議会議員を務めるが、七三年に党未公認で県長選に出馬し国民党を除籍される。七九年に渡米し台湾独立運動を展開、何度も帰国に失敗し、八九年高雄沖から密入国して逮捕され、拘置所内で民進党に入党。九〇年に特赦で釈放され、九一年〜九三年民進党主席。二〇〇〇年の総統選出馬をめぐり、民進党を離党。
・許水徳（一九三一〜）　台湾高雄出身。高雄市長、台北市長、内政部長、亜東関係協会駐日代表（駐日大使に相当）、考試院長を歴任。
・許文富（一九三一〜九九）　台湾桃園出身。台湾大学教授、台湾省政府委員等を歴任。
・許文龍（一九二八〜）　台湾台南出身。台南高級工専学校機械科卒。奇美実業公司董事長、財団法人奇美病院董事長、総統府国策顧問、総統府資政等を歴任。
・厳家淦（一九〇五〜九三）　江蘇省出身。六六年副総統兼行政院長、七五年総統。
・高育仁（一九三四〜）　台湾台南出身。米聖ルーアン大学名誉法学博士。法曹界出身で、台湾省議員、台南県長、内政部次長、台湾省政府民政庁長、台湾省議会第七、八期議長、総統府国策顧問、中国テレビ董事長、立法委員等を歴任。
・高英茂（一九三四〜）　台湾台南出身。米コーネル大学政治学博士。米アジア学会理事、北米華裔社会科学家協会会長、国家統一委員会研究委員などを経て二〇〇〇年より総統府国策顧問。
・高行健（一九四〇〜）江西省出身。作家。北京外語学院卒。二〇〇〇年ノーベル文学賞受賞。パリ在住。
・黄秀日（一九三六〜）台湾彰化出身。仏パリ大学博士。外交部欧州司科長、礼賓司長、駐バチカン大使、外交部常務次長を歴任。
・黄少谷（一九〇一〜一九九六）湖南省南県出身。北京師範大学教育系卒。英ロンドン政治経済学院で国際経済関係を研究。帰国後、立法院委員、党中央宣伝部長、行政院秘所長を経て、四九年台湾に移り「総裁」弁公室秘書主任、行政院政務委員兼秘書長、行政院副院長、外交部長、スペイン大使、国策顧問、国家安全会議秘書長、総統府資政、司法院院長等を歴任。
・孔祥熙（一八八〇〜一九六七）山西省出身。米オーベリン大学で政治経済、エール大学で法律を学ぶ。帰国後財政部長、行政院副院長、中央銀行総裁等要職を歴任。夫人は宋家三姉妹の長姉宋靄齢女史。
・高清愿（一九二九〜）台湾南投県出身。米リンカーン大学名誉法学博士。台南紡績業務経理から統一企業、統一実業、統一工業等を創立、食品業界巨頭の一人。台湾セブンイレブン・チェーンを設立、統一企業総裁、国民党中央常務委員、工業総会理事長、大陸台商聯誼総会会長。
・江沢民（一九二六〜）江蘇省揚州出身。上海交通大学卒業。食品工場等の副工場長、第一機会工業省上海第二設計分局科長、モスクワ・スターリン工場実習などを経て、国家輸出入管理委員会副主任、電子工業相、上海市長、上海党委員会書記を歴任。八九年の天安門事件で趙紫陽が失脚したため急遽党中央総書記に起用され、九三年より国家主席、中央軍事委員会主席。
・孔徳成（一九二〇〜）山東省出身。孔子の子孫、国民大会代表、総統府資政を歴任。
・康寧祥（一九三八〜）台湾台北市出身。中興大学卒業。無党派として台北市議員に当選、立法委員等を務め、雑誌『台湾政論』、『暖流』等を創刊するが、当局により発行停止となる。九〇年、李登輝政権の国是会議主席団主席、国家統一委員会委員となる。九一年、民進党員より国民大会代表選挙に出馬、当選。監察委員、国防委員等を歴任。
・黄昆輝（一九三六〜）台湾出身。米ノース・コロラド大学教育学博士。台北市教育局長、台湾省政府教育庁長、行政院大陸委員会主任委員、内政部長、総統府秘書長、国民党青年工作会主任、国民党中央委員会秘書長等を歴任。

・黄文雄（一九三七〜）　台湾新竹出身。政治大学卒。米コーネル大学留学。台湾独立運動家で、七〇年にニューヨークで蒋経国暗殺未遂事件を起こす。現在民進党立法委員。

・江丙坤（一九三二〜）　台湾南投出身。東京大学農業経済学博士。元経済部長。立法院副院長。経済外交専門の知日派。

・洪蘭友（一九〇〇〜五八）　江蘇省江都出身。国民党中央党部組織部主任秘書、国民党中央執行委員、内政部部長を経て、四九年台湾に移り、国民大会代表（国会議員）を歴任。

・辜顕栄（一八六六〜一九三七）　台湾鹿港出身。一八九五年の日本軍基隆上陸を迎え、樺山総督に面謁して島情を具申、日本軍の道案内を買って出る。その「功」により本島人で初めての貴族院議員になる。その手腕で官界と親密な関係を保ち、塩業、糖業、金融業にも経営の才を発揮し、巨額の富を築く。

・呉克泰（一九二五〜）　台湾宜蘭出身。現在北京在住。李登輝が一回目に中国共産党に加入した時の紹介人。

・胡秋原（一九一〇〜）　湖北省出身。評論家、ジャーナリスト。中央研究院近代史研究所研究員、台湾師範大学教授、立法委員等を歴任。

・辜振甫（一九一七〜）　台湾台北市出身。台北帝国大学卒、東京帝国大学留学。台湾セメントや中国信託投資など和信集団各社の社長を兼務し、台湾の経団連に相当する全国交渉協進会理事長を三十余年務め、台湾財界を代表する人物。国民党中央常務委員、海峡交流基金会（大陸との交流団体）の董事長を歴任。

・呉大猷（一九〇七〜二〇〇〇）　広東省出身。米ミシガン大学原子物理学博士。北京大学教授、ニューヨーク大学教授、中央研究院院長を歴任。「近代中国物理学の父」と称されている。

・胡適之（一八九一〜一九六二）　安徽省績渓出身。米コーネル大学文学士。コロンビア大学哲学博士。北京大学教授、駐米大使、連合国大会中国代表を経て、四九年より長期滞米。五八年米国から台湾へ行き、『自由中国』雑誌発行人。白話文運動推進者として有名、著書多数。

・後藤新平（一八五七〜一九二九）　岩手県出身。明治、大正期の行政官。医学校出身で、内務省衛生局技師を務めた後、ドイツに留学。一八九六年台湾総督府衛生顧問、九八年に児玉源太郎台湾総督のもと民政局長（後の民政長官）に就任し、台湾の近代化を進めた中心人物。

・呉敦義（一九四八〜） 台湾南投出身。新聞記者から台北市議、南県長、高雄市長（民選）を歴任。
・呉伯雄（一九三九〜） 台湾桃園出身。客家人。台北市長、行政院政務委員、内政部長、総統府秘書長、国民党秘書長など政府と党の重職を歴任。二〇〇一年現在、国民党副主席。

【さ】

・蔡英文（一九五六〜） 台湾台北出身。政治大学教授のかたわら各委員会委員や顧問を務める。二〇〇一年現在、大陸委員会主任委員。
・蔡焜燦（一九二七〜） 台湾清水出身。岐阜陸軍航空整備学校を卒業し、終戦後台湾に帰って体育教師に。その後、うなぎ養殖を振り出しにビジネスの道を歩み、現在は半導体関連会社社会長。司馬遼太郎の『台湾紀行』に「老台北」として登場。小林よしのりの『台湾論』にもたびたび登場する日本語世代。
・薩孟武（一八九七〜一九八四） 福建省出身。政治学者。中山大学法学部長、台湾大学法学部長、立法委員等を歴任。
・施啓揚（一九三五〜） 台湾台中出身。独ハイデルブルグ大学博士。国家統一委員会委員、大陸委員会主任委員、国家安全会議秘書長、行政院副院長、司法院院長等を歴任。
・司馬遼太郎（一九二三〜九六） 本名福田定一。大阪府出身。作家。産経新聞記者を経て六〇年に「梟の城」で直木賞を受賞。以後歴史小説を多数発表する。九三、九四年に『週刊朝日』の「街道をゆく」に連載した「台湾紀行」中の李登輝との対談が物議をかもした。
・史明（一九一八〜） 台湾台北出身。台湾独立運動家、史学者。早稲田大学卒業後、中国で共産党の抗日戦線に加わり、その後台湾に密航し「台湾独立武装隊」を組織。国民党に追われて再び日本に渡って「独立台湾会」を創立。師範大学教授。
・施明徳（一九四一〜） 台湾高雄出身。台湾独立運動に身を投じ、幾度も逮捕、投獄（通算二十五年）される。九〇年に特赦で釈放。その後、立法委員、民進党主席を務めるが、二〇〇〇年総統選後に離党。
・謝森中（一九一九〜） 広東省出身。台湾大学教授、農復会農経組長、中央銀行総裁、中華経済研究院院長等を歴任。
・謝瑞智（一九三五〜） 台湾台南出身。ウィーン大学博士。警察出身で、中央警察大学学長、国民党中央党部総幹事、国家安全会議諮問委員、国民大会代表等を歴任。

・謝雪紅（一九〇一～七〇） 別名・飛英。台湾彰化出身。少女時代奴婢として売られ、十九歳で女工になる。五四運動の影響で台湾文化協会運動に参加し、二五年中国共産党に加入、二八年上海で台湾共産党（日共台湾民族支部）設立に参加、同年台湾で革命活動に従事、逮捕され十三年の刑に服し、のち脱党する。解放後釈放され、台湾で人民協会を組織する。四七年二月の武装蜂起を指導、失敗後香港へ渡り、新たに中国共産党に加入。台湾民主自治同盟主席、台盟主席、全国政協委員、全国人大代表等を歴任。

・謝聡敏（一九三四～） 台湾彰化出身。台湾大学卒、政治大学修士。六四年「台湾人自救運動宣言」事件で彭明敏教授と共に逮捕される。八〇年米ロサンジェルスで『台湾民報』創刊に参与、八六年「建党返郷運動」を発起。現在、民進党立法委員二期目を務める。

・謝長廷（一九四六～） 台湾台北出身。弁護士出身で、美麗島事件の弁護を担当。その後台北市議、立法委員を経て、二〇〇一年現在、民進党主席、高雄市長。

・謝東閔（一九〇八～二〇〇一） 台湾彰化出身。台中一中から上海東呉大学法科、のち広州国立中山大学卒。四五年国民党全国代表大会代表に選ばれる。戦後、高雄州接管委員会主任委員、高雄県首任県長、台湾行政長官公署民政処副処長、台湾省教育庁副庁長兼省立師範学院院長等を歴任。七二年台湾省主席、七八年副総統。

・周至柔（一八九九～一九八六） 浙江省出身。保定陸軍軍官学校第八期歩兵科卒業。黄埔軍校兵学教官、第二十一師団参謀長、第十四師団師団長、空軍総司令を経て台湾に移る。国民党中央委員、中央常務委員、中央評議委員、省主席等を歴任。

・朱高正（一九五四～） 台湾雲林出身。独ボン大学哲学博士。八六年民進党の創建に参加、その後立法委員を務める。九〇年に民進党の「台独」に反対し離党。

・鐘栄吉（一九四三～）台湾高雄出身。政治大学卒。立法委員、監察委員、国民党台湾党部主任委員、国民党中央委員副秘書長、行政院政務委員等を経て二〇〇〇年より親民党秘書長。

・蒋介石（一八八七～一九七五） 浙江省奉化出身。日本の陸軍士官学校に留学、のち孫文に認められてソ連に留学、黄埔軍官学校の初代校長になる。次第に軍権をにぎり、地方軍閥や共産党軍との内戦を戦うが、抗日戦争では国共合作を余儀なくされる。四八年中華民国総統に就任、四九年国共内戦に敗れて台湾に逃れる。

・蒋経国（一九一〇～一九八八） 浙江省奉化出身。蒋介石の長子、母は毛福美。一九二五年ソ連留学、モスクワ中山大学とレニングラード赤軍軍政学院卒。かつて共産党入党。一九三七年帰国。台湾に撤退後、国防部長、行政院長等を歴任。一九七五年蒋介石死後、国民党主席を継ぐ。一九七八年総統に就任。一九八八年心臓病で死去。

・蒋彦士（一九一五～一九九八） 浙江省杭州出身。米ミネソタ大学哲学博士。行政院秘書長、教育部部長、総統府秘書長、教育部部長、外交部部長、総統府顧問等を歴任。

・蒋廷黻（一八九五～一九六五） 湖南省出身。米コロンビア大学歴史学博士。南開大学教授、清華大学教授、駐ソ大使、駐米大使、国連大使を歴任。

・蕭美琴（一九七一～） 台湾出身。米コロンビア大学修士。民進党中央党部国際事務主任を経て総統府政策顧問。

・蕭萬長（一九三九～） 台湾嘉義出身。外交官から経済部長、行政院政務委員、国民党中央評議委員、国民党中央常任委員、行政院長等の政府と党の重職を歴任。二〇〇一年現在、国民党副主席。

・鐘理和（一九一五～六〇） 台湾美濃出身。客家出身の小説家。塩埔公学校卒。身体検査不合格により進学できず、文学の道をめざす。同姓恋愛を全うし、封建的家族を逃れて大陸にも渡る。貧・病・波乱の一生を最後まで文学に捧げた。『夾竹桃』『白薯の悲哀』『祖国帰来』『笠山農場』『奔逃』「故郷」四部作が代表作。

・徐淵深（一九一二～五〇） 台湾台北出身。文学者、文芸評論家。徐慶鐘の甥。五〇年十一月十八日共産党容疑で銃殺される。

・徐淵濤（一九四一～） 台湾台北市出身。中国文化大学法律学部卒。徐慶鐘の長子。台湾省農会顧問。著作『日本浪人―岩里政男』

・徐慶鐘（一九〇七～九六） 台湾台北出身。台北帝国大学理農学部卒。農学博士。台湾省政府農林庁長、内政部長、行政院副院長、国民党中央委員会副秘書長等を歴任。

・徐立徳（一九三一～） 河南省出身。財政部長、行政院副院長、総統府資政等を歴任。

・沈君山（一九三二～） 浙江省出身。台湾大学卒。米メリーランド大学哲学博士。清華大学教授、校長を歴任。沈宗瀚の子。

・沈昌煥（一九一三～） 江蘇省出身。米ミシガン大学卒。広東中山大学教授を経て中国遠征軍総司令部参事、国民党中央委員、外交部長、総統府秘書長等を歴任。

・沈宗瀚（一八九五～一九八〇） 浙江省出身。米

ジョージア州立大学卒。コーネル大学農学博士。南京金陵大学農学院農芸学科で作物育種を教え、小麦、高粱、水稲の育種研究を指導、一九三三年「二九〇五」小麦品種改良に成功。四九年台湾に移り、農復会主任委員、中央研究院評議員を歴任。

・鄒文海（一九〇八～七〇）江蘇省無錫出身。政治学者。政治大学法学部教務長、学科主任、法学部長等を歴任。

・銭思亮（一九〇八～八三）浙江省出身。化学者。北京大学、西南聯合大学、台湾大学で教鞭をとる。その後、台湾大学学長、中央研究院長を歴任。

・銭復（一九三五～）浙江省杭州出身。米イエール大学国際関係哲学博士。行政院秘書、新聞局長、外交部政務次長、外交部長、国民大会議長等を歴任。一九九九年より監察院院長。

・銭穆（一八九五～一九九〇）江蘇省無錫出身。中学卒。北京大学、燕京大学教授を歴任。一九六七年台湾へ移住。中央研究院院士。中国史学の権威。

・曾永賢（一九二六～）台湾苗栗出身。台湾大学、政治大学教授、政治大学国際関係研究センター研究員、総統府国策顧問、国家統一委員会研究委員等を歴任。

・曾志朗（一九四四～）台湾出身。米ペンシルベニア州立大学心理学博士。中正大学社会科学院長、陽明大学学長、教育部長等を経て、現在、中央研究院副院長。

・宋楚瑜（一九四二～）湖南省湘潭出身。米ジョージタウン大学政治学博士。台湾師範大学副教授、総統府簡任秘書、行政院新聞局局長・政府発言人、国民党中央委員、国民党中央委員会秘書長、台湾省政府主席、台湾省省長等を経て、二〇〇〇年の総統選挙に出馬、落選する。二〇〇〇年より親民党主席。

・宋斐如（一九〇一～一九四七）台湾台南出身。北京大学卒。北京大学教授、台湾省行政長官公署教育処副処長等を歴任。二二八事件で殺害。

・宋美齢（一九〇一～）上海市出身。蒋介石夫人。孫文の支持者であった宋嘉樹の三女。孫文夫人の宋慶齢の妹。七五年の蒋介石の死後は米国に在住。

・蘇志誠（一九五五～）台湾台南出身。文化大学新聞研究所修士。台湾『新生報』記者、台湾省主席台北弁事処主任、総統府総統秘書室主任を経て、二〇〇〇年より台湾総合研究院副院長。

・蘇新（一九〇七～八一）台湾台南出身。日本に留学、台湾留学生を組織し社会科学研究会を作る。日本共産党に加入すると共に台湾共産党建党準備に参与し、三一年台湾共産党中央宣伝部長。光復後、『政経報』『人民導報』

『中外日報』『台湾文化』等を主編。二・二八蜂起に参加して香港に逃亡し、四八年中国共産党加入。第五届全国政協委員、台盟総部総務理事等を歴任。
・蘇南成（一九三六～）　台湾台南出身。台南市議を十年務めた後、台南市長、高雄市長を歴任。その後、国民大会議長、国民党中央常務委員。
・孫運璿（一九一三～）　山東省出身。ハルピン工大学電機科卒。交通部長、国民党中央常務委員、経済部長、行政院長、総統府資政等を歴任。
・孫科（一八九一～一九七三）　広東省香山（中山）出身。孫文の子。五歳の時母とハワイに移住。米カリフォルニア大学卒、米コロンビア大学新聞学修士。帰国後、中国国民党中央執行委員、立法院長、行政院長等を歴任。四九年台湾に渡り、台湾総統府資政、考試院長を歴任。
・孫震（一九三四～）　山東省出身。台湾大学卒、米オクラホマ大学哲学博士。台湾大学教授、校長、国防部長、党中央評議委員等を歴任。
・孫大川（一九五三～）　台湾台東出身。ピュマ族。東呉大学哲学科副教授。

【た】
・戴炎輝（一九〇九～一九九二）　台湾屏東出身。東京大学法学博士。台湾大学教授、台大法学部教務主任、司法院長を歴任。
・台静農（一九〇一～九〇）　安徽省出身。北京大学研究所国学門で学ぶ。二十～三十年代には魯迅と密接な関係を持ち、未名社（新人紹介の場として魯迅と同志が創立）主要構成員。輔仁、厦門、山東、国立女子師範学院等大学の教授を歴任。四六年台湾に移り、台湾大学教授兼中国文学部長。名書家、文筆家。
・張栄発（一九二七～）　台湾宜蘭出身。実業家。台北商業職業学校卒業後、海運会社の事務員となったのを振り出しに、海運業に進出。六八年に長栄海運を設立。八〇年代半ばには世界一のコンテナ海運会社となり、八九年に巨額を投じて航空会社（エバーグリーン・エア）を設立し、運輸を中心に事業を多角化。陸海空にまたがる運輸事業を中核とするエバーグリーン・グループの中心人物。
・張漢裕（一九一三～九八）　台湾出身。植民地時代、台湾人で只一人東京帝国大学「文部教官」に任命される。矢内原忠雄氏が恩師兼媒酌人。戦後台湾大学教授。
・張継正（一九一八～）　上海出身。コーネル大学博士。

台湾大学教授。国際経済合作発展委員会秘書長、経済部次長、交通部長、行政院秘書長を歴任。

・張憲秋（一九一五～）江蘇省出身。米アイオワ大学農学博士。中央研究所技正、農復会組長、台湾省政府農林庁長、世界銀行農村発展高級顧問、台湾糖業董事長、農業発展委員会主任委員を歴任し、世界銀行に転任。

・張憲秋（一九〇四～）台湾台南県出身。神戸商業学校卒。台湾省糧食局長、台湾銀行董事、台湾合作金庫理事長、行政院政務委員、国策顧問、国民党中央評議委員等を歴任。

・張光直（一九三一～二〇〇一）北京出身。台湾板橋出身。台湾大学卒、米ハーバード大学考古学博士。ハーバード大学教授、中央研究院副院長等を歴任。

・張俊雄（一九三七～）台湾嘉義出身。弁護士出身で、美麗島事件時に弁護を担当。その後、台湾省議会議員、立法委員、民進党中央常務委員、総統府秘書長、行政院副院長を経て現在、行政院長。

・趙紫陽（一九一九～）河南省出身。抗日戦〈国共内戦時代に河南省で党活動に参加。広東省書記となり、文化大革命で失脚したが復活。以後広東省党委員会書記、四川省党委員会書記などを経て、党中央委員、副首相、首相、党総書記。八九年の天安門事件により失脚。

・張昭雄（一九四二～）台湾高雄出身。台湾大学医学部卒。長庚紀念病院心臓外科主任、長庚紀念病院院長、長庚大学校長などを経て二〇〇〇年より親民党副主席。

・張昭鼎（一九三四～一九九三）台湾台南出身。台湾大学化学部卒。独マインズ大学博士。清華大学化学部教授、中央研究院原子分子研究所創立準備処主任を歴任。

・張富美（一九三八年～）台湾雲林出身。米ハーバード大学博士。米スタンフォード大学講師、国民大会代表、監察委員等を経て二〇〇〇年より行政院華僑委員会委員長。

・張宝樹（一九一一～一九九八）河北省高陽出身。東京帝国大学農学博士。河北水産学院教授、立法委員を経て、四九年台湾に移る。政策委員会秘書長、党中央委員会秘書長、立法委員、総統府資政、台湾大学教授を歴任。

・張麟徵（一九三九～）浙江省出身。仏パリ大学法学博士。文化大学、台湾大学、輔仁大学副教授を経て台湾大学政治学科教授。

・陳儀（一八八三～一九五〇）浙江省紹興出身。日本の陸軍士官学校卒。浙江省長、国民革命軍第一九軍長等を経て、四五年八月台湾行政長官公署行政長官兼台湾省警備総司令官。五〇年六月一八日二・二八事件の責任を負わされ台北にて銃殺。

・陳菊（一九五〇～）台湾宜蘭出身。世界新聞専科学校卒業。民進党中央評議議員、台湾人権促進会秘書長、国民大会代表、台北市政府社会局局長、高雄市政府社会局局長等を経て、九六年より民進党中央評議委員、二〇〇〇年より行政院労工委員会主任委員。

・陳奇禄（一九二三～）台湾台南出身。台湾大学文学部長、中央研究院米国研究所長、国民党中央委員会副秘書長、行政院政務委員、総統府国策顧問等を歴任。

・陳師孟（一九四八～）浙江省慈谿出身。米オハイオ州立大学経済学博士。台湾大学副教授、民進党秘書長、台北市政府政務副市長を経て、二〇〇〇年より中央銀行副総裁、台湾大学経済学部教授。

・陳水扁（一九五一～）台湾台南出身。台湾大学法学部卒。弁護士、台北市議員、民進党中央執行委員、立法委員、台北市長等を経て、二〇〇〇年の総統選挙により中華民国総統に当選。国家安全会議主席。

・陳炳基（一九二七～）台湾台北出身。李登輝が二回目に中国共産党に入党した時の細胞組織の一員。二・二八事件後に中国に逃亡、現在北京在住。

・陳履安（一九三七～）浙江省出身。米マサチューセッツ工科大学、米ニューヨーク市立大学で学んだ後、帰国して教育部常務次長、同政務次長、国民党中央委員会副秘書長経済部長、国防部長、監察院長を歴任。一九九六年国民党を離党して総選挙に立候補した。

・陳立夫（一九〇〇～二〇〇一）浙江省呉興出身。北洋大学採鉱科卒、米ピッツバーグ大学採鉱学修士。国民革命軍、国民党部国民政府の要職を歴任。国民党内派閥CC派の中心人物。四九年台湾に移り、その後米国滞在を経て台湾に戻り、総統府資政、党中央評議委員会主席団主席、中国医学学院董事長等を歴任。

・鄭淑敏（一九四六～）台湾台北出身。ベルギー・ルーベン大学マスコミュニケーション学博士。中華テレビプロデューサー、『時報雑誌』発行人、『中国時報』主筆、中華テレビ企画室総経理などを経て、九六年より中国テレビ公司社長。

・丁文江（一八八七～一九三六）江蘇省出身。英エジンバラ大学、ケンブリッジ大学・グラスゴー大学に留学。北京大学教授を務める。地質学の権威。

・丁懋時（一九二五～）雲南省出身。パリ大学卒。中央通訊社記者、新聞局長、外交部長、国民党中央委員、国家安全会議秘書長、総統府顧問等を歴任。

・田弘茂（一九三八～）台湾台南出身。米ウィスコンシア大学博士。ウィスコンシア大学教授、米アジア研究学会台湾事務研究会主席、牛成員顧問、総統府国策顧問、国家統一委員会委員等を経て、二〇〇〇年より外交部部長。
・杜維明（一九四〇～）　雲南省昆明出身。米ハーバード大学博士。米プリンストン大学、北京大学、台湾大学、ハーバード大学教授を歴任。儒教哲学の現代化をテーマとした著作を多く発表。
・湯恵蓀（一九〇〇～六六）　江蘇省出身。北京農業大学教授兼農場主任、中国農村復興連合委員会土地組組長を経て、四九年台湾に移る。台湾省土地銀行董事兼任、台湾省立中興大学校長を歴任。著書に『台湾の土地改革』。
・唐徳剛（一九二〇～）　史学者。中央大学卒。コロンビア大学博士。ニューヨーク市立大学教授。
・唐飛（一九三二～）　江蘇省出身。元空軍パイロットで、その後も軍の要職を歴任。参謀総長、国防部長を経て行政院長となったが在任期間は一三七日だった。
・杜正勝（一九四四～）　台湾高雄出身。台湾大学歴史学研究所修士。清華大学教授、中央研究院歴史語言研究所所長等を経て、二〇〇〇年より国立故宮博物院院長。

【な】

・ナイ　サミュエル・ジョセフ・ナイJr（一九三七～）　米民主党外交政策顧問、国家情報会議議長、国防次官補を歴任。米ハーバート大学ケネディ政治大学院学部長で、米国際政治学界有数の実力者。
・中嶋嶺雄（一九三六～）　長野県出身。元東京外国語大学学長。国際関係論、現代中国学、アジア地域研究専攻。
・南懐瑾（一九一八～）　浙江省出身。作家、評論家。南京金陵大学研究院中退。峨嵋大坪寺で仏教を学び、四川大学、台湾の文化大学・政治大学等で教鞭をとる。東西方文化精華協会総会をはじめ香港、アメリカ、カナダに多数の文化団体を設立、中国伝統文化の推進に努める。儒教、仏教に関する著書多数。
・南方朔（一九四六～）　台湾大学森林学修士。中国時報主筆を経て「新新聞」発行人。社会・文化評論で活躍。

【は】

・馬乾意（一九三二～）　一橋大学経済学修士。台湾の「産業関連表」を手掛け、『今日の中国』創刊号に「日華貿易構造の分析」を発表。美援会経済研究センター勤務、亜東関係協会駐日副代表等を歴任。
・馬紀壮（一九一二～九八）　河北省南宮出身。海軍軍官学校卒。抗日戦勃発後江防総隊に入り、国民政府軍事

委員会院長侍従室を経て、アメリカで訓練を受け、贈られた艦船を率いて帰国。艦長、海軍総司令、海軍二級大将、総統府資政駐日代表を歴任。

・柏楊（一九二〇〜）　河南省開封出身。作家。東北大学卒。一九四九年台湾へ。一九六八年筆禍事件で火焼島（現緑島）に一〇年の刑で服役。

・馬樹礼（一九〇八〜）　明治大学、マニラ・セントトーマス大学卒。シンガポール「民国日報」新聞記者、ジャカルタ「中国商報」社長を経て、立法委員、党中央委員、国防研究院教授、亜東関係協会駐日代表、党秘書長等を歴任。

・八田与一（一八八六〜一九四二）　金沢出身。東京帝国大学工科大学土木科卒。台湾総督府土木局に勤め、嘉南大圳などの灌漑工事にたずさわる。

・花岡一郎（?〜一九三〇）　本名ダッキス・ノービン。タイヤル族。「模範的な原住民出身の日本人」にさせられた。霧社事件後に自決。

・范姜群生（一九五〇〜）台湾桃園出身。総統府参事。

・范馨香（一九一八〜一九八七）湖北省応城出身。大法官。王作栄夫人

・范寿康（一八九七〜一九八三）　浙江省出身。東京帝国大学修士。上海商務印書館で『教育大辞典』を編集。抗日戦争中は七大書局連合弁事処主任等を勤める。四六年台湾に移り、台湾省行政長官公署教育処長、台湾大学教授兼図書館長を歴任。八二年北京に戻り定住、全国政協委員、常務委員に選出される。

・潘振球（一九一八〜）　江蘇省出身。中国青年救国団主任、国民党組織工作室主任、総統府国策顧問、国史館館長を歴任。

・費驊（一九一二〜八四）　江蘇省出身。コーネル大学修士。公路局関係の仕事を歴任、四五年から台湾へ、行政長官公署工鉱処公共工程局局長、美援会第二処処長、行政院秘書長、財政部部長を歴任。

・費景漢（一九二三〜九六）　北京出身。燕京大学、米ワシントン大学修士、米マサチューセッツ大学博士。エール大学で教鞭を取る。

・傅斯年（一八九六〜一九五〇）　山東省聊城出身。北京大学卒、英エジンバラ大学、独ベルリン大学哲学研究院等に留学。中山大学教授、北京大学教授、社会科学研究所長、国民参政会参政員等を歴任。四九年一月台湾大学校長に就任。

・傅聡（一九三四〜）　江蘇省上海出身。傅雷の子、中国を代表する世界的ピアニスト。

・傅雷（一九〇八〜六六）　江蘇省上海出身。名翻訳家。

パリ大学、ルーブル美術史学校に学ぶ。上海美術専科学校美術史教授を務めるかたわら、『大陸』『新語』等の雑誌編集、上海市政協委員、中国作家協会上海分会理事、書記処書記等を歴任。訳編著多数。

・彭明敏（一九二三～）　台湾台南出身。台湾大学教授の時、六四年に「台湾人民自救運動宣言」を起草するが発表前に発覚して徒刑八年の刑を受ける。恩赦後、七〇年にスウェーデンに逃亡、九二年の総統選挙に出馬。

【や】

・游錫堃（一九四八～）　台湾宜蘭出身。台湾省議員、宜蘭県長を経て、民進党秘書長、行政院副院長、総統府秘書長、行政院長を歴任。

・兪国華（一九一四～二〇〇〇）　浙江省出身。清華大学、米ハーバード大学卒、英ロンドン政経研究院にて研究。蒋介石侍従室秘書、中国信託局長、中国銀行董事長、財政部長、中央銀行総裁、党中央財務委員会主任委員、党中央常務委員、行政院長、総統府資政等を歴任。

・葉芸々（一九四五～）台湾鹿港出身。『台湾と世界』主宰。

・楊家麟（一九一〇～）　雲南省出身。上海復旦大学卒、米アーカンソー大学留学。雲南省政府地政局長、立法委員を歴任。台湾に移り、連合国世界糧食会議代表、経済部政務次長、行政院国際経済合作委員会委員、行政院経済設計委員会主任委員等を歴任。

・楊亮功（一八九五～一九九二）安徽省巣県出身。北京大学中文学部卒。米ニューヨーク大学哲学博士。北京大学教授。一九四七年二・二八事件調査のため台湾に派遣。一九四九年より台湾移住。監察院秘書長、考試院考試委員、同院長を歴任。のち総統府資政、政治大学教授。

・余英時（一九三〇～）　安徽省潜山出身。米ハーバード大学史学博士。ハーバード大学、米エール大学教授、香港新亜書院校長、中文大学副校長、米プリンストン大学教授を歴任。

【ら】

・羅吉煊（一九二四～）　台湾新竹出身。京都帝国大学卒。第一商業銀行副総経理、高雄市銀行副総経理、中国輸出入銀行総経理、彰化銀行董事長、台湾総合研究院董事長を歴任。

・藍博洲（一九六〇～）　台湾苗栗県出身。客家人。作家、紅岩出版社主催『伝記文学』編集顧問。作品多数、近著に『台湾好女人』（連合文学）。

・リー・クァンユー（李光耀）（一九二三〜）　シンガポール出身。英ケンブリッジ大学法学部卒。人民行動党を創設し、五九年にシンガポール自治連邦の初代総理となる。六五年シンガポールのマレーシアからの分離独立後の初代総理となり、選挙を経て九〇年まで務める。九〇年より内閣顧問。
・リー・クンチョイ（李炯才）（一九二四〜）　マレーシア出身。英ロンドン大学卒業。『星洲日報』『南洋商報』等の記者を経て、シンガポール国会議員、人民行動党中央執行委員、文化部政務部長、駐インドネシア大使、駐日本大使等を歴任。
・李雲迪（一九八二〜）　四川省出身。ピアニスト。二〇〇〇年ショパン国際コンクールで優勝。
・李亦園（一九三一〜）　福建省出身。米ハーバード大学人類学修士。台湾大学教授、清華大学人文社会学院長、蒋経国国際学術交流基金会執行長を歴任。現在、中央研究院院士。
・李遠哲（一九三六〜）　台湾新竹出身。米カリフォルニア大学化学博士。米シカゴ大学、カリフォルニア大学教授等を歴任。八六年ノーベル化学賞受賞。九四年より中央研究院院長、二〇〇〇年より両岸跨党派小組招集人。
・李煥（一九一七〜）　湖北省漢口市出身。復旦大学、中央大学、米コロンビア大学卒。東北保安司令長官政治部秘書、中央青年組織処長、政治大学教授、国民党中央委員、中山大学校長、教育部長、党中央常務委員、行政院長、総統府資政等を歴任。
・李薫山（一九二二〜）　台湾出身。台湾大学卒。李登輝前総統が二度目に共産党に入党したおりに紹介人となった。五六年共産党の廉で入獄、六八年大赦により出獄。台湾山之内製薬公司工場長。
・李元簇（一九二三〜）　湖南省出身。副総統、国民党副主席を歴任。
・李敖（一九三五〜）　黒龍江省ハルピン出身。作家、評論家、台湾大学歴史学部、歴史研究所で学び、『自立晩報』『文星』等で文筆活動。七一年反乱罪で投獄、七六年恩赦により出獄、二〇〇〇年の総統選に新党から出馬。
・李国鼎（一九一一〜二〇〇一）　南京市出身。中央大学、ケンブリッジ大学卒。台湾造船公司総経理、経済部部長、財政部部長、国民党中央常務委員、行政院政務委員等を歴任。
・李崇道（一九二三〜）　上海市出身。米コーネル大学哲学博士。農復会畜牧組主任、台湾大学教授、農復会秘書長、中興大学校長、中央研究院副院長、総統府国策顧

問等を歴任。ノーベル賞受賞者李政道の長兄。
・龍瑛宗（一九一一〜一九九九）　本名劉栄宗。台湾新竹出身。客家出身。小説家。台湾商工学校卒業後、台湾銀行南投分行のち台北本行に勤務。「パパイヤの樹がある小さな町」で『改造』第九回懸賞小説佳作賞に入賞。三九年西川満の「台湾詩人協会」に加入。戦後台湾新文学建設にも積極的に参加、日本文で創作を続け、『中華日報』日文欄廃刊時まで編集長。のち三〇年間文壇を離れ、七七年中国文での創作を試み文壇に戻る。
・劉沼光（一九二一〜?）　台湾新竹出身。新竹中学、一高を経て東京帝国大学医学部に入学。解放後台湾に戻り、台湾大学医学院卒業。のち中国大陸に渡り、香港にて病死。
・劉松藩（一九三一〜）　台湾台中出身。日本近畿大学卒。台中港繁栄促進会会長、国民党中央政策会副秘書長、中大委員会秘書處主任、立法院副院長、立法院院長を歴任。現在、立法委員。
・劉泰英（一九三六〜）　台湾苗栗出身。米コーネル大学経済学博士。淡江大学教授、台湾経済研究院院長を経て、台湾総合研究院院長、中国開発工業銀行公司社長を歴任。現在、総統府国策顧問。
・劉大中（一九一四〜七五）　江蘇省出身。米コーネル大学修士、経済学博士。国立清華大学教授を経て再渡米、国際貨幣基金経済専門家。米ジョンス・ホプキンス大学教授、米コーネル大学教授。台湾中央研究院院士を歴任。
・梁啓超（一八七三〜一九二九）　広東省新会県出身。啓蒙思想家・政治家。康有為に師事して変法運動に参加する。民国成立後は袁世凱を支持して司法総長や財政総長を歴任するが、のちに反袁闘争に参加した。
・梁国樹（一九三〇〜九五）　台湾南投出身。米ヴァンダービルト大学経済学博士。九四年から九五年まで中央銀行総裁。
・梁粛戎（一九二〇〜）　遼寧省出身。大陸での立法委員を経て、亜東関係協会発起人、中日合作策進会委員、立法院副院長、同院長、海峡両岸和平統一促進会会長を歴任。
・廖正豪（一九四六〜）　台湾嘉義出身。台湾大学法学博士。弁護士。台湾省政府顧問、行政院新聞局副局長、行政院顧問、行政院副秘書長、調査局局長、法務部部長などを歴任。現在、中国文化大学法学部副教授。
・廖文毅（一九〇九〜一九八六）　台湾雲林出身。旧台独運動の指導者。日本で「台湾共和国臨時政府」大統領に就任。のち台湾に戻り、国民党政府に帰順。

・李連春（一九〇四～）　台湾台南出身。神戸商業学校卒。台湾省合作金庫理事長、台湾省糧食局長、行政院政務委員、総統府国策顧問等歴任。

・林金生（一九一六～二〇〇一）　台湾出身。東京帝国大学法学部卒。嘉義県長、雲林県長、内政部長、交通部長、考試院副院長、総統府資政、国民党中央委員会副秘書長を歴任。

・林献堂（一八八一～一九五六）　台湾台中出身。台湾文化協会総理、台湾『民報』社長、台湾『新民報』社長、日本貴族院議員を歴任。四五年国民党に入党し、台湾省参議員、彰化銀行董事長を歴任、四九年秋より死去するまで日本滞在。

・林振国（一九三七～）　福建省出身。台北市財政局長、省政府財政庁長、財政部長、対外貿易発展協会董事長を歴任。

・林清江（一九四〇～九九）　台湾出身。英リバプール大学哲学博士。台湾省政府教育庁長、教育部部長、中正大学学長、国民党海外工作会主任を歴任。

・林洋港（一九二七～）　台湾南投出身。台北市長、台湾省主席、内政部長を歴任。九二年の総統選挙に出馬し、国民党籍を剥奪される。李登輝と並ぶ本省人政治家の代表的人物。

・黎烈文（一九〇四～七二）　湖南省出身。商務印書館編集を経てフランス留学。四六年台湾に移り、『新生報』副社長、台湾大学文学部教授を歴任。

・連戦（一九三六～）　台湾台南出身。米シカゴ大学政治学博士。台湾大学教授、交通部部長、行政院副院長、外交部部長、台湾省政府主席、行政院院長、国民党副主席、中華民国副総統などを歴任。二〇〇〇年の総統選に出馬、落選する。二〇〇〇年より国民党主席。

李登輝関連年表（付中華民国政府機構図）

一八九五年　四月、下関条約締結。台湾、日本に割譲。
一九一五年　八月、西来庵事件。
一九二三年　一月一五日、李登輝、台湾台北県三芝郷に生まれる。
一九三〇年　一〇月、霧社蜂起事件。
一九四〇年　二月、改姓名規則を公布、改姓名運動開始。四月、李登輝、旧制台北高等学校に入学。
一九四二年　一〇月、李登輝、京都帝国大学農学部農業経済学科に入学。
一九四五年　八月一五日、日本が敗戦。一〇月、国民党軍、台湾上陸。
一九四六年　四月、李登輝、台湾大学農業経済学科に編入学。
一九四七年　二月二八日、二・二八事件。三月、国民党軍の支援部隊到着、台湾人に対する虐殺開始。
一九四七年　四月、台湾省行政長官公署を台湾省政府に改組。五月、これ以後、「白色テロ」時代に入る。
一九四八年　五月、動員戡乱時期臨時条款施行。
一九四九年　四月、土地改革「三七五減租」開始。五月、台湾省全土に戒厳令施行。八月、李登輝、台湾大学を卒業、農学部の助手に就任。一二月、国民政府中央、台北に遷都。
一九五〇年　六月、朝鮮戦争勃発。六月、米、第七艦隊を台湾海峡に派遣。
一九五二年　三月、李登輝、公費留学で渡米、アイオワ州立大学大学院修士課程に入学。四月、台北で日華平和条約調印。
一九五三年　四月、李登輝、アイオワ州立大学の農学修士号を取得して帰国。台湾大学に復職。
一九五四年　四月、李登輝、台湾省農林庁技師兼農業経済分析係長に就任、台湾大学の講師を兼任。（伊）一二月、ワシントンで米華相互防衛条約調印。
一九五六年　二月、廖文毅、東京で「台湾共和国臨時政府」。
一九五七年　七月、李登輝、聯合農村復興委員会の技正

一九六五年　に就任、のちに農業経済組長に。台湾大学助教授を兼任。
九月、李登輝、コーネル大学大学院博士課程に入学。
一一月、蒋経国、国防部長に就任し、政治の表舞台に登場。
一九六七年　二月、国家安全会議開設。
一九六八年　七月、李登輝、コーネル大学の農学博士号を取得して帰国。聯合農村復興委員会に復職。台湾大学大学院経済学研究科教授を兼任。
一九七〇年　一月、台湾独立連盟（米に本部）結成。
六月、李登輝、農業技術援助団の団長としてタイに就任予定が、蒋経国狙撃事件の黄文雄との交友関係が問題化し出国不許可。
一九七一年　一〇月、李登輝、王作栄夫妻の紹介で国民党に入党。
一九七二年　六月、蒋経国、行政院院長に就任。台湾籍政治家を中心に、若手の抜擢人事。李登輝、学界から入閣、政界入り。
一九七五年　四月五日、蒋介石死去。
一九七八年　三月、蒋経国、第六代総統に当選。
六月、李登輝、台北市長に就任。
一九七九年　一月一日、中華人民共和国全国人民代表大会常務委員会、「台湾同胞に告ぐる書」を発表。
八月、『美麗島』（反体制誌）発刊。
一二月、美麗島事件。
一二月、李登輝、国民党中央常務委員に就任。
一九八一年　一二月、李登輝、台湾省政府主席に就任。
一九八四年　三月、蒋経国、第七代総統に当選。
三月、李登輝、第七代副総統に当選。
一九八五年　一二月、蒋経国、国民大会代表の年次総会で、蒋家から総統の後継者は出さないと明言。
一九八六年　九月、民主進歩党、結党宣言。
一九八七年　七月、李煥、中央党部秘書長に就任。
七月、戒厳令解除。
一一月、大陸への旅行を解禁。
一九八八年　一月、新聞の新規発行禁止（報禁）解除。
一月一三日、蒋経国、死去。李登輝副総統、総統を継位。
一月、李登輝、国民党の党主席代行。
七月、国民党第一三回大会開催。李登輝、党主席に当選。

一九八八年　八月、行政院に「大陸工作会報」（大陸問題関係閣僚会議）発足。
八月、国民党中央党部に「大陸工作指導小組」発足。
八月、先住系諸民族、土地返還を求めるデモ。
一九八九年　一月、政党結成禁止（党禁）解除。
三月、李登輝、シンガポール訪問。
五月、李登輝、北京でのアジア開発銀行年次総会に郭婉容を派遣。
六月、李登輝、実務外交を宣言。
一九九〇年　三月、民主化推進を求める学生運動。
五月、李登輝、国民大会で第八代総統に就任。
六月、国是会議開催。
一〇月、国家統一委員会成立。
一九九一年　一月、海峡交流基金会発足。
二月、国家統一委員会、国家統一綱領を公布。
一九九一年　三月、国家統一綱領策定。
五月、「動員戡乱時期臨時条款」廃止。
七月、国家建設六カ年計画始動。
一二月、国民大会、初の全面改選。
一二月、万年議員退職。
一九九二年　五月、内乱罪などの刑法第一〇〇条改正。
七月、「台湾地区および大陸地区人民関係条例」公布。
一一月、彭明敏、帰国。
一二月、立法委員、全面改選選挙。
一九九三年　二月、連戦、行政院長就任。
四月、シンガポールで第一回両岸会談開催。
八月、統一派政党「新党」結成。
一九九四年　二月、李登輝、東南アジア諸国訪問。
三月、中国浙江省で千島湖事件。
四月、李登輝、千島湖事件で中国共産党を「土匪」発言。
四月、李登輝、司馬遼太郎との対談で「台湾人に生まれた悲哀」発言。
一九九四年　七月、国民大会、総統直接選挙への憲法改正。
一二月、台湾省・台北市・高雄市長の直接選挙、台北市長に民進党の陳水扁当選。
一九九五年　一月、中国の江沢民が「八項目提案」（江八点）。
二月二八日、李登輝、国家元首として二・二八事件犠牲者に謝罪。
四月、李登輝、対中六項目提案発表。

一九九六年　六月、李登輝、コーネル大学で講演。

三月、李登輝、初の総統直接選挙で第九代総統に当選。

五月、戴國煇、総統府国家安全会議諮詢委員に就任（～九九年五月）。

九月、対中関係で「戒急用忍（急がず忍耐強く）」原則発表。

一二月、国家発展会議を招集。


一九九八年　六月、クリントン米大統領、上海で「三つのノー」発言。

一〇月、上海で第二回両岸会談開催。

一二月、台湾省を凍結。

一九九九年　七月、李登輝、「中国と台湾は特殊な国と国の関係」と発言（二国論）。
九月、台湾中部大地震。

二〇〇〇年　二月、中国、「一つの中国原則と台湾問題」白書を発表し、陳水扁当選を牽制。

三月、朱鎔基、「いかなる形式の台湾独立も認めない」と発言。

三月、総統選挙で民進党の陳水扁が第十代総統に当選。

三月、李登輝、国民党主席を辞任。

三月、宋楚瑜、親民党を結成。

四月、国民大会の非常設化を決議。

七月、『中国時報』に、江沢民と李登輝が密使を仲介に通じていたとする記事。

七月、八掌渓事件。

一二月、陳水扁が年末演説で中台の「統合論」を発表。


二〇〇一年　一月、「小三通」実施。

一月九日、戴國煇逝去。

八月、李登輝の支持による台湾団結連盟結成。

八月、超党派の経済諮問会議、「戒急用忍」政策の緩和を答申。

九月、国民党、李登輝を除名。

中華民国政府機構図

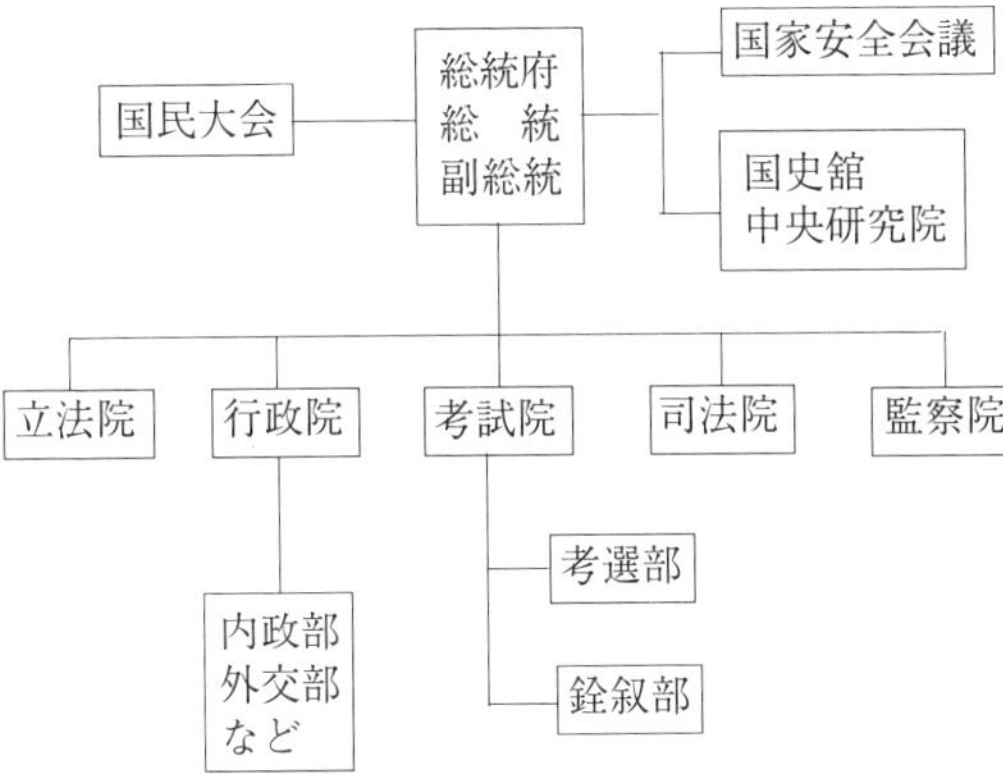

総統府　任期4年の総統が国家元首として国政を担当し、総統府に秘書長以下の幕僚を置く。

国家安全会議　国の安全保障政策に関する総統の幕僚機関。

国民大会　立法院の公式発表を受けての憲法改正と、国家領土の変更を行う。2000年4月に非常設化された。

国史館　国史の編纂事業、国の重要文献史料の収集・保存を行う。

中央研究院　国の最高学術研究機関。多くの研究所を有し各分野の指導・研究を行う。

立法院　225人の委員(議員)で構成される最高立法機関。大部分の委員は直接選挙、残りが政党の比例代表で選ばれる。総統·副総統の弾劾権をもつ。

行政院　行政院長(首相)の率いる行政機関。8つの部(省)以下の部局で構成される。

考試院　すべての公務員の採用試験、雇用、管理について責任を負う。院長と17人の考試委員で構成される。

司法院　裁判制度を運営し、民事、刑事、行政訴訟および公務員の懲戒に関し責任を負う。院長、副院長各1人を含む15人の大法官で構成される。

監察院　弾劾、譴責、矯正、会計検査の権限を行使する。院長、副院長各1人を含む29人の委員で構成される。

跋

林彩美

戴国煇と王作栄先生の対話録を、国煇は幸いにも予定通り完成させ、責任をもって初校も完了させたのち、あたかも命の火が燃え尽きるがごとく、間もなく緊急入院し帰らぬ人となりました。平素の彼の強い責任感、誠実さ、約束を守り、妥協を許さない作風を、人生の最後までこだわったといえましょう。この本は彼が心血を注ぎ尽くし、すべての親しくしていただきました畏友諸兄姉、彼が愛してやまぬ故郷の方々にお送りする最後のものとなりました。

戴国煇の突然の辞世は、彼本人にとって心の準備をする間がなかっただけでなく、私たち遺された者にとってもただ途方にくれ、事実として受け入れ難いことでした。彼を失ってからその存在と重要性をにわかに痛感し、日を追って悲しみはつのるばかりです。これが一場の悪夢であって、朝、目が醒めたら彼は相変らず静かに書斎で仕事をしているとどれほど希ったことか……。

王作栄先生は戴国煇が最も尊敬する長老の一人でございます。その学問は謹厳にして該博、官吏としてもまことに清廉公正で、戴国煇が心中典範としていた方です。国煇と王先生の交際は君子の交わりそのもので、日頃の往来は多くなかったにもかかわらず、王先生が国煇に惜しみなき慈愛をくださったのは、大方、おふた方とも性格的に、固執、堅持、阿諛せず、理念と自己に忠実なタイプの人間なので、じきに知己となり、相敬い相憐れむ間柄になったのでしょう。

対談は二〇〇〇年七月十一日に始まり、毎回朝の九時半から正午ごろまで、場所は王家の応接間、昼食は一階の喫茶店でサンドイッチをつまみながら討論の続きをしたり、終始楽しい雰囲気のなかで行われた模様です。毎回王先生のご招待にあずかり感謝いたします。対談は計十回行われ、十一月二十五日に終わりました。全過程は敏腕の名記者夏珍さんが記録をとり整理して原稿にまとめました。国煇の教え子陳淑美さんもほとんど参加し筆記を助けました。この間数回国煇は微熱があり、体調が良くなかったのですが、彼はキャンセルすることもなく約束を守り通しました。理由は、一つには彼は王先生を非常に尊敬しているので、対談の提案者である彼が約束の期日を変更することはできないこと。二つにはこの対談は非常に得難いもので、必ず完成を見なければならないからです。毎回対談から帰ってくると、満足そうな笑顔が見られたので、内容の充実と精彩であったことを知り、秘かに喜んでおりました。一回毎の対談の初稿が届くと、封を切るのももどかしそうに直ぐ校正に入り、夜半に目を醒ましても書庫に行って資料をめくり、過ちのないよう訂正と確認を怠りませんでした。

この対話録は、前総統李登輝氏を主軸に据え、彼をめぐる、植民地時代から今日に至る台湾史の知られざる内幕を縦横に、活き活きと忌憚なく論じ、細やかで充実した内容に仕上げております。これは夏珍さんの熱心さと真摯にして感性豊かな健筆、および王先生と国煇がこの時期の歴史に精通しているからでしょう。彼等はかつて各自の理念を李氏に託して彼を全面的に支持し、かつ弁護もし、初めての民選総統の誕生に喜び期待をしました。

ところが、李氏は一九九六年の選挙で高支持率を得るや、得意の絶頂に至り、「朕の辞書に不可能はない」といわんばかりに、対内的には、国民党の本土化と称して分裂を造り、大衆動員の手法を駆使して省籍対立を激化させ、民進党とは裏取引きをして改憲をくり返し、総統の権力を拡大するなど、自分勝手、独断専行を恣にしました。また対外的には、日本に対する親日的情感を「媚日」にまで姿勢をさげ、日本植民時代を評価賛美し、台湾史を改竄、アメリカの保護を恃み、中国と進めている和平談判をぶち壊す爆弾発言をくり返しました。例えば「戒急用忍」、「二国論」等。そのたびに台湾の社会と経済を不安に陥しいれる狂妄ともいうべき行跡に、王先生、戴は我慢ならじと李氏を指弾し、遂に袂を分かつ結果になりました。幸い戒急用忍と二国論は過去のものになりつつあります。

戴国煇は日本滞在足がけ四十二年の長きにわたり、長い間、国民党のブラックリストに載り、パスポートを取り上げられていましたが、終始立場を変えることもなく、日本国籍にも入らず、民族の尊厳と歴史家としての矜持を保ちました。彼は自他共に認める知日派学者であっても「媚日」ではなく、日本にいながら絶えず日本の台湾植民時代に犯した悪行罪行を批判し、史実に忠実であるべき一史学者として頑な姿勢を崩さず、日中・日台間が、悲惨な歴史を繰り返さないために、過去を鑑みとして、本当の善隣関係の構築に微力を尽してきた知日派です。だから一部の台湾人が日本の植民統治を懐旧するような言動を恥とし、教科書問題では日本軍による中国侵略の犯罪行為を糾弾し、賠償問題における消極的応対に対しても痛切に批判を加え、史学界の尊重と支持を受け、多くの日本友人の喝采と励ましを受けました。

李前総統は、並みの市井の一老人ではないので、興に乗じて口をついて出る媚日の良識を欠いた発言をしたり、故意または無意識のうちに史実を曲げるなどの、元総統としてあるまじき言動は慎むべきです。王先生と国煇はかつて神聖なる一票を投じ、李氏の総統当選を助けたので、彼を解剖分析し、評価と批判を加える責任があります。そして歴史の真実を歴史に還し、媚日の気風が台湾にはびこり、台湾民情が間違った方向に導かれ、日本の右翼勢力につけ入る隙を与え、日本の軍国主義を助長しないよう、歴史の悲劇の再演を防がなければなりません。また台湾は自力で強くなり、隣国に頼らず、干渉を受けず、植民を受けた史実を切に記憶に留めておかなければならないと思います。

本書の校正にあたっている最中、居眠りの刹那に、国煇があの大好きな茶色の背広を着て、はにかみながら皆に、やるべき事を全うすることができなくて済まない、と謝っている夢を見ました。国煇に替って、畏友、先輩、若き友人の皆様に呼びかけをいたします。皆で彼の代わりに台湾を良くするために力を合わせ、民族融合の方向に向かって頑張り、努力をしましょう。

最後に、衷心より王先生の国煇に対する終始変らぬご愛顧に感謝し、夏珍さん・矢吹晋氏の大いなるお力添えと出版社の方々の熱心なご協力により、この精彩ある対話録がタイムリーに世に出たことに深く感謝いたします。

台湾・新店梅苑にて

[編者略歴]
夏珍／中国時報社記者、政治部長。主著『許信良の政治世界』『自由自在宋楚瑜』ほか
[訳者略歴]
陳鵬仁／中国文化大学日本研究所・史学研究所教授。東京大学博士（国際関係論）〈翻訳分担＝序文・6章・後記〉
林彩美／梅苑中華料理教室主宰。東京大学修士（農業経済学）〈2章〉
永井江理子／台湾真理大学応用日本語学科専任講師。台湾輔仁大学翻訳学研究所修士〈4・5章〉
佐伯真代／中国文化大学大学院修士課程在学中〈1・3章〉

李登輝・その虚像と実像

著　者――戴国煇(Tai Kuo-Hui)・王作栄(Wang Tso-Rong)©
編　者――夏珍
訳　者――陳鵬仁・林彩美・永井江理子・佐伯真代
発行日――二〇〇二年五月一日
発行所――株式会社　草風館
東京都千代田区神田神保町三丁目一〇番地
装丁者――菊地信義
編集協力――小石淑夫
印刷所――株式会社シナノ

SOFUKAN
tel 03-3262-1601 fax 03-3262-1602
e-mail:info@sofukan.co.jp
http://www.sofukan.co.jp
ISBN4-88323-124-0

証言霧社事件

アウイヘッパハ述　●解説／許介麟＋林光明　本体1、800円

■一九三〇年台湾霧社で起きた山地人セイダッカ族の一大叙事詩■一九三〇（昭和五）年一〇月二七日未明、台湾のほぼ中央辺山間にある霧社（現・南投郡仁愛郷）で起きた山地人セイダッカ族による抗日蜂起。この日、日本の圧政に抗してセイダッカ六部落三〇〇人が蜂起し、合同運動会を準備していた霧社と周辺の駐在所、日本人宿舎、民家を焼き払い、日本人一三四人を殺した。ただちに日本は軍隊を出動し、徹底的に討伐した。それは日本側では「植民地史上中外にたいする一大汚辱」とみられたが、山地人からみれば「抵抗史上記念すべき金字塔」になる。それに続く第二次霧社事件は、「以夷攻夷」のごとく日本に味方した山地人による報復で蜂起山地人のほとんどが殺された陰謀事件であった。その後、わずかの生き残りを「川中島」（現・清流）へ移し、「大東亜戦争」では〃高砂義勇隊〃となって青年たちは太平洋に散った。

故国はるか◎台湾霧社に残された日本人

下山操子著　柳本通彦編訳　本体2、500円

■台湾霧社に残された亡国の民・日本人一家の波乱の物語■かつて「高砂族」とよばれた台湾先住民の血が流れている下山一家が、戦前の植民地時代、ついで戦後の激動する時代に翻弄されて生き抜く、日本植民地の落とし子たちのドラマ。一九三〇年、日本の植民地だった台湾中部に起きた霧社事件は、先住民セイダッカに日本人一三〇余名が殺されるという、当時の日本を震撼させた大事件であった。母・文枝は、こうした血なまぐさい事件が発生した地に、嫁入りしてきた。文枝は次々に四人の子をなし、

戦時下にも幸せな生活を送っていたが、おもいがけない日本の敗戦がこの一家の運命を翻弄することになる。この手記は、その三女・操子が親たちの歴史と自分の生い立ちを書き綴ったものである。

証言台湾高砂義勇隊

林えいだい編著　●解説／小林岳二　本体2、800円

■皇軍兵士にさせられた台湾原住民の悲痛な運命■一九四二年(昭和一七)植民地台湾で原住民に対して「高砂挺身報国隊」(第一回高砂義勇隊)の募集が始まった。以後、太平洋戦争下の南方戦線に向けて七回の「高砂」義勇隊が派遣された。彼らの多くが勇敢に「お国のため」に死んでいった。その「お国」とは「日本国」のことである。戦後、外省人(新たに大陸からやってきた漢族)のために二重の苦難を強いられ、日本国はいまだに彼らに人並みの補償を果たしていない。台湾原住民の心身には歴史の深い傷跡が宿っている。年老いた彼らがようやく重い口を開いて語りだした。

台湾蕃人事情

伊能嘉矩・粟野伝之丞著　●解説／笠原政治＋江田明彦　本体12、000円

本書は、今からちょうど一〇〇年前の一九〇〇年(明治三三)に、伊能嘉矩と粟野伝之丞の共著として台湾総督府民政部文書課から刊行された。漢族の台湾移住が始まった一七世紀の前からこの島に住み着いていたマレー系の先住民、すなわち台湾原住民について初めて全体像を示した古典的な書物といってよいであろう。◆一〇〇年ぶりの復刻／台湾原住民研究必携の書◆土田滋・元東京大学教授／順益台湾原住民博物館前館長